Замечательному
поэту и музыканту
Юлию Зыслину от
семьи Владимира Зака
New York, 15 мая, 2010

С отзывами и предложениями
обращайтесь в M·Graphics Publishing:

www.mgraphics-publishing.com
info@mgraphics-publishing.com

Владимир ЗАК
Человек и Музыкант

Статьи | Воспоминания | Материалы

Редакторы-составители:
проф. И. Л. Золотовицкая,
проф. И. М. Гальперин

Рецензент:
доктор искусствоведения, проф. М. Г. Арановский

BOSTON • 2009 • NEW YORK

Владимир Зак — Человек и Музыкант
Статьи. Воспоминания. Материалы.

Vladimir Zak—The Man and the Musician
Articles. Memoirs. Audio and video materials.

Редакторы-составители: профессор И. Л. Золотовицкая,
профессор И. М. Гальперин

Рецензент: доктор искусствоведения, профессор М. Г. Арановский

ISBN 978-1-934881-29-3
Library of Congress Control Number: 2009941433

Copyright © 2009 by Alexander Zak

All rights reserved. No part of this publication and DVD may be translated, reproduced, or transmitted in any form or by any means, electronic or mechanical, including photocopy, recording, or any information storage and retrieval system now known or to be invented, without permission in writing from the copyright holder, except by a reviewer, who wishes to quote brief passages in connection with a review written for inclusion in a magazine, newspaper, or broadcast.

Подготовка к печати: А. Зак и М. Минаев
Дизайн обложки: П. Крайтман

Фотография В. И. Зака на лицевой стороне обложки: Д. Фастовский
Фотография В. И. Зака на задней обложке: А. Зак
Фото-, аудио- и видеоматериалы — из архива В. И. Зака
Дизайн и программирование DVD: А. Зак

Published by M•Graphics Publishing
www.mgraphics-publishing.com
info@mgraphics-publishing.com

Printed in the United States of America

Книга посвящена выдающемуся музыковеду, музыкальному критику, лектору, педагогу и общественному деятелю **Владимиру Ильичу Заку**, *автору теории «Линии скрытого лада» — фундаментального учения о мелодике.*

В сборнике опубликованы статьи и воспоминания музыковедов, друзей и родных В. Зака, фото-, аудио- и видеоматериалы, а также «Сюита для фортепиано» и статья «Шостакович и дети?» самого Владимира Зака.

Содержание

Игорь Гальперин
Еще раз о любви (Вместо предисловия) — 1

Марк Арановский
Слово о друге — 5

Валентина Холопова
Музыкальная теория имени Владимира Зака — 10

Лиана Генина
«Я зарастаю памятью, как пустошь…» — 21

Андрей Золотов
Владимир Зак из реального времени и идеального «Я» — 25

Вячеслав Медушевский
В. И. Зак и его вклад в науку о мелодии — 31

Игорь Гальперин
«Линия открытого лада» Владимира Зака — 35

Изалий Земцовский
Вспоминая незабвенного Володю Зака — 44

Григорий Фрид
Памяти друга — 47

Михаэль Ройтерштейн
Слово о товарище — 50

Ирма Золотовицкая
Владимир Зак и его «американская» книга — 54

Зоя Таджикова
*Перечитывая Зака…
(О книге В. И. Зака «Шостакович и евреи?»)* — 61

Томас Корганов
Его великий дар известен был немногим — 68

Нона Шахназарова
История одного романса — 73

Галина Григорьева
Вспоминая Володю — 77

Геннадий Цыпин
С Володей мы познакомились где-то в конце пятидесятых годов прошлого века… — 80

Ирина Медведева
Мысли и письма пунктиром — 82

Михаил Садовский
Быть знаменитым… некрасиво? — 116

Белла Бергинер-Тавгер
О Володе Заке — 127

Марина Кацева
«…Не только музыка…» — 132

Леонид Грабовский
Фонтанирующий Жизнью — 139

Анатолий Милка
Владимир Ильич, кладезь знаний — 143

Алла Богданова
Памяти друга… — 146

Юлия Фридлянд (Кириллова)
Моя встреча с В. И. Заком — подарок судьбы — 148

Николай Качанов
Незаменимые есть! — 158

Борис Кушнер
Прощальное слово — 163

Виктор Пивоваров
Два Письма… — 176

Галина Тюрина
Опустела без него Москва… — 185

Ирина Головинская
Где Володя, там и праздник! — 189

Лев Кацин
Светлой памяти Владимира Зака **191**

Эдуард Хороший
Один из самых близких мне людей **194**

Анна Хорошая
Мой дорогой Вовочка **199**

Эмма Хорошая
Мои воспоминания *201*

Римма Ходаковская
Моему незабвенному Вовке *207*

Приложение

Владимир Зак
Шостакович и дети? **211**

Владимир Зак
Сюита для Фортепиано (1947 г.) **254**

Список основных работ В. И. Зака
Книги 267
Труды в сборниках 267
Журнальные публикации 270
Газетные публикации 274
Другие публикации 277
Наиболее развёрнутые выступления 279
Участие в музыкальных, документальных фильмах, теле- и радиопередачах 285
Музыкальные произведения 287
Рукописи 287

Сведения об авторах 288
Содержание DVD 294
Фотографии 297

Игорь Гальперин

ЕЩЕ РАЗ О ЛЮБВИ
(ВМЕСТО ПРЕДИСЛОВИЯ)

> *За мной, читатель! Кто сказал тебе, что нет на свете настоящей, верной, вечной любви? Да отрежут лгуну его гнусный язык!..*
>
> М. А. Булгаков. «Мастер и Маргарита»

Эта книга посвящена выдающемуся музыковеду, музыкальному критику, лектору, педагогу и общественному деятелю Владимиру Ильичу Заку. Большую часть своей жизни Владимир Зак посвятил изучению мелодики, важнейшей области музыкознания, по странному стечению обстоятельств остававшейся до него мало изученной. Открытие «Линии Скрытого Лада», можно без преувеличения отнести к самым значительным достижениям музыкальной науки ХХ века.

В своих научных изысканиях Зак обнаружил, что «акцентный ряд любой песенной мелодии (то есть ряд тонов мелодии, выделенных метрическими и ритмическими акцентами — *И. Г.*) являет своего рода целостную систему, все элементы которой выполняют важные функции в мелодическом процессе».[1]

Эту систему, представляющую собой органическую совокупность мелодических и ладогармонических особенностей, ученый и назвал «Линией Скрытого Лада» (ЛСЛ). По сути дела, ЛСЛ является каркасом мелодии, ее остовом, который по выражению В. Холоповой «изнутри держит собой весь напев».[2] Теория В. Зака

---

[1] В. Зак. *О закономерностях песенной мелодики*. Москва, «Советский композитор». 1990, С. 16.

[2] См. статью В. Холоповой «Теория имени Владимира Зака», опубликованную в настоящем сборнике.

выявляет скрытые особенности песенной мелодии, которые позволяют ей быть необычайно простой для восприятия и сохраняют при этом ее индивидуальные свойства.

Учение В. Зака открывает удивительные возможности для дальнейших научных исследований не только в области песенной, но и инструментальной тональной мелодики. Его теория позволяет также необычайно расширить возможности анализа национальных и индивидуальных композиторских стилей.

Неизмеримую ценность теория ЛСЛ представляет, на мой взгляд, и для психологии восприятия музыки. На самом деле, открытие каркаса мелодии показывает, что слушатель воспринимает ее не только последовательно, фразу за фразой, но и опирается при этом на акцентные, узловые точки. Скорее всего, такая характерность свойственна не только для осознания и прочувствования мелодии, но и для восприятия музыки вообще. Поэтому открытие Зака может послужить основой и важнейшей интегральной частью особого направления в исследованиях по психологии музыкального восприятия.

В декабре 2009 года Владимир Зак мог бы отметить свое восьмидесятилетие. Возраст значимый, «золотой», но не Бог весть какой в наше время. Однако судьба решила иначе. Владимир Зак ушел из жизни 13 августа 2007 года. Да будет благословенна его память!

Наверное, нет ни одного человека, хоть мало-мальски знакомого с В. Заком, который бы не испытывал к нему самые теплые, самые дружеские, самые искренние чувства. И нет никого, кого бы его смерть оставила равнодушным.

Поэтому мы, родные, друзья, коллеги Владимира Зака, решили написать книгу, чтобы поделиться своими воспоминаниями об этом замечательном человеке, своими соображениями по поводу его выдающихся трудов.

Сразу же должен оговориться, что основным организатором, вдохновителем и движущей силой нашего проекта была Майя Львовна Корсунская, верная жена и друг Владимира Зака. Ею руководила любовь, настоящая, неугасающая, сильная, а после ухода Володи еще и замешанная на боли и скорби. И, разумеется, Майе Корсунской во всем помогал ее с Володей сын — Александр Зак. Низкий им поклон и безмерная благодарность!

Теперь я точно знаю, читатель, что такое сильная и страстная любовь. Это чувство, придающее человеку титаническую силу для достижения своих самых страстных желаний. Пред этой силой не способна устоять никакая, даже самая серьезная преграда.

Такой любовью обладал Владимир Зак. Думается мне, что эта любовь была заложена в нем от рождения самим Господом Богом. Но даже и такой бесценный дар не смог бы привести В. Зака к тому, к чему он пришел, если бы в течение всей своей жизни он не хранил, не лелеял, не преумножал его сторицей. Что в условиях нашей жестокой, а порой и трагической действительности не просто огромный труд, но и беспримерный подвиг. Все, что ни делал Владимир Зак, было окрашено и усилено этим замечательным чувством. И это объясняет многое.

На самом деле, именно любовь к жизни, к людям породила удивительную человечность, бесконечную доброту, высочайшую нравственность В. Зака. Именно эта любовь была тем самым магнитом, который притягивал к Заку бесчисленное множество людей. И те, кто попадал хотя бы раз в сферу его притяжения и обаяния, оставались в ней навсегда. Именно любовь к искусству, к музыке, к постижению неизведанного была тем самым «магическим кристаллом», во много раз усиливающим его и так безграничный талант музыканта, исследователя, композитора, актера, философа и писателя.

И самое удивительное в В. Заке — уникальнейшее сочетание гениальности Человека и Музыканта — не может быть объяснено вне его всепоглощающей любви.

В этой книге читатель найдет воспоминания друзей и родных Владимира Зака, анализ его трудов и, разумеется, статьи, рецензии, письма и музыку его самого, без которых сборник этот был бы не полным. Ознакомившись со всеми материалами сборника, я обратил внимание на существенное преобладание воспоминаний о Владимире Заке над разбором его научных трудов. Вначале меня это огорчило. Но потом я понял причину такого несоответствия. Слишком уж дорог и любим всеми был этот выдающийся человек, слишком уж яркое, неизгладимое впечатление производил он. И, разумеется, в каждом из авторов сборника жило горячее желание выговориться, поделиться своими самыми сокровенными мыслями и чувствами с окружающими, приобщить их к удивительному миру, имя которому — Владимир Зак. Что в определенном смысле вполне оправданно: пока живы те, кто помнит, ценит и любит Володю, голос его души остается с нами. Научные же изыскания

В. Зака нуждаются в осмыслении, достойной оценке, распространении и продолжении. «Требуются талантливые последователи!» Я верю: этот призыв будет вскоре услышан.

Моя коллега, замечательный музыкант, ученый, кандидат искусствоведения, профессор Ирма Львовна Золотовицкая, вместе с которой мы редактировали эту книгу, и я выражаем нашу глубочайшую признательность всем авторам сборника, всем тем, без которых была бы невозможна встреча читателя с Владимиром Ильичом Заком, чей дух и чья любовь, как нам верится, обитают на этих страницах.

«...За мной, мой читатель и только за мной, и я покажу тебе такую любовь!»

(М. А. Булгаков).

Марк Арановский

Слово о друге

13 августа 2007 года после тяжелой болезни скончался В. И. Зак. Он умер в Нью-Йорке, где жил последние годы, продолжая по мере возможности трудиться, писать, думать о музыке и неизбывно страдать от разрыва с родной — и человечески, и профессионально — средой. Средой, в которой его хорошо знали, помнили и любили. Духовная связь близких людей не подвластна расстояниям и обстоятельствам, да она никогда и не прерывалась: при упоминании имени Владимира Зака лица светлели и расплывались в улыбке. И не случайно: *он был светлым человеком и умел дарить свой свет людям.*

Я пишу статью о Заке не музыковеде, хотя эта тема, безусловно, заслуживает всяческого внимания (и будет, конечно, затронута), но прежде всего о *Заке-человеке*, уникальном во многих отношениях. Бывают люди, имеющие немалые заслуги в той или иной области, но словно проскальзывающие мимо нас бледной тенью, не оставляя глубокого следа в наших душах. Не то — Владимир Зак. Он, бесспорно, обладал многими талантами: Всевышний изрядно над ним потрудился. Но доминировал один, главный — *человеческий*. Зак был талантлив прежде всего *как человек*, как *яркая и неповторимая личность*. А что значит — быть не просто «талантливым человеком» (то есть чем-то одаренным), но *человечески* талантливым? Тому нет установившихся определений. Это особый, редчайший случай, и раскрывается он только через *отношение к людям*, в *общении* с ними. Так вот, Зак был замечателен тем, что обладал *феноменальным даром общения*. Это была его стихия, его *modus vivendi*, его среда обитания, в которой он содержательно проживал каждую минуту своей жизни. Эмоционально он нуждался в общении, в людях, с которыми мог бы делиться, от которых заряжался энергией и которых заряжал сам.

С переездом в Америку он утратил такую возможность. По сути, он лишился своей «экологической ниши». Его исключительная, повышенная эмоциональность была вынуждена во многом работать вхолостую — состояние для него немыслимое, трагичное. Об этом можно было лишь догадываться по некоторым штрихам его поведения, по брошенным в телефонную трубку словам. Конечно, он продолжал работать. Написал книгу и ряд статей о Шостаковиче, писал рецензии, составлял планы на будущее. Увы, им уже не суждено осуществиться. Трудно привыкнуть к мысли; что этого яркого, необычайно одаренного человека уже нет.

Зака знали многие. Для одних он был Владимиром Ильичом, доктором наук, авторитетным музыковедом, председателем музыковедческой комиссии Союза композиторов СССР. Для других — Владимиром Заком, автором статей и книг. А для немалого круга людей, и меня в том числе, — просто Володей, добрым другом, общение с которым несло радость.

Зак был заметен в любой среде. Рискну утверждать, что у него была яркая внешность — нестандартная, излучающая обаяние и какую-то априорную благожелательность к людям, к потенциальному собеседнику. Стоило только Заку где-то появиться, как вокруг него собирался кружок, и вскоре его громкий, но мягкий голос начинал доминировать. В Володе жил незаурядный актер, он умел заставить себя слушать. Но то не было следствием намерения покрасоваться на публике, «шармировать», как это порой бывает с профессиональными артистами. В том-то и дело, что он не «актерствовал». Просто жил тем единственным способом, для которого был предназначен: «ретивое» само собой начинало говорить, и рождалось новое «произведение общения». Это было своего рода «художественным поведением в жизни». Когда он говорил, сразу создавалась атмосфера доверчивости, контакта. Люди охотно шли на его внутренний зов, откликались на то, что я бы назвал призывом доброты. Так было в повседневной жизни, но так бывало и в сложных ситуациях. Помню, он мне рассказывал, как однажды попал в такую ситуацию в Польше, будучи направлен туда с группой советских работников культуры. Произошло это в самый напряженный момент ее истории, когда маршал Ярузельский во избежание советской оккупации объявил в стране военное положение, арестовав ряд деятелей «Солидарности». И вот, стоя перед застывшим в ледяной недоброжелательности залом, где сидели и представители этой организации, Зак мобилизовал весь свой артистический дар, всю свою фантазию и сумел переломить ситуацию, преодолеть враждебность аудитории. В результате он заслужил и бурные аплодисменты, и цветы, став поистине героем дня.

Есть люди закрытые или, как принято говорить, наглухо застегнутые. Володя был их полной противоположностью. Он всегда был открыт, *весь наружу*, и каждый мог найти в нем душевный отклик. Это отнюдь не означало наивной неразборчивости в людях. Нет, он хорошо их знал и не обманывался на их счет (по крайней мере, некоторых из них). Но полагал, что *стиль обращения* с человеком способен повлиять на его поступки. Главное же заключалось в том, что Володя действительно любил людей, умел их *ценить*. Бывало, зайдешь к нему в комиссию, он заметит твое кислое настроение и словно невзначай начнет рассказывать тебе *о тебе же самом*: о том, какой ты хороший, какой талантливый, как здорово ты где-то там о чем-то написал — и все в таком роде. И хотя, слушая его, я невольно внутренне ухмылялся, понимая, что его комплименты, мягко говоря, несколько преувеличены, но, глядишь, и от плохого настроения не оставалось и следа. Согревал сам акт дружеского общения. Я называл это сеансами *закотерапии*. В свою работу, в общение он вносил много личного, много душевного тепла. Не случайно в комнате комиссии толпились люди, в том числе и приезжавшие из далеких регионов Союза. Сюда тянулись, здесь всегда было оживленно, весело, слышался смех, царил дух дружбы и взаимного расположения.

Артистизм был органично присущ повседневному поведению Зака, сказываясь даже в мелочах, но иногда мы бывали свидетелями поистине феерических взрывов его артистического таланта. Это бывало во время «сеансов имитации». Его талант имитатора стал легендой. Зак умел говорить голосами многих людей. Но он не просто подражал голосу, интонации, манере говорить имитируемого, что доступно многим. В такие моменты Зак *жил жизнью* своего героя. Импровизируя его речь, он воспроизводил и сам *тип его мышления*. То не было простой игрой, ролью. То был почти мистический акт *перевоплощения*. И, конечно, речевая импровизация при этом сопровождалась искрометным остроумием, вызывавшим громоподобный хохот. Мне довелось видеть и слышать трех выдающихся имитаторов: писателя Ираклия Андроникова, известного скрипача Михаила Ваймана и Зака. Могу со всей ответственностью утверждать, что Зак вне всякого сомнения, превосходил двух других. Ему не было равных.

Вместе с тем он вовсе не являлся этаким заправским весельчаком. Развлекателем окружающих. Это был серьезный, вдумчивый, очень сосредоточенный и глубокий человек. Мне доводилось видеть его в моменты грусти, сомений, отчаяния. Нередко, особенно во время наших прогулок в Рузе (о которых он впоследствии в Америке вспоминал с нескрываемой ностальгией), обсуждению подвергалось все — от конкретных музыковедческих вопросов до глобальных метафизических проблем. Рискну коснуться самого важного и самого интимного: он искренне верил в зависимость нашего, видимого бытия от Иного, более высокого и невидимого, и в этом не было никакой рисовки. Напротив: вера, убежденность. Как-то незаметно эта вера смыкалась в его душе с верой в добро, в людей — одно становилось продолжением другого.

При этом Заку была свойственна ясность и трезвость мышления. Он был абсолютно нормальным человеком (с годами я все больше ценю это качество в людях). Он никогда не давал повода заподозрить у него наличие какой-либо раздвоенности, второго плана, задней мысли. Он всегда оставался искренним, находясь «здесь-теперь», и никогда «там-тогда». Повторю: он проживал каждую минуту своей жизни с полной отдачей, ничего не оставляя «на потом».

Зак был очень *музыкален*, обладал композиторским дарованием, но, увы, «закопал» его, столкнувшись однажды с непониманием. Здесь он был не прав, но в нем всегда жили гордость и чувство самоуважения. Он располагал богатым мелодическим даром. Я бы сказал, что в его душе всегда *пела мелодия*. И он стал ее чутким исследователем. Он замечательно слышал гармонию, изобретая порой немыслимые модуляции, удивлявшие специалистов. Дотошно и скрупулезно, буквально впиваясь своим чутким интонационным слухом в каждый мелодический оборот, изучал он движение мелодии. Его книга «О мелодике массовой песни», ставшая впоследствии основой докторской диссертации, наполнена тончайшими слуховыми анализами, значение которых преодолевает пределы изучаемого жанра и входит в область *теории мелодики* вообще. Можно по-разному относиться к массовой песне, но нельзя не признать, что в ней работали яркие мелодические таланты. Важно, что В. Зак искал в этой жанровой сфере *общие законы мелодики*, и ему удалось найти, по крайней мере, один — тот, который он обобщил в аббревиатуре ЛСЛ, расшифровывая ее как линию скрытого лада. Он исследовал устойчивые интонационные комплексы и справедливо утверждал, что «акцентный ряд любой хорошей мелодии являет своего рода *целостную систему*, все элементы которой выполняют важные функции в мелодическом процессе»[1]. Жанр ушел в историю, а книга осталась, и смею утверждать, что ее научное значение сохраняется по сию пору.

Закончу тем, с чего начал: В. Зак был уникальным человеком. Мы знали его, любили. Но только сейчас, когда его уже нет, когда уже не услышать в телефонной трубке его распевное: «*Мой дорогой*», — понимаешь масштаб нашей утраты. На фоне массы «одинаковых, как птицы, людей» (В. Соснора) начинаешь по-особому ценить человеческую оригинальность, неповторимость яркого человека. Таких людей всегда мало. Нам посчастливилось общаться с одним из них. Володя щедро раздаривал нам свое душевное богатство. Будем же благодарны ему. И будем помнить его.

---

[1] Зак В. *О мелодике массовой песни*. М., 1979. С. 29.

Валентина Холопова

Музыкальная теория имени Владимира Зака

Владимир Ильич Зак — уникум без оговорок. Не зная его, невозможно представить себе такую личность — его неподражаемую манеру говорить, великолепный ораторский талант (звучный голос, прекрасный слог!), неподражаемую способность подражать говорению других, виртуозное перевоплощение в облик своих коллег (кругом смех, радость, восхищение!). Еще — добрый интерес ко всему яркому, выдающемуся, талантливому, неординарному. Доброта его была вне сравнений. Восторгаясь окружающими, он словно создал свою планету, где все люди были Прекрасные, Большие, Необычные, Выдающиеся! Можно бесконечно удивляться, как один человек мог построить вокруг себя такую жизнь — по собственному образцу.

А место, где он проработал 30 лет, до отъезда в США в 1991, было не столько «тепленькое», сколько «горяченькое», — Союз композиторов СССР, под руководством Тихона Хренникова. С 1962 года Владимир Зак входил там в различные структуры и подразделения, с 1986, от начала перестройки в СССР, возглавлял Комиссию музыковедения и критики Союза композиторов СССР. Был одним из организаторов и руководителей очень популярного в Москве Московского молодежного клуба при Союзе композиторов, возглавляемого Григорием Фридом. В 1982 стал лауреатом конкурса музыковедов, получив Первую премию им. Бориса Асафьева. Стал доктором искусствоведения. В США с 1993 работал консультантом ассоциации эмигрантов IEAAS (International Émigré Association of Arts And Sciences), членом правления Русско-Американского центра.

Как ученый он взялся за проблемы, за которые не брался ни один музыковед-теоретик, — за теорию песенного жанра. Получив классическое музыковедческое образование в Московской консерватории им. П.И. Чайковского, выйдя из класса известнейшего профессора Виктора Цуккермана, больше всего любившего Фридерика Шопена, Владимир Зак стал первопроходцем в том, что составляло повседневную музыкальную жизнь для самых широких масс людей. Помимо многочисленных статей (около 300), он написал в течение жизни пять книг: «А. Бабаев» (М.,1968), «М. Блантер» (М.,1971), «О мелодике массовой песни» (М.,1979), «О закономерностях песенной мелодики» (М., 1990), кроме того, уже в США — «Шостакович и евреи?» (Киев — Нью-Йорк, 1997), труд, обозначивший новую линию в его научном творчестве. В последней книге в виде приложения напечатана музыкальная пьеса, сочиненная автором и названная «My Shostakovich». Владимир Зак создал целый ряд музыкальных произведений.

Но неординарного музыковеда в обращении к массовым, доступным песням интересовало вовсе не описание биографий и карьер композиторов-песенников. Его в этом творчестве мучил проклятый вопрос — почему популярные песни популярны? Какие в них заключены такие секреты, что мелодии запоминают и поют миллионы людей? Об этом его настоятельном интересе говорят и наиболее важные статьи, опубликованные им на родине и за рубежом: «О секретах доходчивости мелодики» (в кн. «О музыке. Проблемы анализа». К юбилею В. А. Цуккермана. М.,1974), «Asaf'ev's theory of intonation and the analysis of popular song» (в сб. «Popular music», v.2 — «Theory and method». Camb., 1982), «Il meraviglioso mondo dell'intonazione popolare» (в кн. «What is popular music?». Mil., 1983), «Броскость лада в песенной интонации» (в сб. «Проблемы музыкальной науки», вып. 6. М.,1985), «Об «устойчивых интонационных комплексах» (в сб. «Борис Асафьев и советская музыкальная культура». М., 1986), «Общительный характер популярной интонации» (в сб. «Музыкальный современник», вып. 6. М.,1987).

Но Зак не был только музыковедом-«песенником», он уделял внимание также и новейшей российской музыке. Будучи замечательным лектором-просветителем, свои лекции он посвящал и «опасным» левым композиторам, вокруг которых шли ожесточенные споры в Союзе композиторов, — ими тогда были Эдисон Денисов и Альфред Шнитке.

Теперь перейдем к главному, чего достиг Владимир Зак как ученый-теоретик. Как мы уже сказали, в связи с песнями он поставил «гвоздевой» вопрос — о причинах доступности и запоминаемости песен, притом всеми, целиком и сразу.

Вслушиваясь в популярные мелодии, Зак обнаружил, что одни известные мелодии иногда идут по контурам других известных напевов — несмотря на смену семантики, часто на противоположную. Например, как бы по образцу русской народной песни «Помню, я еще молодушкой была» сочинена песня Т. Хренникова «Есть на севере хороший городок», как остов народной песни «Ехал на ярмарку ухарь-купец» звучит песня А. Новикова «Эх, дороги», оборот популярной песни Гуэрчиа «Нет, не любил он» в трансформации предстает в «Гимне демократической молодежи» А. Новикова, остов гимна русских народовольцев «Смело, друзья, не теряйте» прослушивается в песнях Ю. Милютина «То не ветер по полю гуляет», М. Блантера «Солнце скрылось за горою», В. Соловьева-Седого «Подмосковные вечера», автором устанавливается подобие мелодий украинской плясовой «Ой, щож то за шум» и песни гражданской войны «Как родная меня мать провожала», песни С. Покрасса 1921 года «Красная Армия всех сильней» (припев) и песни Ж. Косма «Опавшие листья» 40-х годов XX века (Франция), старинной студенческой песни «Медленно движется время» и русской революционной песни «Славное море, священный Байкал», украинской плясовой «Ой, щож то за шум учинився» и революционного марша Д. Васильева-Буглая «Как родная меня мать провожала» т. д.[1]

Один из выводов Зака — в песнях присутствуют одни и те же популярные отрезки мелодии, которые и становятся проводниками музыки для массового слуха. В подтверждение приводит еще и высказывание Дунаевского: «Несомненно, что круг признаков, определяющих широкое распространение песни, ограничен. Этим, по сути дела, и объясняются мелодические и ритмические заимствования (вольные и невольные) одной песни у другой».[2] Заглядывая и в классические мелодии, исследователь находит присутствие одних и тех же ярких лирических оборотов у разных композиторов одного столетия: начало «рассказа Франчески»

---

[1] Зак В. *Об «устойчивых интонационных комплексах»*//Б. В. Асафьев и советская музыкальная культура. М.,1986. С. 156–160. Он же. *О мелодике массовой песни.* М.,1979. С. 225–226. Он же. *О закономерностях песенной мелодики.* М., 1990. С. 122,198–199.

[2] Дунаевский И. *О народной и псевдонародной песне*//И. О. Дунаевский. М.,1961. С. 45.

Чайковского («лирический оборот номер один», как называл его В. Цуккерман) оказывается присущим также Шуману, Мендельсону, Шопену, Вагнеру, Листу. А далее указывает его и в музыке быта — старинные романсы «Скажи, зачем», «Я люблю вас так безумно», — а потом неожиданно и в марше В. Мурадели «Дружба всего дороже».[3] Своими наблюдениями исследователь дает замечательное подтверждение выводу Асафьева о наличии в различные периоды истории музыки своего «словаря интонаций». И эти обороты, будучи закрепленными в слуховом сознании времени, обеспечивают доходчивость и запоминаемость музыки.

Но ученого интересует вопрос — каковы же те модели, на основе которых возникают конкретные, индивидуальные мелодические обороты. Для этого он стремится отыскать тот остов, который изнутри держит собой весь напев. Он обращает внимание на те ступени лада, на которые падают *метрические и ритмические акценты*, и получает некий скрытый звуковой каркас. Скрупулезно сравнивая многочисленные мелодии друг с другом, теоретик обнаруживает некоторые их общие точки, некие костяки, на которые опирались самые разнообразные известные песни. Перед ним стал вопрос — что это: упрощенные мелодии? гармонии? Оказалось — ни то, ни другое. Перед любознательным исследователем оказался такой уровень организации музыки, который не был раскрыт и показан в теории музыки, для которого не существовало никакого названия.

Все мелодии массовых песен, включая народные, которые изучает Зак, написаны в мажоре или миноре, в них действуют классические функции тоники, субдоминанты и доминанты. Но если взять лад как звукоряд, как гамму — как этому учат начинающих музыкантов, — то из последования *до-ре-ми-фа-соль-ля-си-до* не вырастает никакая песня. Если взять трезвучия тоники, субдоминаты, доминанты и другие аккорды, они тоже не поведут к образованию известных мелодий. Перед Заком оказалось явление, которое отчасти было ладогармоническим, а отчасти — мелодическим. И он придумал для него собственное название — *«линия скрытого лада», «ЛСЛ»*.

Находя скрытые ладо-мелодические каркасы, Зак всюду обнаруживал в качестве ЛСЛ более простые, легко усваиваемые по-

---

[3] Зак В. *Броскость лада в песенной интонации*//Проблемы музыкальной науки. Вып. 6. М.,1985. С. 31–32.

следования ступеней лада, чем в самой мелодии песни. Например, в народной песне «Калинка» остовом оказалась всего лишь кварта (*до — соль*), интервал, легчайший для интонирования. А в мелодии в духе народной песни «Край мой заброшенный» Г. Свиридова (из «Поэмы памяти Сергея Есенина») каркасом стал трихорд (нисходящий) — *ре-до-соль-соль, ре-до-соль*, также простой для пропевания. ЛСЛ во многих мелодиях оказались пентатоникой: в американской народной песне «Red River Valley», несмотря на присутствие даже хроматического полутона в напеве, ЛСЛ, сведенная в звукоряд, показала чистую пентатонику *соль-ля-си-ре-ми*. К пентатонике сводится ЛСЛ русских народных песен «Не слышно шума городского», «Как пойду я на быструю речку», «Ты взойди, солнце красное», песен «Подмосковные вечера» В. Соловьева-Седого, «Дорогой широкой» И. Дунаевского и др. А вот в песне (каноне) «Братец Яков» с французским текстом «Frère Jacques» (она же есть и на немецком языке) ЛСЛ предстала как мажорное трезвучие *фа-ля-до*.

В последнем случае Зак не преминул заметить различие ЛСЛ в русских песнях и французском «Братце Якове». Он сравнил с ними русские варианты мелодии того же канона под названием «Отец Феофил» и увидел, что в русской среде напев варьирован так, что его ЛСЛ стала тоже пентатоникой (во втором варианте *фа-соль-ля-до-ре*)![4]

В некоторых песенных мелодиях строение ЛСЛ оказалось не имитацией каких-либо ладовых или гармонических ячеек, а подобием самих песен. Так, в песне Дан. и Дм. Покрасс «Три танкиста» (начало, до минор) ЛСЛ показана как *соль- ля-бемоль- соль- (на сексту вверх) ми-бемоль- ре –до*: с этого оборота можно начать какую-то новую песню, и она будет выразительной, доходчивой и запоминающейся. Здесь появляются аллюзии, например, мелодии С. Каца «Сирень цветет» на начальные слова «Знойная ночь перепутала всё» в до-диез миноре со звуками *соль-диез — соль-диез — ля — соль-диез — (секста вверх) ми — ре-диез — до-диез*, мелодии М. Блантера «Молодость», но в до мажоре на слова «много славных девчат в коллективе», звуки *соль — (секста вверх) ми — ре-до*.

Найденные Заком каркасы мелодий важны не только своей простотой, укорененностью в памяти, но и способностью пока-

---

[4] Зак В. *О закономерностях песенной мелодики*. С. 96.

зывать определенные, отличительные элементы стиля того или иного композитора. Например, автор берет начало песни А. Петрова «Я шагаю по Москве» и отбирает ритмически подчеркнутые тоны: *до –си-си-ля, до-си-ля*. И в этом минимальном материале видит не только простоту формулы — плавные диатонические ходы, но и переменность до мажор/ля минор, характерную для Петрова. А в «Песне о тревожной молодости» А. Пахмутовой в качестве ЛСЛ констатирует иное: в тональности ре минор — ступени *ре-фа-си-бемоль*, что вырисовывает не только стройную консонирующую структуру, но и тот мажорный секстаккорд, с VI ступенью лада, который характерен для Пахмутовой.[5] Взяв три песни Хренникова разного характера — «Прощание», «Песня артиллеристов» и «Марш шахтеров», — исследователь обнаружил в них весьма похожие ЛСЛ: в миноре — звуки трезвучия параллельной тональности, затем отклонение в эту параллельную тональность.[6]

Ученый поставил вопрос также и о «национальных идиомах», присутствующих в ЛСЛ. Выйдя за пределы только песен, обратился к мелодике Чайковского. Вслед за Асафьевым, заново прослушал звучание интервала сексты — в «Пускай погибну я» («секста Татьяны»), арии Роберта из «Иоланты», романсе «Забыть так скоро» («Забыть, как полная луна»), ариозо Лизы из «Пиковой дамы» («Ах, истомилась»), песне Вакулы из «Черевичек». Причем, в последних двух примерах виден уже отмечавшийся нами раньше факт «мелодии в мелодии»: ЛСЛ ариозо Лизы *ля- (ход вверх) ре-до-ля-фа* становится точным началом мелодии песни Вакулы — *ля-ре-до-ля-фа*.[7] На восходящую сексту опираются две семантически противоположные песни с одинаковыми началами мелодии: «Однозвучно гремит колокольчик» и припев «Гимна демократической молодежи» Новикова.[8] Автор показывает и ряд образцов мелодий с нисходящей секстой: из «По долинам и по взгорьям», «Полюшко-поле» Л. Книппера, «Катюши» М. Блантера (окончание). Хотя «лирическая секста» входила в мелодии не только русской музыки (она отличает и Шопена, Шумана,

---

[5] *Зак В. О мелодике массовой песни.* С. 82, 86.

[6] *Зак В. О закономерностях песенной мелодики.* С. 63–65.

[7] *Там же,* С. 196–197.

[8] *Зак В. О мелодике массовой песни.* С. 254.

Верди), Зак охватил большую историческую зону русской музыки (включил еще и С. Прокофьева — «Вставайте, люди русские» из «Александра Невского») и доказал ее органическую слитость с русской музыкой).[9]

Важным итогом аналитического исследования стало нахождение таких ЛСЛ, которые стали внутренней моделью целой группы известных песен. На с. 200 книги «О закономерностях песенной мелодики» приводится пример из шести нотных строчек. Одна из них — ЛСЛ *ре — фа- ля — ля- ля- соль —* (вниз) *ре*. Ее составные ячейки — у всех на слуху: трезвучие ре минора и трихорд. Параллельно располагаются пять следующих мелодий: Гимн русских народовольцев «Смело, друзья, не теряйте», песни Ю. Милютина «То не ветер по полю гуляет», М. Блантера «Солнце скрылось за горою», Б. Мокроусова «Я за реченьку гляжу», В. Соловьева-Седого «Подмосковные вечера». Песни обладают самостоятельной семантикой, «Подмосковные вечера» никак не похожи на Гимн «Смело, друзья, не теряйте». Но их доступность, запоминаемость всеми и сразу обеспечивает их жизнеспособность.

Находит Зак и такие ЛСЛ, какие, видимо, намеренно вводятся сочинителями песен в их мелодии. Такова «Марсельеза», французская революционная песня. «Мотив «Марсельезы» (назовем так начальные интонации революционного гимна), — пишет исследователь, — закрепился в русском народном сознании многочисленными подтверждениями, в частности, мелодией революционного «Красного знамени», первой пионерской песни «Взвейтесь, кострами». Даже в протяжной партизанской «Не вейтеся, чайки, над морем», рожденной в эпоху гражданской войны, мы слышим ясную модификацию «мотива Марсельезы»/нотный пример со звуками *ре- соль- ля- ре*, идущими вверх/. Дальневосточная партизанская «По долинам и по взгорьям» включает этот мотив во вторую фразу, знаменующую волевой прорыв мажорного лада/нотный пример со звуками *до — фа -соль — до*, идущими вверх/. В песне В. Белого «Пролетарии всех стран, соединяйтесь», созданной в 20-е годы, «мотив Марсельезы» перестраивается в оригинальной торжественно-гимнической мелодии, исполненной большого гражданского пафоса/нотный пример с ясной цитатой «Марсельезы» в конце песни/». К сказанному добавляются

---

[9] Зак В. *О закономерностях песенной мелодики.* С. 196–200.

три песни Соловьева-Седого с разными преломлениями того же мотива: «Играй, мой баян» (плавное звучание *до-фа-соль-до*), «Песня бойцов» (явный вариант «Марсельезы») и «В путь», с участием того же мотива как ЛСЛ.[10]

В связи с таким «углублением» в глубинные структуры известных песен Зака заинтересовали и варианты мелодий — авторские и возникшие в исполнении, в народном пении. Почему выбор оказался иным, чем в эскизе или оригинале?

Яркий случай — «Песня о Родине» Дунаевского. В первоначальном эскизе на слова «я другой такой страны не знаю» фигурировал очень экспрессивный оборот с кульминацией на высоком *фа-диез* в соль мажоре. В окончательном варианте композитор от такой «экзальтированности» (как пишет Зак) отказался и заменил *фа-диез* на ладово прочную квинту *ре*. В результате такого упрочения ладо-мелодики «глубинная структура» предстала в виде *пентатоники*, одной из типичнейших ЛСЛ (*соль — ля — до — ре — ми*). Нечто сходное отмечено и по поводу «Песни о Волге» Дунаевского: в эскизе еще не было «пентатонического духа».[11] Зак приводит любопытный пример народного переосмысления известной маршевой песни Ю. Хайта «Все выше», когда был изменен ее первоначальный жанр: «Пафос стихов д'Актиля переводился из активного маршевого утверждения в характер лирического раздумья. И это своеобразное размышление основывалось на светлой пентатонике ЛСЛ».[12] Любопытно и народное склонение к пентатонике в песне «Смело, товарищи, в ногу».[13]

В книге «О мелодике массовой песни» Зак разбирает большой ряд песен со стихийными поправками при их исполнении и пении в быту. Так, в оригинале песни К. Листова «Тачанка» на слова окончания «все четыре колеса» написана весьма витиеватая мелодическая фраза. В народном варианте она полностью сглаживается: мелодия ровным движением скатывается по гамме вниз, плавно и четко прорисовывая ладовые ступени. Массовый слух находит более простой, доступный вариант.[14] А в «Спортивном марше» Ду-

---

[10] *Там же,* С. 210–214.

[11] *Там же,* С. 90.

[12] *Там же,* С. 97.

[13] *Там же,* С. 97.

[14] Зак В. *О мелодике массовой песни.* С. 76–77.

наевского концовка на слова «закаляйся, как сталь» в авторском оригинале (ля-бемоль мажор) содержит трудный октавный сброс вниз (*фа-фа*) и окончание нисходящим терцовым ходом (*до — ля-бемоль*). А чаще звучит: вместо октавы — повторение на том же высоком звуке (*фа-фа*), а окончание — звонким «припечатывающим» квинтовым ходом вниз (*ми-бемоль — ля-бемоль*). Такое завершение предельно кристаллизует лад, и эта предельность отвечает духу названных кульминационных слов. Зак пишет: «Таким образом, кульминационная фраза, совпадающая с выражением идеи «Спортивного марша» («Закаляйся, как сталь»), обретает в мобильном варианте большую *целенаправленность лада*».[15]

Даже безотносительно к теории ЛСЛ чрезвычайно важно само рассмотрение столь обширного количества образцов вариативности в бытовании популярных песен, не только народных, но и композиторских, точно записанных в нотах, — оно сделано Заком впервые в музыковедении. Из приведенных фактов следует, что практически сочиненные профессиональными авторами опусы — не окончательные произведения, а лишь *инварианты*, предполагающие реальные *варианты*. И в массовом слуховом сознании формулы музыкальной доступности бытуют *сами по себе* и влияют на индивидуальное авторское творчество.

Но особенно важны установленные Заком многочисленные формулы ЛСЛ. Их обнаружение показало, что в музыке *не существует жесткого разделения на лад и мелодию*, как это принято считать во всей теории музыки. В ней имеется и действует некий *промежуточный слой*, имеющий свойства и того, и другого. И этот слой — жизнепорождающая в музыке система формул, моделей, закрепленная в массовом сознании, интуитивно следуя которой композиторы создают великолепные песни, запоминающиеся сразу, целиком и надолго.

Чтобы понять логическую суть того, что Зак назвал ЛСЛ, можно провести следующие параллели. В восточной музыке известен принцип макома, когда певец создает мелодическую импровизацию, обыгрывая исторически сложившиеся лады. Близким к ЛСЛ является органическая слитость лада и мелодии. В лингвистике существует понятие «глубинная структура». Под ней понимается общий грамматический порядок, соблюдаемый в самых различных конкретных текстах. Известна «Генеративная грамматика»

---

[15] *Там же*, с. 72.

американского лингвиста Ноама Хомского, где тот утверждает врожденный характер «глубинной структуры» в словесном языке. Американские ученые Фред Лердал и Рей Джакендоф на основе идей Хомского провели идею врожденности основных тонально-метрических структур музыки — в работе «Генеративная теория тональной музыки». Вполне возможно поставить вопрос и врожденном характере ЛСЛ Зака — настолько они укоренены в массовом слуховом сознании, в равной мере и у людей, не имеющих какого-либо музыкального образования.

Теория «линии скрытого лада» — нова, оригинальна, не похожа на какие-либо другие теории в музыке, она убедительна и значима для науки и искусства. Ей должно быть дано название — «музыкальная теория Владимира Зака».

Нельзя не сказать и о литературной стороне теоретических работ Зака. Как только возникает возможность коснуться выразительных моментов музыки, мгновенно вспыхивают яркие, красочные эпитеты, заставляющие почувствовать — ведь мы имеем дело с Искусством, его лучшими образцами. Тем более, что наряду с обращением к песне автор приводит и многочисленные примеры классической музыки — Гайдна, Бетховена, Шуберта, Глинки, Бизе, Мусоргского, Бородина, Чайковского, Верди, Прокофьева и т. д. Возьмем пример. Мы уже отмечали, что в качестве одного из видов ЛСЛ Заком была отмечена пентатоника. Автор показывает, что она затрагивает также и романс Чайковского «День ли царит, тишина ли ночная». «Но почему же, однако, мы нередко хорошо ощущаем тот же колорит и даже тот же «пентатонический дух» в произведениях, где нет явной, «откровенно» выраженной пентатоники? Поистине интригующий вопрос! И отвечая на него, мы констатируем: одно из самых удивительных явлений искусства именно в том, что нежное утреннее солнце (день уже царит!) или полнолуние (ночная тишина) *одухотворяют мелодию в линии скрытого лада*, проглядывают в интонациях «исподволь», освещают течение музыки «изнутри», из самых ее недр. И, если угодно, в этом — одно из наиболее естественных проявлений музыкальности. Да, развитие чувства определяет активное развитие интонаций,/.../но фундаментом, словно бы питающим это чувство, основой его развития остается незыблемая «пентатоника природы»...[16]

---

[16] Зак В. *О закономерностях песенной мелодики.* С. 84.

Однако в поэтических эпитетах Зака — не только красота сравнений, но и присущий ему как личности настрой на воодушевленное, захватывающе-восторженное приятие жизни как таковой. Продолжая разговор о пентатонике, он приводит следующие столь близкие ему строки из Бориса Асафьева: «реальнейшее языческое чувство — тяга к солнечности, к воздуху, к свету, овевающим природу, — побеждает всё».[17]

Замечательные слова звучат в конце одной из его статей о ладе и песне. В связи с ролью песни в Великой отечественной войне снова приводятся слова излюбленного Асафьева: «Где наглее смерть, там победоноснее жизнь». Зак же говорит: «И наконец, — самое существенное. Песня — своеобразный аккумулятор человеческого жизнелюбия» (курсив мой. — В. Х.).[18]

---

[17] Асафьев Б. (Игорь Глебов). *Русская живопись. Мысли и думы.* М.–Л., 1966. С. 214.

[18] Зак В. *Броскость лада в песенной интонации.* С. 54.

Лиана Генина

«Я ЗАРАСТАЮ ПАМЯТЬЮ, КАК ПУСТОШЬ… »

Эта гениальная строка принадлежит перу Давида Самойлова. В самом деле: травою зарастают окопы, воронки сравниваются с окружающей землей; снаряды, ложившиеся рядом, рубцуются временем — быстрым или долгим. На фронте встречи большей частью очень коротки: утром был комбат, а к вечеру его уже нет. В мирной жизни люди — если случается такое счастье, — дружат десятилетиями, и потому снаряды, падающие рядом, попадают и в тебя. И в душе живых остается пустошь, которая не зарастает ничем — «ни петлички, ни лычки». Только память…

Володя. Володька. Вовка.

Мы были знакомы 100 лет, но странно: я не помню, когда и как родилась наша дружба. Помню долгие телефонные разговоры (ты почему-то называл меня Наташей, не иначе), я уговаривала тебя покинуть твою замечательную «стасовскую школу» и прийти работать в Союз композиторов. Тогда, к середине 50-х, вышла на поверхность целая плеяда молодых талантливых композиторов и исполнителей во всех республиках, а вот толковых молодых музыковедов, как всегда, не хватало. В конце концов этот план осуществился, и с тех пор наши судьбы шли вблизи друг друга.

Люди — как природа. Есть монолиты: горы, горы, горы. Или тайга, тайга, тайга. А есть ландшафты, словно в миниатюре отражающие всю планету: здесь и море, и пресная горная речка, и лес, и луг, и песчаные дюны. Таким ландшафтом была твоя натура.

У нас много докторов наук, но, кажется, лишь ты подошел к советской песне не только как социально значимому жанру, но как к серьёзному объекту музыкальной теории. Ты показал, *как она делается,* и даже из блантеровских «гениальных примитивов» (Б. Асафьев) вывел свою теорию линии скрытого лада. Позднее, «через годы, через расстоянья», когда ты присылал свои статьи и книги уже из Америки, слог их был заметно утяжелен непоказным грузом чувствований и ассоциаций и одновременно был заметно облегчен для большой читательской аудитории, ибо вышел на простор широкой, противоречивой социально-культурологической проблематики. Такова, например, статья «Дмитрий Шостакович и дети?», соединившая на сложнейшие процессы нашей действительности взгляд историка и теоретика[1].

Ты был настоящим ученым-публицистом.

Не знаю, правильно ли я делаю, но хочу рассказать об одном из вечеров Клуба песни, который вели в тот раз мы с тобой (кстати, то была добрая традиция Союза — регулярные жанровые вечера-абонементы со свободным бесплатным входом для всех желающих). Героем концерта был популярный композитор, который сам исполнял свои опусы. Все шло гладко, пока… Дело в том, что в одном из куплетов последний слог слова и первый слог слова, следующего за ним, при слитном, легатном пении образовывали неприличность. Зал неистовствовал; крики «бис! браво!» сотрясали стены. В артистической (кабинет директора ВДК А. Луковникова) мы советовались, как быть. «Народ требует», — справедливо утверждал автор. Но мы понимали, что авторский «бис» обрушит аудиторию. И тогда ты, выйдя к публике и пояснив, что композитор несколько устал, сам сел за рояль и с ходу исполнил всю песню от начала до конца своим красивым баритоном, четко разделяя слова и не только ничего не напутав, но и кое-где изобретательно украсив гармонию. Я не знаю, кто еще мог бы так поступить.

Ты был настоящим товарищем.

Тут вспоминаются мне твои песни, — например, на публичных празднованиях коллег. Ты никогда не соблазнялся простейшим путем — сочинить подходящие к случаю тексты на общеизвестные мотивчики. Нет, то были настоящие композиторские песни, и обязательно с какой-нибудь яркой находкой. Так, в оде Ноне Шахназаровой все мелодическое развитие устремлено к кульминации, основанной именно на этом интервале и, разумеется, на словах «Ах, Нона!..».

А наши капустники! Их вся, насквозь песенная драматургия с малыми разговорными островками сделала бы честь иной

---

[1] Музыкальная академия, 2003. № 4. Тут же добавлю, что некоторые не очень точные дефиниции и ситуации нуждались в прояснении: набрав номер, я услышала через океан твой благодарный и радостный голос: «Конечно, конечно, ты права!». Далеко не все титулованные авторы столь терпимы и самокритичны.

оперетте. И если уж нужно было по этой драматургии «выдать жанр», — он выдавался полной мерой и, я сказала бы, с блеском. Например, твоя «Кавалерийская». Естественно, c-moll, строгий барабанно-дробный ритм-пульс, Andante maestoso, аккордовая фактура с гарцующим басом. И — текст:

> *Кони бьют копытами (ды),*
> *Кони бьют копытами (ды).*
> *Моло-, моло-, молодые наши кони*
> *Сыты, бриты и обуты.*
> *Эх, и молодые. Ого!*[2]

А дальше поводья ритма несколько ослабевают, и разливается мелодичный припев с красивой игрой субдоминантовых тональностей — Es-Dur и f-moll... Так что же это — самодеятельная песня, ради шутки написанная? О нет. По сути ты создал новый тип звучащей музыкальной критики. Ибо перед нами песня с классическим набором всех лучших традиций ее жанровой разновидности, но также с ее почти неизменными клише и штампами. Ты помнишь бриллиантовое щедринское «Да!» в песне высотников, подчеркнутое акцентом и ферматой, — будто сжатые в точку интонации всех озорных частушек? Вот так и твое «дыканье» характерно как гротесковый штрих всех плац-парадных маршей, так сказать, военного полусвета: какого-нибудь глубоко провинциального гарнизона, где есть свой ансамбль, а в нем музыкант, знающий, как пишутся песни, но не имеющий индивидуальности настоящего дарования. В этом смысле «Кавалерийская» с ее бритыми конями — классика музыкального капустника. Или — в другом жанре — кокетливая a-moll'ная ариетта «Я на Венеру хочу!», которая вполне могла бы стать, как теперь говорят, хитом в исполнении, допустим, Т. Шмыги.

Ты был композитором, а не пародистом, коих немерено и чьи опусы только умножают пародируемую ими халтуру.

Точно так же не пародистом ты был, воспроизводя характер интонирования и мышления, и даже внешний облик некоторых своих коллег. Помню, на какой-то вечеринке, не выходя из-за стола, ты вдруг встал, губы сами собой сложились в изысканный ри-

---

[2] Последний ненотированный возглас мог быть любым: «Хо-хо», «Эгей!» и проч.

сунок, все лицо таинственным образом сузилось, седоватые кудри улеглись назад гладкими брюнетными волосами, и вместо серой курточки оказался элегантный черный пиджак. Еще не было сказано ни слова, но мы уже увидели перед собой твоего учителя Виктора Абрамовича Цуккермана. И голос Цуккермана произнес: «Когда же вместо легкомысленной и, я бы осмелился утверждать, назойливой связующей закуски нам подадут законную в своих супружеских правах побочную, а именно курицу, запечённую с орехами?». Присутствующим стало в некотором роде дурно: элементы аналитической лексики в данном контексте просто сразили всех беспощадным смехом.

Ты был настоящим артистом.

До некоторой степени своеобразным спектаклем можно назвать и твою... докторскую защиту. Было впечатление, что соискателей двое: один излагает концепцию, а другой сидит за роялем и время от времени воспроизводит соответствующие иллюстрации, иногда восклицая: «Слышите? Вот в среднем голосе партии левой руки?!». Было странновато для академической процедуры и вместе с тем естественно. Ибо режиссёрски продуманно.

Разумеется, чаще твои остроумные находки были спонтанными. Однажды заведующий кафедрой композиции Московской консерватории А. С. Леман в повседневном разговоре заметил:

— Поразительно сочетание Ваших имени и отчества: Владимир Ильич. Двойной тезка!

— Мне бы еще Вашу фамилию, — задумчиво ответил ты.

Это был ответ артиста: в слове «Леман» важны и фонетика, и ударение на первом слоге.

Ну и последнее, о чем я хочу сказаать, — о безграничной доброте твоей души. Казалось, ты любил всех, сочувствовал всем, готов был помочь любому. Никогда в жизни я не слышала от тебя дурного слова ни о ком! Наоборот: подчас совершенно расхожие суждения вызывали у тебя едва ли не патетический восторг. Некоторых такая всеядность раздражала. Я же прозвала тебя «Восклицательный Зак».

Ты был человеком, наделенным изумительной душой.

Володя. Володька. Вовка.

Господи, как жить без друзей, которых любила когда-то... всегда...

Андрей Золотов

Владимир Зак из реального времени и идеального «Я»

Я с радостью написал бы о Владимире Ильиче Заке — о Володе Заке что-нибудь юбилейное: в меру торжественное, в меру весёлое, но непременно содержательное, ибо герой — на редкость содержательная личность.

Яркая? Да, ещё какая яркая! Глубокая натура? Ещё бы! Много лет он создавал свой главный музыковедческий труд, содержащий разработанную им теорию мелодики, разгадывающий секреты песенного творчества, «причины» популярности тех или иных образцов песенного жанра, «непостижимость» песенных шедевров и личности их творцов, сказочно одолевших путь из профессии в народное сознание.

Его труд о мелодике удостоился самой высокой оценки специалистов. Володя Зак ещё в Советском Союзе стал доктором музыковедения, обрёл официальное признание высокого цехового сообщества и тем упрочил не только и не столько даже свою особенную и, в сущности, непререкаемую профессиональную репутацию, сколько имя и образ своего горячо любимого, высочайше почитаемого и повсюду трогательно им защищаемого, консерваторского профессора Виктора Абрамовича Цуккермана.

Как болезненно воспринимал он различного рода дискуссии и разговоры вокруг рождённых на глубине искусства концепций профессора Цуккермана. Тонким своим чутьём и прозорливой любовью Зак ощущал в этих дискуссиях и разговорах не только теоретический контекст, но и социальный и личностный подтекст. Говорю об этом совсем не для того, чтобы напомнить о давно отшумевших волнениях в музыковедческом море-озере, но лишь для того, чтобы через время прикоснуться к ранимой, страдающей и жаждущей справедливости (жажда эта была в масштабах страсти!) душе Володи Зака.

Я называю его то Володей, то Владимиром Ильичом — и то, и другое имя звучит для меня с равной силой выразительности и приязни. Старинное это слово «приязнь» вытеснено ныне (и кажется, окончательно) словом противоположного значения — «неприязнь».

Вот неприязни в Заке не было вовсе. Соглашался ты с ним или не совсем соглашался, был ли понят, или для полного понимания требовалось время и дополнительные усилия, он не становился твоим «врагом», стена отчуждения и скрытой недоброжелательности никогда не могла возникнуть между вами — в душе и характере его просто не было материала для строительства такой стены.

Как я хотел бы написать о Володе Заке что-нибудь юбилейное! В декабре 2009 года ему могло бы исполниться 80 лет, и это был бы самый прекрасный повод сказать ему самые добрые и точные слова, достойные его славной жизни в музыке, в искусстве, в обществе и в семье. Но книга, в которой, возможно, будут опубликованы эти строки, хоть и выйдет, будем надеяться, к юбилейной дате или несколько раньше, будет Книгой памяти. И оттого чистое чувство печали полнит атмосферу чистого искусства, которое мощно и артистически виртуозно формировало внутренний мир, характер, склад души, словом, образ и даже облик Владимира Зака — смею утверждать уникальной, а стало быть, выдающейся личности в музыкальной жизни советского и постсоветского периода.

Нельзя не вспомнить, в очередь, наверное, с другими авторами книги, о том, как без малого 30 лет Володя Зак работал в Комиссии музыковедения и критики Союза композиторов СССР и был душой музыкальной общественной жизни, включавшей в свою орбиту не только собственно музыковедов — историков, теоретиков, критиков, но и Союз композиторов в целом, как сообщество крайне разнообразных, но при всём том незаурядных, талантливых и по-человечески весьма интересных в своей разнохарактерности и многообразии устремлений (творческих и не только) людей-современников.

Направляясь к кабинету Тихона Николаевича Хренникова (бессменного Генерального секретаря Союза композиторов СССР), никак нельзя было миновать комнатку музыковедческой комиссии, из-за двери которой, как правило открытой, доносился особого басовитого тембра, непременно что-то изображающий, высотно-взвивающийся, отчётливо-ясный и весь пронизанный «отношением» к обсуждаемому, интонационно наполненный и динамически распахнутый голос Зака.

Он во всём следовал за музыкой, она его влекла… влекла и вела. Музыка для Володи Зака жила неотрывно от людей, более того — она жила в людях, которыми он беспрестанно увлекался, которых стремился распознать и почувствовать уже не как учёный, а как поэт.

Не берусь судить, обманывался ли он в людях, но с убеждённостью замечу — они в нём никогда не обманывались. Володя Зак был и останется для меня человеком, для которого научная деятельность была делом сугубо внутренним, может быть, даже таинственным. Но жизнь его «в миру», на людях, конечно же, была артистической сферой его естественного существования.

Многие знают об особом таланте Володи Зака «изображать» других людей, разумеется, симпатичных ему с той или другой стороны, не идеальных, но всё-таки симпатичных или по-своему знаменательных. Так его героями становились с одной стороны композитор Вано Мурадели, а с другой стороны — Вячеслав Михайлович Молотов, политик и государственный деятель из числа ближайших соратников Сталина. Володя изумительно рассказывал о своём знакомстве с композитором Нолинским, родным братом Молотова, и выразительно и живо представлял речь Молотова на похоронах брата. Должен заметить, что это представление открыло для меня Молотова едва ли не ярче и тоньше, чем иные книги, «разоблачающие» эпоху и пытающиеся её анализировать своими несоразмерными эпохе силами.

Были ли его представления имитациями, или их можно было сопоставить с «устными рассказами» Ираклия Андроникова? Наверное, имитации прежде всего, но, может быть, помимо воли автора, его аналитическое чутьё и пульсирующая исследовательская жилка вносили в его портретные импровизации элементы анализа личности портретируемого, и в этом он сближался с «устными рассказами» Андроникова.

В 17 лет Зак поступал на композиторское отделение Московской консерватории. И поступил. Но вскоре пришёл к ощущению, что пребыванию на композиторском ему будет мешать пресловутый «5-й пункт». И он перевёлся на теоретическое отделение. Кто знает, верно ли он тогда поступил? Одно могу сказать твёрдо: музыковедение обрело в Володе Заке талант необычный и цельный, человека окрылённого. В музыковедение и критику с ним, с его жизнью вошло лёгкое имя «Владимир Зак».

…Я то обращаюсь к Владимиру Ильичу по имени-отчеству, то просто по имени — Володя, и это оттого, что наши отношения, жизненные и духовные, переплетались, пребывая в развитии, и теперь на высоте памяти и живого исторического переживания я воспринимаю его как бы в двух соседствующих ипостасях: как старшего друга и высокочтимого коллегу с одной стороны и Учителя с другой, учителя в буквальном значении этого слова. Он стал для меня, если и не самым первым, то, несомненно, одним из главных людей в жизни, кто уверовал в мои музыкальные силы.

Я встретился с Владимиром Заком в известной московской музыкальной школе имени Владимира Васильевича Стасова, что располагалась в старинном двухэтажном особняке близ метро «Добрынинская». Владимир Ильич преподавал теорию музыки — мне посчастливилось быть среди его учеников. Разница в возрасте у нас была не столь оглушительная — какие-то 10 лет (к изучению собственно теории музыки я, по стечению житейских обстоятельств, приступил позднее, нежели 6-летние вундеркинды). Наши занятия проходили в последнем по левой стороне длинного коридора большом классе с роялем. Здесь, в этом классе, мне открылся изумительный музыкант и редчайшей души человек, устроенный так, что он мог чудеснейшим образом — гипнотически что ли — окутать всех тех, к кому он обращался словом и музыкой, невидимым, но будто осязаемым покрывалом сочувствия и взаимного тяготения — искусства и людей, обратившихся к искусству. Учитель наш был много крупнее тех задач, что ставились перед ним учебной программой. Мы сподобились общаться с художником, художественной натурой, человеком искусства.

Мне повезло: выделяя меня из числа своих учеников, уделяя мне много внимания, Владимир Ильич не только внушал уверенность в неких творческих возможностях ученика, но и обретал самого себя как целостную художественную личность в ранге творца. Его эмоциональность не влекла за собой каких бы то ни было преувеличений, он не называл нечто среднее замечательным, не влюблял в себя, но дарил другому его *значение*. Сейчас, когда я думаю о Володе Заке, я понимаю и чувствую: этот удивительный талант, этот уникальный человеческий экземпляр исходил в своих поступках, в движении своей мысли не из стремления самоутвердиться, но из органического убеждения, что вокруг него люди, талант которых ему дано распознать и внушить этим еще сомневающимся в себе их собственное значение. Не все понимают это. Далеко не все в нашей художественной среде были способны испытать благодарное чувство к Владимиру Заку и тем прибавить сил нашему герою.

Что ж с того? Теперь, когда жизненный путь Владимира Зака завершился, прочертив неожиданную географическую параболу от Москвы до Нью-Йорка, я хочу увидеть в этом полёте судьбы и символ мирового значения моего друга (хотя, кто знает что такое «мировое значение», кто сознается, что это всего лишь миф, и реально лишь значение людей друг для друга, для близких, для искусства, нам не принадлежащего), и некий житейский смысл. Этот смысл для меня в том, что обстоятельства могут, разумеется, передвигать человека по миру и заземлять его то там, то здесь, заставляя принимать случившееся как должное, не требуя от жизни объяснений. Другое дело — душа. Она свободна в своих полётах по миру, в своём желании и божественной способности воспринимать людей повсюду как океан непрочитанных *жизнекниг*, как гениев, не осознавших своё значение. Владимир Зак был из тех редкостных художественных натур, родившихся в России советского периода, кому был дан высокий дар интерпретировать музыкальный материал как меру человеческой истины, дар увидеть сквозь звуковую ткань идеальность человеческого мира — безграничную идеальность. Оттого последние 16 лет, отведенных ему судьбой в Нью-Йорке, наполняют меня идеей *безграничья*. Свидетельством же прирождённой верности Владимира Зака русской культуре и стране Россия стало то, что скорбит о нём и долго будет его помнить Москва.

Воспоминаний о Володе Заке много, но хочу избежать мозаичности. О поездке в Германию на фестиваль Шостаковича помню. О том, с какой серьёзностью, уважением и доброй улыбкой говорил о нём Георгий Васильевич Свиридов, написавший предисловие к володиной книге «Матвей Блантер», помню. О его нежном благоприятствовании и высоких словах в связи с моими писаниями об искусстве — помню и благодарю.

Год, прошедший от кончины Владимира Ильича Зака, был для меня годом мировых потерь. Погиб под колёсами поезда выдающийся мыслитель Георгий Гачев. Погиб под колёсами автомобиля выдающийся художник Илларион Голицын. Ушёл из жизни исторический Александр Солженицын. Безвременно и с непостижимой неожиданностью покинул нас великий Чингиз Айтматов — великий писатель и великий друг. Чингиз Торекулович всегда интересовался моим окружением, умел замечательно расспрашивать о людях, которые для меня много значили. Рассказывал я ему и о Володе Заке — одном из самых увлекательных и уникальных проявлений глубины и дружественности в нашей боевой действительности, в нашей весьма суровой художественной среде. Вспоминаю сейчас строку из романа Чингиза Айтматова «Плаха»: «Люди ищут судьбу, а судьба людей. И катится жизнь по тому кругу…».

Но круг памяти всегда разомкнут, диаметр такого круга растёт в бесконечность. А из Владимира Зака приведу такую строку (это предисловие к его фундаментальному исследованию «О мелодике массовой песни»): «Каждый из нас испытывает властную потребность найти нужное выражение всему тому, во что мы верим, на что надеемся, даже когда мы сознаём, что наша мечта не может осуществиться. Для этого порой не хватает слов, тогда-то и вступает в свои права музыка».

Музыка вступила в свои права.

Вячеслав Медушевский

В. И. Зак и его вклад в науку о мелодии

По традиции пишут обычно вначале о выдающемся вкладе личности в науку, культуру, общественную жизнь. Применительно к Владимиру Ильичу Заку, при всей значительности и оригинальности этого его вклада, хочется начать с другого. Он был человек редкостной широты и красоты души, редкостного же обаяния и своеобразия.

Помню, как он, зажав собеседника в углу и отрезав тому все пути к отступлению, с ораторским вдохновением воспевал ему дифирамбы. Все попытки остановить поток славословий — притом отнюдь не пустых, а блистательно аргументированных и глубоких — не давали результата. Ты стоял пред ним как жертва пред закланием, полностью оставив бесполезные сопротивления сверкающему вокруг тебя огню восхвалений. Но было все это абсолютно искренне. Он жил в том, что говорил, вкладывая в свои слова всего себя и искренне восхищаясь превозносимым им лицом. Светлая открытость, доброжелательность и любовь лежала в основе.

А его остроумие?! А фантастическая способность перевоплощаться в изображаемого им человека! Ни один из самых известных мимов не имел такого дара. Преображалось в нем все: он говорил голосом — тембром, интонациями — изображаемого им лица, имитировались характерная лексика, синтаксический строй речи. Самое поразительное — Владимир Ильич мог при этом импровизировать часами. О его телефонных розыгрышах ходили легенды.

Переезд его в Америку был ощутимой потерей для многих в России.

Следствием широты его натуры была его научная деятельность. Своеобразие, глубина и блистательность — отличительная черта его музыковедческого творчества.

От своего учителя, крупного ученого и тончайшего аналитика, — В. А. Цуккермана — он воспринял глубочайший профессионализм. И обратил его к неожиданному объекту — советской массовой песне. Его книги и докторская диссертация о песенной мелодике — абсолютно уникальный музыковедческий труд.

Владимир Ильич применил в нем особый метод исследования — прослеживание скрытых линий лада.

Может показаться: его метод чем-то напоминает Шенкера? Но глубочайшие цивилизационные различия разнесли оригинальный труд В. И. Зака и штудии популярного на Западе музыковеда в разные концы Вселенной. Цивилизационный дух у В. И. Зака иной. Иные эвристики научного поиска. Конечная цель В. И. Зака — искать не закономерности! Искать — смысл! Хотя и не помимо закономерностей. Это установка всей русской культуры, наследницы Византийской цивилизации. Вспоминается Пастернаковское: «Во всем мне хочется дойти до самой сути». К тому же побуждал святой Нектарий Оптинский: «Во всем ищите великого смысла».

В глубине — разность неосознаваемых цивилизационно-теологических начал. Разве истина — мертвая? Нет, она живая, свободная и освобождающая. Значит, только такой подход и может считаться адекватным своему предмету.

Следствием являются различия неосознаваемых, но реально действующих цивилизационно-антропологических воззрений. Разве человек — машина? Нет!— вопреки известной книге Ж. О. де Ламетри, написанной в 1747 году (по смерти автора его современники мрачно шутили: одной машиной стало меньше). Написано: «Вы боги». Человек хоть отчасти и ограничен законами материи, духом жив и питается все же от свободы Божией. «Познаете истину и истина сделает вас свободными».

Соответственно меняется гносеология. Учиться ли у материи — или у Духа? В первом случае естественные науки становятся образцом для гуманитарных, что противозаконно: низшее не имеет права возноситься над высшим. Плодом беззакония становится и реальное порабощение духа материей. При второй установке у гуманитарных наук открывается своя специфика и истинная высота, ибо человек — образ Божий и призван к богоуподоблению трудами жизни по бесценному дару свободы. Потому и идеалом науки становятся не классификации, а восхождение к смыслу.

В этом сказываются цивилизационные и национальные различия научных традиций, прослеженные русским философом И. А. Ильиным. Он отмечает «уравновешенный и трезвый прозаизм английской науки». По его словам, «глубоко национален вклад англичан в индуктивную логику, в естествознание и государствоведение». Он отмечает «глубину и всеисчерпывающую добросовестность германской мысли». Русская наука имеет свой путь и цель: «Наука должна стать наукой творческого созерцания — не в отмену логики, а в наполнение ее живою предметностью; не в попрание факта и закона, а **узрение целостного предмета**, скрытого за ними». Философ так характеризует дух русской науки: «вселенский кругозор и непосредственная свобода, гибкость пластичность и темпераментность русского ума».

Потому так глубоко различны методологические установки. Западная наука ищет повторяющееся. Ильин сказал бы здесь о «беспредметном мышлении». Русская традиция направлена на поиск уникального, «изюминки», идеи, родившей предмет («предметное мышление» по Ильину).

Потому различен и психологический результат научных исканий, социальное действие науки в обществе.

В первом случае научное сообщество и все общество попадают в дьявольскую ловушку предвзятого косного мышления. Она смоделирована в книге Э. де Боно «Творческое мышление»: испытуемый, начав с примитивных случаев Т-образных конструкций, под этим углом зрения начинал анализировать все подряд. У Шенкера типичное Т-образное мышление, слепота ума. В современной американской музыковедческой теории рядов — та же интенция: исчислить все мыслимые комбинации звуковых высот с помощью математической теории множеств. Сделать это можно, только сняв все качественные различия между ними, то есть ликвидировав собственно музыку (живую упорядоченность ладов, ладовых звукорядов, приспособившейся к их гетерогенности систему нотной записи…).

Общественно-культурным результатом второй установки оказывается иное воспитательное действие: творческий рост, способность ясно видеть предмет мысли. Наука (по Ильину) есть важнейшее условие становления духа нации, ее «зрячести».

В книгах и диссертации В. И. Зака нет и тени Т-образного мышления, стремления все светлое многообразие музыки свести к унылой формуле. Напротив, они открывают трепетную инициативность, живую активность музыкального мышления, становление мелодии как уникального целого, пронизывающую ее интонационную драматургию и восхитительную свободу. Афористично говоря: открывают не смерть лада в мелодии, а его цветение и жизнь.

Это важно для воспитания наций. Распространившиеся в нынешней музыкальной теории симулякры, заставляющие забыть о главном в музыке, не безобидны для человечества. Они меняют природу отношений между Творцом, музыкой и миром, подталкивая композиторов к упрощенно-механическому изобретательству. Они омертвляют художественное мышление, рождают формализм и примитивное слышание. Таким способом они перестраивают и саму музыкальную практику, музыкальную культуру. А она, становясь симулякром, и самих людей превращает в симулякры, ведя их к умалению, вызывая потрясения на планете и подталкивая ее к бесславному концу, хотя мы призваны к Царствию Божию.

Но да не сбудутся над музыкантами слова М. Лермонтова: «Мы иссушили ум наукою бесплодной»! Истинная наука плодоносит и возвышает общество. Дух жизни, живущий в книгах В. И. Зака, противостоит всеобщему увлечению симулякрами в науке и жизни и утверждает высокие традиции предметного мышления в музыкальной теории.

Игорь Гальперин

«Линия открытого лада» Владимира Зака
Светлой памяти моего Друга и Учителя

> *«Все хорошее — от удивления»*
> В. Зак

Я пишу эти строки со сложным, противоречивым чувством. Разумеется, нет ничего более благодарного, чем писать о человеке огромного, разностороннего таланта, который к тому же был очень близок и дорог. Мне необычайно повезло. Я долгое время самым тесным образом общался с ним, слушал его рассказы, читал его статьи и книги, показывал свои скромные опусы и получал его детальнейшие отзывы на мои работы. И был счастлив, очень счастлив от общения с ним, общения с Учителем. Владимир Зак и был Учителем с большой буквы, каким только может быть отец для ребенка, мудрец для своих учеников. Неслучайно поминальная молитва «Изкор», святая для каждого еврея, начинается со слов «Вспомни, Господь, имя моего отца (матери), моего учителя». Эта статья и есть моя поминальная молитва по Владимиру Заку.

На самом-то деле смысл только что написанных слов плохо укладывается в моем сознании. Владимир Зак оставил в моей памяти необычайно яркий, живой и непосредственный образ, навсегда запечатлев свой голос, улыбку, жестикуляцию, манеру говорить. Уверен, что такое же впечатление складывалось у каждого, кто имел счастье общаться с ним. И сейчас, спустя год после его ухода, мне трудно себе представить, что его нет больше с нами.

Я не оговорился, приписывая Владимиру Заку знаменитое высказывание Аристотеля, вынесенное мною в эпиграф. И дело здесь не столько в том, что впервые я услышал это изречение из его уст. И даже не в том, что цитата эта красной нитью прошла через все, или почти все, значимые работы Зака. Все гораздо проще. Или сложнее? В этой мудрости великого греческого философа весь Владимир Зак. Его характер, мировоззрение, огромный талант.

Все, кто хоть сколько-нибудь были знакомы с Заком, в первую очередь обращали внимание на мощный заряд доброты, который излучал этот человек. Он не просто был ярчайшим источником «хорошего» — редкостного качества в нашем мире, но и сам с удивительной целеустремленностью искал это хорошее вокруг себя. Во всем, будь это собеседник или же произведение искусства, которое он изучал. Свойство это, естественное для ребенка, у взрослого называется мудростью. Владимир Зак и был мудрецом в полном смысле этого слова.

«Сын! Если я не мертв, то потому, что связок не щадя и перепонок, во мне кричит все детское…» (И. Бродский). Да, «детское» живет в недрах подсознания каждого человека. Но только у талантливой, неординарной личности оно не загоняется вглубь, а окрашивает эту личность радугой непосредственности.

«Человек, лишенный непосредственности, становится посредственностью».[1] Человеком с кричащим «детским» и был В. Зак. Что позволяло ему самым непосредственным образом восторженно улыбаться найденному им в жизни. А удивление, согласно Аристотелю, является источником хорошего. Источником таланта, вдохновения, дерзаний, открытий, которых было на удивление много в жизни Владимира Зака.

Мне кажется, все талантливое, «настоящее», яркое характеризуется мощным зарядом психологической энергии. Я думаю, одним из важнейших индикаторов «настоящего» в произведении искусства и является эта самая энергия, которую вкладывает в него его создатель. И если допустить, что это действительно так, то искусство могло бы предстать как акт передачи энергии от автора к слушателю, читателю, зрителю, а педагогика — как форма перехода энергии от учителя к ученику.

Владимир Зак излучал такую энергию всегда, чем бы он не занимался. Этой энергией «заряжены» его научные труды, музыка, выступления перед публикой. В своем обращении к друзь-

---

[1] В. Зак. *Дмитрий Шостакович и дети?* Музыкальная академия No 4, 2003, с. 19

ям и соученикам, посвященном столетию любимого и горячо почитаемого им учителя В. А. Цуккермана, В. Зак говорил о том, что Виктор Абрамович писал свои работы, всегда обращаясь к конкретному слушателю. Эта особенность работы ученого стала одной из причин того, что статьи и книги Цуккермана и по сей день необычайно дороги читателям. Я очень хорошо помню, как писал Владимир Зак, громко и отчетливо произнося все заносимое им на бумагу. Думаю, и в этом он следовал мудрым советам учителя.

Наверное, во многом благодаря этому, язык Владимира Зака обладает удивительной красотой слога, живостью и музыкальностью изложения, особенно привлекательными для слушателя, а не только читателя. Со страниц его книг и статей вещает блестящий, яркий оратор, каковым он в действительности и являлся. Но думаю, не только эта замечательная особенность писательского стиля Зака делает его труды такими притягательными. Этому способствует и излучаемая ими мощнейшая энергия, заряжающая читателя энтузиазмом, мудростью, исследовательским напором и добротой автора.

Отношение Владимира Зака к своему учителю, В. А. Цуккерману, наверное, заслуживает отдельной темы. Зак часто цитировал наставника на своих страницах, постоянно упоминал его в разговорах, иногда имитируя учителя. И уж, конечно, следовал его советам. Несомненно, что одна из основополагающих научных идей В. Цуккермана о целостном анализе во многом осветила всю разностороннюю музыковедческую деятельность В. Зака. Сам Зак в своем «видеообращении» к юбилею учителя очень точно определил сущность целостного анализа как инструмента, направленного на раскрытие содержания музыкального произведения.

«Главной партией» «музыковедческой симфонии» Владимира Зака была теория мелодики вообще, и песенной мелодики в частности. Стереотипность и инерция мышления зачастую оказывают нам плохую службу. Поэтому нет ничего удивительного в том, что музыковеды, памятуя о заголовках двух важнейших книг В. Зака «О мелодике массовой песни» (1979 г.) и «О закономерностях песенной мелодики» (1990 г.), говорят о нем, как об исследователе сугубо песенного мелодизма. А это совершенно не соответствует действительности и тормозит развитие науки о мелодике. Поскольку закономерности, открытые Заком, и прежде всего теория «Линии Скрытого Лада» (ЛСЛ), как убедительно доказал ее автор в последующих работах, являются фундаментальными.

Но есть в недопонимании значимости открытий ученого и негативный момент социально-психологического толка. Дело в том, что вследствие кардинальных общественно-политических перемен, происшедших в России за последние 15–20 лет, советская массовая песня, ассоциируемая прежде всего с отвергнутым укладом жизни, стала в этой стране как бы «персоной нон грата». Соответственно, вольно или невольно, общественным сознанием отторгается все, связанное с этим жанром.

Задавались ли вы, уважаемые читатели, вопросом, что определяет основную тему исследования ученого? Я твердо убежден: темперамент, характер, мировоззрение творческой личности накладывают свой глубокий отпечаток на всю ее деятельность. И неважно, в какой именно области: в работе, досуге, общении с друзьями.

И было бы необычайно интересно показать, каким образом индивидуальность композитора находит свое отражение в его музыке, исполнителя — в его интерпретации, ученого — в его исследованиях, педагога — в работе с учениками. Я знаю, эта связь довольно опосредована. Я понимаю, мы еще необычайно мало знаем о креативной психологии человека. И все же, это направление в науке представляется мне необычайно заманчивым и перспективным.

«Сент-Экзюпери сказал когда-то, что на свете есть только одна настоящая роскошь — роскошь человеческого общения. Видимо, в искусстве эту роскошь общения непосредственнее всего выражает песня... Душа песни — мелодия». (Зак В. И. *О мелодике массовой песни*. М., 1979, с. 8). В. Зак был создан для общения. Это общение могло принимать различные формы: в кругу друзей и родных, с лекторской трибуны, на страницах работ. Всегда и везде Владимир Зак был необычайно театрален, сердечен, бесконечно темпераментен. Он притягивал к себе людей магнетизмом открытости и доброты, объединяя всех, с кем общался, тесными узами единого переживания. Не это ли основное свойство мелодии? Не в этом ли заключается волшебство распеваемой массами песни?

Но было и строго рациональное зерно в том, почему В. Зак обратился к мелодике массовой песни в начале своих исследований. Именно в массовой песне наиболее плакатно и броско проявлялись открытые им мелодические закономерности музыки. И подтверждение этому внимательный читатель сможет найти на начальных страницах только что процитированной книги. К тому же, жанр массовой песни, активно поддерживаемый официозом, облегчал Владимиру Заку введение в музыкознание действительно новаторских идей.

Во главе угла исследования мелодики Владимира Зака лежит теория «Линии Скрытого Лада» (ЛСЛ), которую смело можно отнести к важнейшим открытиям музыкознания XX века. Разумеется, теория ЛСЛ не возникла на пустом месте. В частности, она опирается на исследования и Б. Асафьева. «Можно сказать, что есть своего рода степени — песенная драматургия акцентов и выкриков, градации силы и продолжительности как явления смысла. Эти свойства очень показательны». (Асафьев Б. *О русской песенности*, с. 59)

В основе ЛСЛ лежит психологическая особенность восприятия мелодии, при которой слушатель или композитор неосознанно выделяют из звукового потока акцентированные элементы, объединяемые в целостную звуковую систему. «… акцентный ряд любой песенной мелодии являет своего рода целостную систему, все элементы которой выполняют важные функции в мелодическом процессе. И «драматургия акцентов», то есть последовательность метрических иктов в масштабах всего произведения помогает слушателю запечатлеть в сознании ладофункциональные пути мелодии. Это и есть интонационный остов лада. Он как бы в недрах мелодии, в ее глубине, в ее сердцевине». (Зак В. *О закономерностях песенной мелодики*. 1990, с. 16)

Теория ЛСЛ по своей значимости не уступает известнейшей Теории Гармонии Генриха Шенкера, опубликованной в начале двадцатого века. Более того, я вижу и родственные моменты этих двух учений, заключающихся в том, как целостное восприятие гармонии и мелодии опирается на акцентированные элементы этих двух важнейших средств музыкальной выразительности. Что и естественно, так как обе эти теории обращены к базисным особенностям психологии восприятия, разворачивающегося во времени потока информации.

Теория ЛСЛ проста и красива, как все «настоящее». Но для ее открытия понадобился огромный талант, удивительная проницательность, кропотливый труд и аристотелевская устремленность к удивлению Владимира Зака. Данная закономерность с легкостью и волшебством фокусника позволяет ответить на многие, ранее неразрешимые вопросы мелодики. Почему некоторые широко известные песни поются иначе, чем их написал композитор? Почему мажор одной песни звучит темнее и «минорнее» другой? Почему одна мелодия запоминается, а другая нет? Ответы на эти и другие проблемы лучше искать на страницах трудов В. Зака, чем приводить на этих страницах.

В 1997 году в Нью-Йорке вышла в свет последняя книга Владимира Зака «Шостакович и евреи?».[2] Это исследование стоит особняком в ряду его книг, практически не затрагивая тему ЛСЛ. Но эта книга необычайно характерна для Зака, поскольку находится в основном русле его исканий — русле «смыслового анализа». И философская тема, раскрытая в этом замечательном труде, — тема общечеловеческого гуманизма и его генетической связи с еврейской многовековой культурой, необычайно созвучна Заку. В. Зак и был подлинным гуманистом, чья еврейская душа проросла в глубочайшие пласты мирового культурно-философского наследия.

«Чудо Шостаковича и святость Шостаковича как раз в том и заключаются, что он объединяет мир. Объединяет мир не только интонационными параллелями, но и, прежде всего, Высокой Внутренней Чистотой, приверженность коей и составляет его этический (и художественный) идеал… И сколь бы ни было трагичным звучание музыки Шостаковича, пафос ее конечного предназначения — сочувствие личности и подлинная (прямо-таки ниспосланная свыше!) **красота сострадания**».[3] Я уверен, эти строки звучат с такой убедительной силой, воздействуя не только на наш разум, но и на десятое, двадцатое чувство, запрятанное на самом дне нашего «я», именно потому, что отражают подлинную сущность личности автора.

В статье «Шостакович и дети?» В. Зак еще раз обращается к творчеству великого композитора. Это исследование не только развивает теорию ЛСЛ мелодики, показывая как музыкальные образы детства, всплывающие из подсознания композитора, преобразуются в произведения. В этой статье В. Зак раскрывает, на мой взгляд, принципиально новую тему в музыкознании. Я бы

---

[2] Зак В. *Шостакович и евреи?* Издательство «Киев», Нью-Йорк, 1997.

[3] *Там же*, с. 182,183

определил эту тему, как «Гений и «детское»». Хорошо известно: «детское» в гении живет намного более «полной и яркой жизнью», чем в рядовом человеке. Это «детское» выражается не только во впечатлениях, событиях, звуках, ритмах, запахах, красках, с жадностью впитываемых ребенком и закладывающих фундамент личности, но и в той непосредственности, с которой эти впечатления прорываются в ее повседневную жизнь. На примере творчества Шостаковича В. Зак показывает, как образы детства, преломляясь в музыке композитора, помогают раскрыть глубинный смысл произведения. Как детская непосредственность Шостаковича, проявляющаяся в том числе и в чуткости и жадности восприятия окружающего мира, приводит композитора к таким философским обобщениям и такой естественной «простоте» выражения сложнейших и глубочайших образов, которые и позволили его музыке стать «важнейшим документом нашей эпохи».

В документальном фильме «Гений. Сергей Прокофьев» (студия А. Кончаловского, 2003 год) Владимир Зак, как никто другой до него, с характерным пафосом поднял вопрос о яркой гуманистической направленности музыки композитора, о прокофьевской идее «обличения ненависти» и «сопротивления злу», красной нитью проходящей через многие его произведения.

К одному из удивительных прозрений Владимира Зака можно было бы отнести и мысль, высказанную им в телевизионной передаче «Бремя Божьего Дара» (RTN, ведущая Алла Кигель, 7 ноября 1999 года), посвященной пушкинской драме «Моцарт и Сальери», а следовательно Моцарту и Пушкину. В этой программе В. Зак говорил о способности гения задолго предчувствовать свою кончину. О том, как мысли о смерти меланхоличным туманом окутывают его сознание, подобно «облакам, застилающим вершину Монблана большую часть года» (Шопенгауэр). И кажется мне, эта пророческая черта гения тем или иным образом связана с его «детской» обостренностью интуиции. Предчувствовал ли свою смерть сам Зак? Думается, что да. Ведь идеи приходят только тогда и только к тому, кто готов их принять.

Наряду с исследовательской деятельностью, важное место в жизни Владимира Зака занимало композиторское творчество. Именно с сочинением музыки связывал он свою профессиональную карьеру, когда поступил в класс композиции Московской консерватории. И именно с композицией связана одна из самых драматических страниц его жизни.

Как-то раз молодой Владимир решил показать своему маститому профессору пьесу, основанную на родных и дорогих ему еврейских интонациях. Просмотрев работу, преподаватель заметил, что не может поощрять сочинение подобного рода музыки в рамках своего класса. Профессора можно было понять: на дворе заканчивался хмурый 1947 год, сталинский антисемитизм набирал обороты, готовя кульминацию очередного античеловечного преступления в «Деле врачей». Разрешить никому не известному тогда студенту писать еврейскую музыку — означало подвергать себя реальному риску. Но и реакция Володи была, на мой взгляд, неадекватной и по-юношески максималистской: он перевелся на теоретическое отделение, запретив себе даже мечтать о композиторской карьере. Хотя, что он мог тогда поделать? Не писать еврейскую музыку он не мог. Выдавать ее за арабские напевы, как это делали некоторые его соученики, ему не позволяла совесть, против которой он не шел никогда. И решение было принято бесповоротно.

Впрочем, В. Зак никогда не порывал с сочинительством на протяжении всей своей жизни. Он писал музыку к радио- и телепостановкам, к спектаклям Детского Музыкального театра Н. Сац. Он писал музыкальные номера к нашумевшим по всей Москве Стасовским капустникам,[4] сочинил множество песен. Причем, как правило, это была не только музыка, но и текст. Сохранилось немного. Что-то в звукозаписи, что-то в нотах. Очень часто Зак записывал свою музыку конспективно, вчерне, на разрозненных листах, как будто не придавая особого внимания написанному. Его сочинения отличаются необычайной броскостью, темпераментностью и театральностью. Владимир Зак обладал ярким мелодическим даром, создавая легко врезающиеся в память броские темы. За всем этим стоит огромный талант и философская глубина Художника. Как композитор, я вижу: В. Зак мог бы прийти к удивительным высотам подлинного симфонизма, если бы полностью посвятил себя композиции. Однако, судьба распорядилась иначе, и мир приобрел блестящего ученого, лектора и педагога.

И в заключение своего эссе о Владимире Заке хочу коротко сказать о его замечательном детище — Московском Молодежном

---

[4] Музыкальная школа им. В. В. Стасова, где В. Зак работал после окончания Московской консерватории.

Музыкальном Клубе, созданном вместе с Г. Фридом и Г. Головинским в 1965 году и живущем до сих пор. Этот клуб привлекал не только молодых любителей музыки, для которых он, собственно говоря, и был предназначен, но и вполне зрелых людей, а также студентов музыкальных учебных заведений, среди которых был и я. Количество желающих попасть на заседания клуба значительно превышало число мест, которое вмещал в себя зал Союза Композиторов. И чтобы стать обладателем заветного членского билета, я, как и многие мои друзья, тщательно скрывал свою принадлежность к профессии музыканта. Клубные встречи отличались редкостной в годы застоя творческой атмосферой и свободой, сохранив надолго вольный ветер хрущевской оттепели. В клубе обсуждались темы, затрагивающие самый широкий спектр проблем, связанных с классической музыкой и джазом. Здесь разгорались горячие дискуссии, и можно было услышать произведения опальных в то время Альфреда Шнитке, Софии Губайдулиной и Эдисона Денисова. Воспоминания о Клубе остаются одним из самых светлых впечатлений моей молодости и по сей день.

Я пишу эти строки с двойственным чувством. Мне горестно и сиротливо от невосполнимой потери. Но во мне живет и вера. Вера в то, что теория Линии Скрытого Лада найдет свое продолжение и развитие в трудах музыковедов. Что светлая память о Володе переживет многие поколения. Что я еще не раз смогу написать о нем. И потом, кто сказал, что человек жив лишь тогда, когда дышит, ест и носит одежду? Человек жив памятью своих родных, друзей, почитателей и просто знакомых. А это значит: Владимир Зак навсегда остается с нами.

Израиль

Изалий Земцовский

Вспоминая незабвенного Володю Зака

Я знаю, что это правда, и все равно не верю, что Володя Зак, *наш* Владимир Ильич больше не с нами. Да нет, он с нами! Сколько себя помню в Союзе композиторов — а помню, начиная с 1961 года, — Володя всегда был и всегда должен был быть рядом — если не физическим присутствием, то живым словом (дружеским, коллегиальным, лекторским, телефонным), а если не живым словом, то сердечным письмом или даже короткой, но КАКОЙ телеграммой. Никто, как он, не мог так приласкать и так придать силы другому своей уникальной верой в его талант. Никто, как он, не мог так ПОДНЯТЬ человека и показать ему самому его лучшие стороны. У него был редчайший талант понимания, признания и, я бы сказал, бережного *лелеянья* таланта. Уверен, только собственный талант дарует человеку такую щедрость. А талантлив Володя был безгранично. И как музыкант, и как музыковед, и как рассказчик, как друг и семьянин, как гостеприимный хозяин, и даже, позвольте заявить, как рожденный психотерапевт, способный понять другого как себя и в нужную минуту ненавязчиво прийти на помощь. Впрочем, дар психотерапевта в чем-то глубинном сродни дару прирожденного музыковеда…

И все эти ипостаси богатейшей натуры В. И. Зака мне открывались из первых рук — его щедрый талант дружить я с благодарностью ощущал на протяжении десятилетий.

Володя принадлежал к редкому в наше суетное время типу людей-златоустов, способных сказать не просто хорошо и литературно правильно, но до чрезвычайности красиво и как-то просторно. Его речь текла с какой-то феноменальной свободой и легкостью, с чарующей — чтобы не сказать, завораживающей — привольностью. Володя был златоустом от Б-га. С его появлением в обществе что-то мгновенно менялось — возникала какая-то новая тональность, и музыка речи звучала с редкой интонационной убедительностью. Конкурировать с ним по части слова и интонации было невозможно, да и бессмысленно — все равно лучше не скажешь, лучше не проинтонируешь.

Поразительно, но Володя и писал тоже прекрасно, а это уж совсем редкое сочетание. Нередко хорошие ораторы — плохие писатели, и наоборот, но не так было с Володей Заком, превосходным оратором и ярким, блистательным музыковедом-писателем, лауреатом престижной — а с моей точки зрения самой престижной — музыковедческой премии имени Б. В. Асафьева. Не скрою, когда я, отбирая книги своей библиотеки, навсегда расставался с богатой коллекцией журнала «Советская музыка», я решил оставить себе на память только несколько избранных текстов, опубликованных там в разные годы. Все статьи В. И. Зака были отобраны мною без исключения. Я и сейчас с удовольствием храню их в своей калифорнийской квартирке. Ему было дано услышать в музыке нечто глубоко свое, что и делало эту музыку музыкой.

Владимир Зак был единственным в своем роде музыковедом-асафьевцем — не по джентльменскому набору цитат из великого мыслителя о музыке, а по сути *своего* мышления. Кстати, у В. И. Зака почти нет пересказа работ Б. В. Асафьева — сплошь свои собственные слуховые проникновения в музыкальную материю, которая вся была у него на слуху, но какие проникновения!

Я убежден, что, среди много прочего, Володино отприродное знание и чувствование идишской интонации сыграло свою немалую роль в успехе его музыковедческих анализов. Долгие российские годы он, по крайней мере в своей публичной социальной жизни, был вынужден скрывать свои глубокие знания еврейской музыки, но тот дар, который это знание ему привило с детства, скрыть было невозможно. Этот феномен Володиного *музыковедческого идишизма* (позволю себе такое определение) напоминает мне одно забавное, но показательное признание знаменитого американского композитора-песенника Кола Портера. Как известно, он не был евреем, но однажды сделал Ричарду Роджерсу, популярному композитору Бродвея еврейского происхождения, заявление о том, что он, Портер, якобы открыл секрет успешного сочинения песен в Америке. На встречный вопрос Роджерса, что же это за секрет, Портер коротко ответил: «Идишская мелодия». Похоже, что и секрет популярного музыковедения —

и не только в Америке — как-то связан — по крайней мере в судьбе незабвенного В. И. Зака — с идишской мелодией.

В. И. Зак находился в постоянном диалоге с собратьями по перу и слову. При этом он пользовался не летучей электронной почтой, начисто отучающей от великого эпистолярного жанра, но, как правило, обыкновенным письмом «от руки». Мне вспоминается его последнее большое письмо, написанное по прочтении рукописи моей статьи «Апология 'музыкального вещества'», которую я послал ему ещё до выхода ее в свет в журнале «Музыкальная академия» года три назад. Это было письмо-ответ, письмо-диалог, письмо-развитие, письмо-сотворчество. Фантастическое письмо! Володя назвал его «Увлекательная перспектива». Ничего лучше о своих работах я не читал. Володин текст дорог мне не только редчайшим проникновением в концепцию другого, но и самоценностью оригинальной исследовательской мысли. Разумеется, этот текст был продиктован глубоким пониманием коллеги-единомышленника, но главное в нем — творческий энтузиазм большого самостоятельного ученого со своим излюбленным предметом исследования, со своим огромным творческим багажом, которому всегда есть чем дополнить коллегу и что предложить ему в ответ. Один из самых блистательных разделов своего письма Володя посвятил еврейской интонации и ее судьбе — тому, о чем в моем тексте не было ни слова.

В том письме он скромно писал о том, что всегда учился у меня. Настало и мое время признаться — я не просто учился у Владимира Зака, я пытался дотянуться до его дара проникновения в песенный мелос, но далеко не уверен, что смог добиться этого с такой же глубиной и убедительностью.

Последние годы, насколько мне известно, Володя работал над обобщающей теоретической монографией, публикацию которой мы все с волнением ждали. Уверен, она ещё увидит свет. Жду этого момента как праздника.

*Беркли, Калифорния.
1 июля 2008.*

Григорий Фрид

Памяти друга

Тяжело терять друзей. Даже когда годами не видишься с ними и весть об их смерти приходит издалека.

13 августа 2007 года я узнал, что умер Володя Зак. Мне, чья юность пала на тридцатые годы прошлого столетия, когда неловко сказанная фраза о «тлетворном Западе» могла стать преступной, трудно привыкнуть к мысли, что умер он в Америке, среди небоскребов Манхэттена, куда занесла его судьба.

Я познакомился с ним в конце пятидесятых, когда лишь начинался его творческий путь. Однако наиболее сблизило нас одно замечательное начинание. В октябре 1965 года, он, его ближайший друг — музыковед Григорий Головинский и я основали Московский молодежный музыкальный клуб. Как же изменилась наша жизнь, ее темп, ритм, форма! Каждый четверг, с октября по май, мы приходили в Дом композиторов, где собиралась молодая аудитория в несколько сот человек. В клубе выступали десятки выдающихся музыкантов, артистов, ученых. Вечера проходили в спорах, острых дискуссиях. А какие удивительные темы! «О таланте и вдохновении», «Интуиция в науке и в искусстве», «Нововенская школа», «Советская массовая песня». И музыка — музыка — музыка!

Вместо привычного для музыканта объяснения со слушателем при помощи звуков, пытаясь говорить о музыке, мы должны были использовать слова — занятие противоестественное, но единственно возможное при желании найти ключ к пониманию ее законов. И тут Владимир Зак был на высоте. Его выступления всегда были ярки, содержательны. Он пользовался любовью слушателей и тем печальнее, что проработал в клубе мало: лишь до 1971 года. Ему на смену пришла наш общий друг Нона Шахназарова. После смерти Григория Головинского она осталась работать со мной и в апреле 2008 года мы отметили завершение 43-го сезона существования клуба.

В Союзе композиторов Владимир Зак был заметной фигурой. Он написал оригинальную, привлекшую к себе внимание книгу: «О закономерностях песенной мелодики». Защитил докторскую диссертацию. Ряд лет возглавлял Комиссию музыковедения и музыкальной критики Союза композиторов СССР.

Не скрою, — его отъезд из России меня огорчил. Как и для многих из нас, для него была естественна атмосфера нашей парадоксальной советской «неустроенности». Она рождала его фантазию, мечты, вдохновение… Это свойство, присущее интеллигенции России, служило источником особого мироощущения, где горечь, ирония, пессимизм становились основой неповторимой поэтической философии. Удастся ли ему, — думал я, — сохранить ее среди прагматичной, лишенной романтики, американской ментальности?

После его отъезда я видел его лишь один раз — в мае 1998 года в Нью Йорке. Свидание было кратким. И, как всегда, когда друзья годами не встречаются, за его шумными американскими — «Great, Fine» и моим тихим русским — «Нормально…» — мы прятали грусть, ибо многое объединявшее нас было уже позади… Но мне показалось, что он остался таким же, каким я знал его прежде,

Сейчас, когда я пишу о нем, он вновь возвращается ко мне. Я вижу его подвижную фигуру, черную, с годами становившуюся серебристой шевелюру, окраской отмечавшую пройденный путь; вижу живые глаза, в которых искрится юмор; слышу его голос, неповторимый не только по тембру, но и по предельной эмоциональности. Самые простые фразы он произносил с пафосом, придающим обыденности черты высокой трагедии. Он был ТЕАТРАЛЕН!

Наверное, отсюда и его замечательный артистический дар. Думаю, он мог стать выдающимся актером. Но, к сожалению, на театральных подмостках его не видели. Зато в небольшом кругу друзей он устраивал «представления».

Голосом, мимикой, остроумнейшей, характерной для каждого речью, он изображал композиторов, своих учителей, друзей… Педанта, музыковеда В. О. Беркова; искрящегося остроумием — своего учителя Виктора Абрамовича Цуккермана; внезапно преображался в Матвея Блантера — мизантропа и пессимиста, автора песен, несущих людям свет и радость. Но его коронной ролью был, бесспорно, умный, автор печальной памяти оперы «Великая дружба» — Вано Мурадели. Разговор, мимика многозначительные паузы... это был целый спектакль. Если Зак и Вано находились рядом, то лишь по монументальной, подобной памятнику фигуре Вано можно было догадаться, который из Мураделей настоящий.

Еще многое хотелось бы вспомнить... Но и в воспоминаниях, как и в самой жизни, наступает момент, когда надо прощаться...

Трудно оценить, что в Володе Заке было лучше, что хуже. Но, главное: он обладал талантом, добрым сердцем, — **ЧЕЛОВЕЧЕСКОЙ НЕПОВТОРИМОСТЬЮ**, а это, пожалуй, самое ценное, что можно сказать об ушедшем друге.

Москва, 17 июня 2008

Михаэль Ройтерштейн

Слово о товарище

С Володей Заком я познакомился осенью 1946 года. У него пошёл последний год обучения в Музыкальном училище при Московской консерватории, где он занимался (и весьма успешно!) в классе композиции Евгения Осиповича Месснера. А я, только что демобилизованный фронтовик, был принят на первый курс этого училища — и в тот же самый класс. Правда, сказать, что мы с Володей сразу же и сдружились, никак нельзя. Хотя живой, активный, весёлый и притом удивительно доброжелательный парень конечно же привлёк моё внимание, но сам я, как теперь понимаю, совершенно не годился в товарищи Володе: я стеснялся своей необразованности, неумелости, неготовности общаться с ребятами, так непохожими на моих армейских друзей, с которыми только что расстался. К этому надо добавить, что и бывал-то я в училище считанные часы, если не минуты, потому что основным моим местом учёбы был Авиационный институт, и я ещё подрабатывал в его инструментальном цехе учеником слесаря (к стипендии прибавка да и карточка продуктовая — рабочая). Так что знакомство моё со студентом-выпускником Заком было, можно сказать, «шапочное».

В 1947 году Володя стал студентом консерватории. Только через год, когда и меня приняли туда же, мы снова встретились, и теперь уже стали общаться чаще и содержательнее, хотя далеко не всё тому способствовало. Всё-таки, Володя был на курс старше меня (при том, что по возрасту на четыре года моложе), и специальности наши разошлись — Володя учился на историко-теоретическом отделении, а я — на композиторском. Впрочем, с III курса я выхлопотал себе вторую специальность — теоретическую, — и тем самым как бы ещё подтянулся к Володе. Но и до этого мы нередко встречались — например, на заседаниях факультетского Творческого кружка, где слушали и обсуждали новые сочинения — и не только студенческие (на одном из заседаний весьма непочтительно судили только что поставленную оперу Хренникова «Фрол Скобеев», что повлекло за собой изрядные неприятности). Иногда удавалось «перехватить» Володю в коридоре или на лестничной площадке… Сам он, правда, больше тянулся к старшекурсникам — Грише Головинскому, Марине Сабининой, Инне Барсовой, а рядом с ними я чувствовал себя совершенно несоответственной «малышнёй».

Гораздо ближе друг другу мы стали в классе Виктора Абрамовича Цуккермана, который руководил сначала Володиной, а затем и моей дипломными работами. Мы оба бывали у него дома, встречались там, и, конечно уровень нашего общения стал совсем иным. Постепенно мне стали открываться всё новые — и неизменно привлекательные — черты Володи.

Прежде всего, конечно, нужно сказать о его органической, глубокой и тонкой *музыкальности*. Он был абсолютно отзывчив на музыку самую разную — старинную и новейшую, сложную и элементарную, отечественную и чужеземную. Много раз мне доводилось слушать музыку, сидя рядом с ним, и постоянно я ловил себя на том, что он как бы вовлекает, втягивает меня в этот таинственный процесс восприятия и постижения «интонируемого смысла». А потом бывали долгие разговоры не только о том, каков именно был этот смысл, но и каким образом, какими средствами он воплотился и в той или иной мере дошёл до нас. Володя был не просто и не только музыкантом, но и пытливым *исследователем* музыки. И, конечно же, судьба должна была привести его в класс Цуккермана.

Это было воистину поразительное соответствие ученика — учителю. Оба не только были бесспорно музыкально талантливы, но при этом, я бы сказал, ещё и музыкально любопытны. Обоих привлекала не только сама музыка, но и те мудрёные механизмы, которыми её привлекательность создаётся, то есть та «кухня», на которой изготовляют это удивительное «блюдо». Оба были склонны к серьёзной основательной работе, но при этом щедро одарены чувством *юмора* и безошибочным чутьём распознавания подходящего места и времени его проявления. Обо всём этом, кстати, сам Володя прекрасно написал в своих воспоминаниях для книги «В. А. Цуккерман — музыкант, учёный, человек» (М., 1994, с. 216–222).

Круг исследовательских интересов Володи был весьма широк, но для себя я выделил прежде всего *детскую тему*. (Все свои студенческие годы я проработал музыкальным руководителем в детских садах, и проблема «дети и музыка» активно занимала меня). Володя, будучи — по отзывам авторитетных людей, знавших его с этой стороны, — прекрасным педагогом (почти десять лет он преподавал в московской детской музыкальной школе им. В. В. Стасова), был основательно озабочен задачей привлечения молодого поколения к музыке современной, созвучной своей эпохе. Содержательная и живо написанная более сорока лет тому назад статья «Прокофьев сначала!» и сегодня, к сожалению, полностью сохраняет свою актуальность.

Но более важной областью для Володи стала, пожалуй, *массовая песня*, изучение которой повело его к исследованию закономерностей построения мелодии вообще, к выяснению секретов доходчивости и запоминаемости мелодии и, наконец, к построению фундаментальной и к тому же поистине красивой теории ладовой основы мелодии, которую (основу) составляет *линия скрытого лада*. Эта теория Володи — одно из самых значительных достижений теоретического музыкознания во второй половине прошедшего столетия.

Я уже упомянул, что ещё в училище отметил для себя необыкновенную доброжелательность, дружелюбие Володи. Позже, когда мы сошлись на самых разных «уровнях» — и по интересам, и по профессиональным занятиям, и в оценках многого, что нас окружало, — я много раз наблюдал и испытывал на себе его неистощимую *доброту*, его постоянную готовность что-то сделать для другого — помочь, подбодрить, развеселить… Он был *человеколюбив* в самом прямом смысле этого слова. Он был, как иногда говорят, *светлым* человеком. Стоило ему куда-то войти, и менялась сама атмосфера, утихали споры, возникало то самое толстовское «сознание ненужности всего ненужного», и в какой-то момент звучала добрая шутка и раздавался общий смех.

Вот эта способность (а пожалуй — талант!) создать обстановку взаимоприятия — впридачу к собственно профессиональной одарённости и выучке — и было, мне кажется, тем счастливым качеством Володи, которое обусловило его успешную многолетнюю *организаторскую* работу в музыковедческих Комиссиях Союзов композиторов — сначала Московского, а потом и всей страны.

И ещё один «штрих к портрету», для меня лично очень важный. Володя остался в моей памяти как *надёжный товарищ*.

Я не помню случая, чтобы он отказал мне в какой-либо просьбе (а таковых было, поверьте, немало). Я не помню случая, чтобы Володя в чём-нибудь меня или кого другого подвёл, нарушил какую-нибудь договорённость или не выполнил обещания. На него можно было положиться и не сомневаться в том, что всё будет как оговорено. В войну о человеке сомнительном говорили: «Я бы с ним в разведку не пошёл». Так вот, с Володей я в разведку пошёл бы без малейшего сомнения, твёрдо зная, что иду с настоящим товарищем.

* * *

Очень горько, что больше не придёт открытка от него, что в телефонной трубке не зазвучит его зычное «Здравствуй, старик!». Но есть одно дорогое мне, не знаю уж чьё, изречение: мы живы, пока нас помнят. Володю любили и продолжают любить, помнят и ещё долго будут помнить очень многие. Стало быть, он — жив.

Москва, июнь 2008.

Ирма Золотовицкая

Владимир Зак и его «американская» книга

Учёный-музыковед, доктор искусствоведения, автор огромного количества книг и статей на разных языках, блестящий оратор и лектор-популяризатор, композитор, писатель, общественный деятель — перечень ипостасей можно было бы продолжить. Природа щедро одарила Володю россыпью талантов, его внутренний мир был необычайно богат и, вместе с тем, распахнут навстречу людям. Это был гений общения, от которого исходила теплота и доброжелательность, искренний, неподдельный интерес к собеседнику, к людям, бескорыстное желание поделиться своими знаниями, своими мыслями, всем тем, что хранила его феноменальная память. Одним словом — ярчайшая личность, уникальная в своём роде.

Переехав в 1991 из Москвы в Нью-Йорк «на постоянное место жительства» и будучи человеком чрезвычайно деятельным, он сумел быстро найти «свою нишу» в этом новом для себя мире. Сразу же стал регулярно публиковаться — преимущественно в русскоязычных изданиях, выступать с публичными лекциями о музыке в самых разных аудиториях. Постепенно завязывались множественные человеческие контакты — сказалась его общительная натура, — и на каком-то этапе родилась идея семинара, тему которого «О еврейском у Шостаковича» подсказали сами слушатели-американцы. В процессе работы семинара оказалось, что их понимание музыки Шостаковича весьма своеобразно и неожиданно. Это они, «семинаристы», впервые заговорили о «библейском» в творчестве Шостаковича, о том, что пафос его музыки — преодоление зла — взращён на этическом фундаменте иудаизма, позднее ставшим этическим фундаментом христианства, а также о многом другом, что получило дальнейшее развитие в их беседах. Позднее Володя вспоминает, как интересно ему было обсуждать с «семинаристами» их порой неожиданные высказывания о музыке Шостаковича, в которых присутствует свойственная американской ментальности «неискоренимая наивность Нового Света». И тут же он поясняет, что его «решение обнародовать беседы о Шостаковиче с американцами — это результат... убеждённости в том, что подлинная наивность скрывает в себе и прелесть нравственного целомудрия, от которого мы, бывшие советские, к великому сожалению, отошли слишком далеко. Быть может потому, что оказались отлучёнными от старых, вечных истин?» *[стр. 11].*[1]

Так родилась книга Владимира Зака «Шостакович и евреи?». «Скромные эссе в смешанном стиле» — таково авторское определение жанра этой работы. По его словам, эссе скомпонованы в виде популярных музыковедческих суждений или в форме полубеллетристических рассказов. Это верно. Однако, эти слова я бы отнесла лишь к способу и стилю изложения материала — свободному, яркому, общительному. На самом же деле за «популярными суждениями» скрыт подлинно научный аналитизм, хотя книга, действительно, читается, как увлекательная беллетристика. С её страниц звучит голос нашего современника, которому довелось долгие годы находиться в самом сердце музыкального процесса в советской стране, участвовать во всём происходящем и, наконец, посчастливилось не только видеть и слышать Шостаковича, но также общаться с ним.

О чём эта книга? Конечно же, «Шостакович и евреи?» подразумевает ...«не только евреи», — с первых страниц предупреждает автор. И поясняет, что одну из важнейших своих задач он видит в освещении той социальной атмосферы, в которой творил свои шедевры Шостакович. Так, включены в книжку материалы, как бы дорисовывающие «портрет эпохи», ибо всё это чрезвычайно важно для понимания творчества и личности композитора. Вот, к примеру, небольшой рассказ о встрече с В. М. Молотовым (настоящая фамилия Скрябин), в ту пору, в 1966 году, уже бывшим министром иностранных дел СССР. Дело происходило на поминках его родного брата, композитора Нолинского (псевдоним Николая Михайловича Скрябина). Буквально несколькими штрихами ярко обрисован образ этого «интеллектуала советского правительства», для которого время как бы остановилось.

---

[1] Здесь и далее даны ссылки на книгу Владимира Зака «Шостакович и евреи?», издательство «Киев», Нью-Йорк, 1997.

Та же фразеология, тот же непререкаемый тон, те же оценки. «…Никто и ничто не могло противостоять закваске сталинского соратника… Необратимость психологии, воспитанной тоталитаризмом», — пишет В. Зак и при этом восклицает: «Но ведь с этими людьми продолжалась жизнь Шостаковича!» *[стр. 142–143]*.

А вот ещё один жизненный эпизод. «Тема нашествия» на Валааме» — так озаглавлен этот очерк-новелла. «Визитная карточка Шостаковича» (таково, по меткому определению В. Зака, значение знаменитой «темы нашествия» из Седьмой, «Ленинградской» симфонии) фигурирует здесь не случайно. И не только потому, что в переплетении судеб главных персонажей этой невыдуманной истории имя Шостаковича и его симфония занимают особое место, но и в связи с тем, что «тема нашествия» — это обобщённый символ зла, насилия, страшной опасности и угрозы самой человеческой жизни на земле.

В живой, непринуждённой форме ведётся рассказ о совместной поездке автора с супругами Элиасберг на остров Валаам, который постоянно притягивал к себе обитателей Дома творчества композиторов «Сортавала», расположенного в живописном уголке на берегу того же, Ладожского озера. Мне, проводившей в этом Доме творчества почти ежегодно один из летних месяцев и, естественно, не раз посещавшей Валаам, этот рассказ показался очень точным и волнующим.

Бегло, скупыми средствами обрисован образ этого прежде цветущего острова, с которым когда-то были связаны имена многих выдающихся деятелей русской культуры, а в советское время превратившегося в символ разрушения, насилия, одним словом — «нашествия». Действительно, взору туристов, едва сошедших с трапа парохода, сразу же открывалась унылая картина заброшенности, запустения. Однако, по мере продвижения в глубь острова путников ожидали впечатления даже более тяжёлые, гнетущие, нежели представшее их взору печальное зрелище разрушенных и покрытых нечистотами знаменитых памятников архитектуры — Белого и Красного скитов.

В центре повествования — случайная встреча с обитателем одного из самых страшных мест на Валааме — дома инвалидов, где доживают свой век в ужасающих условиях и в полной изоляции от внешнего мира («чтобы не смущали, не озадачивали, не будоражили советских людей своим уродством» —!) бывшие фронтовики, вернувшиеся с войны с самыми тяжёлыми увечьями.

Один из них, бывший музыкант, потерявший на войне обе руки («я скрипач без рук и еврей без паспорта» — говорит он о себе), узнаёт в Карле Ильиче Элиасберге того самого, знаменитого дирижёра, под чьим управлением он слушал Седьмую симфонию Шостаковича девятого августа 1942 года в осаждённом Ленинграде. И, конечно, в его горький рассказ о своей трагической жизни естественно входит музыка. Он с восторгом говорит о лирике Шостаковича, а это значит, что душа его, невзирая ни на что, не зачерствела, не ожесточилась. Он мечтает вырваться из этого кошмара, добраться до Ленинграда, где живёт его товарищ и где, быть может, он сумеет начать жизнь сначала… Ведь государство, за которое он воевал на фронте, лишило его элементарных человеческих прав, в том числе, права иметь документы, удостоверяющие личность («… чтобы не сбежал!»).

Карл Ильич и его супруга Надежда Дмитриевна без раздумий решают помочь этому несчастному человеку попасть на пароход, которым они возвращаются в Сортавалу. Попытка заканчивается печально. «Нарушителя порядка» снимают с борта отплывающего парохода и под конвоем уводят. Под впечатлением происшедшего Карл Ильич возвращается к «теме нашествия» и говорит, что это уникальный в мировой литературе «марш жестокости», но, в то же время, самое убедительное доказательство «от противного» — ещё одно напоминание о подлинной цене человеческой жизни. Кстати, и в этом высказывании Карла Ильича, и в его немедленной готовности помочь случайно встреченному человеку очень точно отражён его характер, благородство его души. Эта небольшая новелла — дань памяти человеку, дирижёру, чьё имя сама история неразрывно связала с именем Шостаковича.

И всё же, наверное, особый интерес, особую ценность в этой книге составляют те её разделы и страницы, в которых представлены собственно музыковедческие, исследовательские наблюдения В. Зака. Его тонкий аналитический слух, позволявший уловить в музыке Шостаковича то, что порой оставалось незамеченным многочисленными исследователями, его обширная эрудиция, создававшая предпосылки для широких обобщений, и, наконец, его всегда особый эмоциональный тонус, который ощутим как в самом движении его мысли, так и в способе изложения, — всё это придаёт исследовательскому в своей первооснове труду черты увлекательного повествования с множеством неожиданных «поворотов» и очень личной, проникновенной интонацией.

Разумеется, специальное внимание уделено сочинениям, непосредственно связанным с еврейской темой, — Тринадцатой симфонии на стихи Евгения Евтушенко, обычно именуемой «Бабий яр» (таково название первой части, несущей основную смысловую нагрузку в этом пятичастном произведении) и вокальному циклу «Из еврейской народной поэзии». Из наблюдений над интонационной сопряжённостью выразительных мотивов разных частей симфонии, постоянно возвращающих нас к «Бабьему яру», В. Зак делает вывод о философском фундаменте музыкально-поэтического построения симфонии. «Зло по природе своей едино» — пишет он. И далее: «Незримое» присутствие «Бабьего яра» в составляющих симфонию частях — ясный показатель важнейшей идеи произведения: антисемитизм ведёт не только к бедствиям евреев, но к обнищанию духа всего общества» [*стр. 72*].

Чуткое ухо музыканта улавливает многие интереснейшие детали, однако, автор отнюдь не стремится к словесной конкретизации смысла музыки, ибо это противоречило бы самой её природе. Он также не предлагает читателю готовых истин. Это лишь его размышления, включающие попутно множество ассоциаций — художественных, житейских, а также личные воспоминания о том или ином событии, встрече, беседе и лишь затем — обобщения, в которых раскрывается его понимание глубинного смысла музыки. Точнее даже — глубинных культурных смыслов того или иного конкретного музыкального явления, того, что постигается, скорее всего, интуитивно и лишь постепенно обретает выражение в оформленной мысли.

Таково развитие одной из сквозных тем книги — музыка Шостаковича как мощнейшее выражение трагического в искусстве XX века. В этой связи ставится вопрос, почему и какими путями *еврейское* (имеется в виду не только тематика, вербальные тексты, но и сам характер, интонационные истоки музыкального языка) проникает в его музыку, становится её неотъемлемым свойством. Один из ярких примеров — появление еврейской темы в финале фортепианного Трио, посвящённого памяти талантливого музыкального критика Ивана Ивановича Соллертинского. «Смерть любимого русского друга и еврейская тема…» — как бы про себя вопрошает, размышляет Зак. И ответ: «Еврейская тема в кульминации — как максимум откровения, как апогей трагического» [*стр. 23*].

Характерные еврейские интонации можно услышать во многих произведениях Шостаковича, написанных в разное время, но Зак обращает внимание на то, что именно в послевоенную пору композитора неодолимо влекло к еврейской интонационности и, более того, непосредственно к еврейской теме.

Не случайно вокальный цикл «Из еврейской народной поэзии» был сочинён Шостаковичем в том самом, трагическом для евреев Советского Союза 1948 году, а его первое публичное исполнение состоялось лишь через семь лет.

Осмысливая характер воплощения еврейской темы в музыке Шостаковича, Зак слышит в ней не только характерные интонационные связи, но и такое глубинное, не лежащее на поверхности свойство, как отражение еврейского менталитета. Он обращает внимание на то, что многие «еврейские» музыкальные темы Шостаковича имеют изначально танцевальную основу, что не мешает им в процессе развития, в общем контексте обретать новый смысл, вплоть до высот трагедийности. Ключ к объяснению этого драматургического приёма в его (Шостаковича) собственном высказывании: «Евреям причиняли боль так долго, что они научились прятать своё отчаяние. Они выражали своё отчаяние… в танце». И как бы подхватывая эту мысль композитора, Зак пишет о том, что танцевальность у Шостаковича зачастую органично сплавлена с национально-характерным еврейским говором (например, в вокальном цикле), а ещё — с жестом.

При этом, он ссылается на любопытное высказывание Соломона Михайловича Михоэлса, поведанное ему одним из близких друзей великого артиста — Львом Михайловичем Пульвером, бывшим главным дирижёром ГОСЕТа (тоже — увы! — бывшего, Еврейского театра в Москве). Соломон Михайлович усматривал в музыке Шостаковича в целом, безотносительно к использованию каких-либо характерных еврейских интонаций, ощутимую связь с еврейской экспансивностью, выражаемой именно жестом, жестикуляцией.

И снова Зак как будто вступает в виртуальный диалог: «Не сама ли история евреев заставляла их точно и ясно понимать язык жестов? Ведь таковой заменял конкретику слова, постоянно таившего в себе опасность «разоблачения»». Страшное это было слово — «разоблачение», поскольку за ним, как правило, следовало и другое, созвучное — «уничтожение», в том числе, физическое.

Шостакович постоянно находился под жёстким прессом «властей предержащих», однако, он не капитулировал, не сдавался, и в книге эта тема проходит красной нитью. «Да, — пишет Зак — композитор шёл наперекор жестокой силе. Но делал вид, что её поддерживает. Вынужден был делать вид». И далее: «Раздвоенность доставляла Шостаковичу немыслимые страдания. Раздвоенность стала тягчайшим пожизненным бременем» *[стр. 82]*. Таков был его путь сопротивления, его способ противодействия. Но главным его оружием была Музыка. В ней, и только в ней, он мог высказать всё самое сокровенное.

Володе, человеку с чутким, обострённым слухом и тонкой, резонирующей душой, удалось проникнуть в это *сокровенное* и поведать обо всём в своей книге. Эта книга — живое свидетельство не просто очевидца описанных событий, но человека, который, как по долгу службы, так и по велению сердца, находился в самой гуще происходящего. Уверена, что этой книге уготована долгая жизнь, равно как и светлой памяти об её авторе, замечательном человеке по имени ВЛАДИМИР ЗАК.

Зоя Таджикова

Перечитывая Зака...

(О книге В. И. Зака «Шостакович и евреи?»)

Мы встречались с Владимиром Ильичом Заком ещё в СССР, общаясь на Союзных музыковедческих конференциях и в Союзе Композиторов, куда я прилетала из далекого Таджикистана. Владимир Ильич всегда был окружен людьми — беседовал, читал приносимые материалы, консультировал, обсуждал, шутил, смеялся. В Нью-Йорке, мы познакомились ближе и быстро сдружились. Володя, как он просил всех знакомых называть его, был исключительно интеллигентным, умным, широко — и глубоко-образованным человеком и в то же время на редкость доброжелательным, открытым и коммуникабельным собеседником. После выхода в свет книги «Шостакович и евреи?» в многочисленных газетах и журналах появилось много восторженных отзывов, откликнулась и я.[1] Прошло 10 лет. Читая и перечитывая эту книгу, обнаруживая в ней всё новые и новые жемчужины, я решила написать ещё раз. Тем более, что за эти годы появились новые люди,

---

[1] Ирма Золотовицкая. *Вокруг имени великого мастера.* Журнал «Двадцать два» Москва–Иерусалим. №116, 2000 г., с. 159–168. Она же. *Владимир Зак и его «американская» книга.* Сетевой портал «Заметки по еврейской истории». Редактор — Евгений Беркович. №9 (100), сентябрь 2008. http:\\berkovich-zametki.com\; М. Арановский. *Предисловие к фрагменту из книги «Шостакович и евреи?» Владимира Зака «Еще об идеалах».* Журнал «Музыкальная Академия» №1, 1999, С. 155–156; Маргарита Тер-Симонян. *Книга, которую давно ждали.* «Вестник Род Айленда» № 8 (31–32), 1999, с. 20; Игорь Гальперин. *Линия открытого лада Владимира Зака.* Сетевой портал «Заметки по еврейской истории». Редактор — Евгений Беркович. №9 (100), сентябрь 2008. http://berkovich-zametki.com; «Шостакович и евреи?» (интервью Льва Кацина с Владимиром Заком). Газета «Еврейский мир» vol VI, № 41 (295), январь 1998, с. 20–21; Бор. Яковлев. *Презентация (интервью после презентации).* Газета «Русский базар» № 9 (97), 2 марта – 8 марта, 1998, с. 35; Зоя Таджикова. *Новое прочтение Д. Д. Шостаковича.* Газета «Форвертс» № 123, 3–9 апреля 1998; и многие др.

которым было бы интересно и полезно прочесть эту прекрасную книгу. Приняв решение, я приступила к работе, не поставив автора в известность, надеясь преподнести ему своеобразный сюрприз. Увы, не успела! Володи не стало 13 августа 2007 года. Кончина В. И. Зака — тяжелая утрата и для музыкознания, и для всех, кто его знал... Горько вспоминать, но необходимо, и я решила продолжить работу, чтобы еще раз рассказать о нем и о его замечательном труде.

Книга «Шостакович и евреи?», написанная выдающимся музыковедом, доктором искусствоведения В. И. Заком вышла в свет в Нью-Йорке осенью 1997-го года. Книга сразу же вызвала большой интерес как среди музыкантов-профессионалов, так и в среде широкой читающей публики. И это не случайно. Труд, неординарный по теме и страстный по отношению к ней автора, глубокий по содержанию и блестящий по стилю не мог оставить никого равнодушным. Книга занимает особое место как среди собственных работ В. И. Зака, так и в музыкознании в целом. В. И. Зак — автор ряда теоретических исследований, посвященных разработке нового метода восприятия, осмысления и анализа мелодии, названного им теорией Линии Скрытого Лада (ЛСЛ). Он опубликовал 5 монографий и более 300 статей о русской музыке — классической и современной. О чем бы ни писал В. И. Зак — везде простор мысли, глубокие суждения и умение раскрыть суть музыкального произведения, доступность восприятия и увлеченность автора..

Книга же «Шостакович и евреи?», полностью соответствуя категории работ, посвященных русской музыке, тем не менее стоит особняком. В ней, кроме анализа музыки Д. Д. Шостаковича, ярко освещен социально-идеологический аспект жизни и работы творческой интеллигенции в СССР в те времена. В книге приводятся также суждения о специфике народного музыкального творчества в связи с исторической судьбой народов и об объединяющей роли общечеловеческих духовных ценностей. И это совершенно необходимо для понимания специфики творчества Д. Д. Шостаковича, которой посвящен этот труд.

Я прочла книгу на одном дыхании и в течение этих лет не раз обращалась к ней — умной и правдивой, со смелыми, неординарными мыслями и взглядом на реальность, книге, где глубокий музыковедческий анализ сочетается с блестящим, лаконичным, порой афористичным языком, когда за словами автора слышится музыка, о которой он пишет.

Сегодня книга воспринимается с не меньшим интересом и волнением, чем 10 лет тому назад. За прошедшие годы она прочно утвердилась, как одна из лучших книг в шостаковичеведении и остается уникальной в современном музыкознании. Ещё никто не писал о Шостаковиче и о его времени так, как это сделал Владимир Ильич Зак. Время — самый бескорыстный судья. Оно показало, что книга ни на йоту не потеряла как своей научной ценности так и актуальности. В ней по-прежнему страстно и неподкупно звучит голос автора, столь созвучный творчеству Великого Композитора.

Название книги «Шостакович и евреи?» звучит неожиданно. Уже постановка вопроса о малоизвестном аспекте творчества гениального композитора XX века не могла не привлечь внимания и не вызвать интереса. Однако, это не было экстравагантной попыткой обратить внимание читателей на себя и свой труд. Автор не нуждался в подобной популяризации. Его имя — выдающегося ученого-музыковеда, блестящего эрудита, прекрасного знатока обоих субъектов, обозначенных в названии книги, говорило само за себя. В. И. Зак превосходно знал, очень любил и высоко ценил русскую культуру, буквально боготворил своего кумира Д. Д. Шостаковича, и в одинаковой степени знал и любил еврейскую культуру, историю, язык. Он бесконечно любил еврейскую музыку и сам её писал, как композитор, великолепно исполнял еврейские песни — именно он, В. И. Зак, смог выделить этот аспект в рассмотрении творчества Д. Д. Шостаковича, показать его состоятельность и убедительно раскрыть его специфику. В результате впервые появилось серьезное и глубокое исследование о связи музыки Д. Д. Шостаковича с еврейской музыкой, и не только связи.

Уже в начале В. И. Зак формулирует преамбулу своего труда. «Тайна интонационного мира композитора, где рождение еврейского представляется в высшей степени загадочным, будет волновать не одно поколение исследователей и слушателей музыки русского гения». И хотя с присущей ему скромностью и самовзыскательностью он пишет о своей книге: «Это лишь очередная разведка темы, робкая попытка постановки разных её проблем» (с. 10), но, завершая первый раздел, пророчески утверждает: «Уверен: в 2006 году, когда все народы мира будут отмечать славное столетие русского гения, тема «Шостакович и евреи» не утеряет своего значения» (с. 11).

В книге 15 небольших, самостоятельных разделов со своими сюжетами, полными драматизма. В.И. Зак пишет (будто рассказывает) захватывающе ярко, образно и эмоционально, говоря обжигающую, пронзительную и горькую Правду, и в то же время просто, доходчиво, убедительно, с глубиной настоящего исследователя, серьезно, доказательно. Но и здесь столь свойственный Заку юмор, не покидает его. Однако, это юмор особой окраски, юмор, смешанный со слезами — аналогично музыке Шостаковича! Так, главы «Черствая корка хлеба за «сумбур вместо музыки»» и «Кудрявая, что ж ты не рада?» от начала до конца вызывают у читателя улыбку, и вместе с тем боль за несправедливость и страдания. Это так характерно для еврейской литературы! А трагическую историю безысходной судьбы скрипача, потерявшего на фронте обе руки, в главе ««Тема нашествия» на Валааме», невозможно читать без слез...

В книге собран огромный фактологический материал и множество персоналий, которые мастерски привлечены для создания исторически достоверного фона, способствующего более яркому и более глубокому восприятию анализа музыкального материала. Этот фон создает такое эмоциональное состояние у читателя, что он буквально ощущает гнетущую атмосферу сложной и опасной жизни, в которой пришлось творить и существовать Великому Композитору. Не трудно представить себе, под гнетом какого СТРАХА за себя и за судьбу своей семьи писал свою музыку, как чувствовал себя Дмитрий Дмитриевич, причисленный безвольной советской прессой к самым ярким представителям «формализма в искусстве», которым «не место в нашем доме!» (с. 152). Композитор знал, что представители НКВД могли в любую минуту ворваться в его квартиру и поступить с ним так, как они поступали с неугодными миллионами советских граждан, отправляя их на Лубянку, а затем в ГУЛАГ или на расстрел. И автор с горечью и возмущением задает резонный вопрос: «Кто еще из композиторов переживал такое? Моцарт? Ференц Лист? Николо Паганини? Андрей Эшпай? Родион Щедрин? Никто! Никогда!» (с. 153) Или: «Жесточайшее время Шостаковича несопоставимо ни с каким иным — будь то время Сервантеса, Мольера, Пушкина или Верди. Любые параллели меркнут» (с. 132). Страстный, отнюдь не академический, а скорее публицистический, в самых лучших его традициях, стиль В. И. Зака — отражение бесконечной любви автора к Великому Музыканту России и боли за судьбу и жизнь людей, работавших в условиях «строительства социализма». В. И. Зак не говорит эвфемизмами, он внутренне раскован. Он пишет о том, что сам пережил и чему был свидетелем. Он также основывается на достоверных воспоминаниях советских коллег и зарубежных ученых-музыковедов, людей близких Д. Д. Шостаковичу и ему самому, почитателей творчества Д. Д. Шостаковича.

Уже в начале книги В. И. Зак формулирует лейтмотив своего исследования: «Невозможность реализовать горячо желаемое — это то самое жизненное противоречие, что столетиями воплощалось в искусстве и достигло своего совершенного выражения в творчестве Шостаковича» (с. 11) «Невозможность реализовать горячо желаемое» — это источник и причина трагизма, который мы слышим в творчестве Д. Д. Шостаковича. Ужасающее противоречие между его личной моралью высокоинтеллигентного человека, воспитанного на принципах гуманности, честности и свободы с реалиями окружающей его действительности, пронизанной жестокостью, принуждением, демагогией и фальшью, сознание невозможности что-то существенно изменить, кроме как выразить свой протест с помощью единственного подвластного ему средства — музыки, наполняло трагизмом существование и творчество композитора. Однако, это — лишь историческая предпосылка.

Особое, принципиальное значение имеет раздел книги, названный «О мотивах еврейских и неееврейских». В нём В. И. Зак чрезвычайно убедительно показывает органичность связи музыкального мышления Шостаковича с еврейской музыкой, рассматривая эту связь не просто как «диалог культур», но как явление более глубокое. В. И. Зак пишет: «...внимая ладам Шостаковича, становится ясно, что в каких-то очень важных звеньях выразительности эти лады идентичны ладам еврейской музыки!» (с. 94) ...«К примеру, «минор с пониженной пятой ступенью» (лад, культивировавшийся у евреев веками) органично сплавляется с «русским слышанием» Шостаковича» (с. 95) «...идентификация «ладовых идиом» с еврейскими привносит в музыку русского гения новые оттенки, которых не было ранее в искусстве вообще. Не было!» (с. 95). **Именно здесь открывается суть названия книги и уже без вопросительного знака!**

Д. Д. Шостаковичу принадлежат слова: «Качества еврейского фольклора близки моему представлению о том, какой должна быть музыка. Я могу сказать, что еврейская народная музыка уникальна…» (с. 102) В. И. Зак пишет: «Шостакович — … ассоциируется у всех нас с воплощением трагического… И вполне естественно, что пытливый художник всегда искал и находил опоры, помогавшие ему выразить трагизм бытия». (с. 99). «Я понял, почему Дмитрий Дмитриевич тяготел к миру еврейских интонаций. Он слышал в нем максимум трагизма в судьбе нашего народа» (из интервью с Бор. Яковлевым) [i].

Нельзя читать без волнения раздел-эссе «Так воспринималась музыка…»! Как проникновенно рассказывает автор о Фортепианном Трио Шостаковича, посвященном И. И. Соллертинскому, о вокальном цикле «Из еврейской народной поэзии», о Восьмом («Автобиографическом») квартете — этих выдающихся сочинениях Д. Д. Шостаковича, где композитор цитировал, либо использовал веселые и грустные еврейские мелодии! Как анализирует В. И. Зак темы Д. Д. Шостаковича (например в Фортепианном Трио), показывая их еврейскую основу!

Но это — еще не всё. Говоря о творчестве Д. Д. Шостаковича, В. И. Зак часто привлекает внимание читателя к шедеврам литературы и живописи разных эпох, так или иначе созвучным с затронутой им темой или ситуацией (Шекспир, Данте, Рембрант, Гёте, Пастернак, Шагал, Маяковский, Шолом-Алейхем и т. д.).

Но, исходя из вышеописанного, самое важное на пути к пониманию музыки Д. Д. Шостаковича — это ассоциация её с Танахом, попытка трактовки её с позиций библейской морали. В. И. Зака поразило услышанное им однажды от участников его домашнего семинара, не имевших никакого представления о реалиях советской жизни, восприятие музыки финала Пятой симфонии Д. Д. Шостаковича, как «торжество Каина». Углубившись в эту идею, В. И. Зак понял, что библейская мораль является эстетической базой творческих решений, реализованных во многих произведениях Шостаковича. Это позволило ему назвать музыку Шостаковича «библейским романтизмом». Рассматривая отдельные произведения Д. Д. Шостаковича, В. И. Зак находит и показывает удивительные параллели и соответствия созданных композитором музыкальных образов, динамики их развития с персонажами, драматическими и трагическими событиями, описанными в Танахе, с моралью, в него заложенной. Возвращаясь при этом к обстановке, в условиях которой творил Шостакович, В. И. Зак пишет: «…чем ожесточеннее Время, тем выше поднимается гений над Временем. И попробуйте сказать, что это не Божественное начало в Художнике! Потому и романтизм Шостаковича библейский». (с. 66) Услышать библейское начало в трагизме музыки Шостаковича мог только В. И. Зак!

Глубокий подтекст, огромный эмоциональный накал, значимость и весомость каждой фразы и каждого слова ощущаешь на протяжении всей книги при удивительно легком восприятии языка, похожего на разговорный (слышишь буквально физически голос В. И. Зака, его особую речь).

Завершает книгу нотный материал. Это — фортепианная пьеса В. И. Зака «Мой Шостакович» на тему, образованную из латинских букв аббревиатуры имени Композитора — DDSCH. Это — дань бесконечной любви и преклонения автора книги перед своим гениальным кумиром.

Книга выстрадана и написана сердцем. В ней нет ничего лишнего. Все важно, значимо и очень интересно. Нам кажется, она вынашивалась Владимиром Ильичом Заком годами, чтобы увидеть свет, где и когда это будет возможно. Вот и появилась она в Нью-Йорке, чем доставила всем нам невыразимое наслаждение и радость.

Томас Корганов

Его великий дар известен был немногим

Шестьдесят два года жизни с точки зрения истории — не Бог весть что, но в масштабе человеческой жизни срок немалый. Ровно столько прошло с тех пор, как мы познакомились с Володей Заком. А было это так (тут я вынужден время от времени вспоминать свой первый год жизни в Москве).

Осенью 1946 года я приехал из Баку поступать в Московскую консерваторию на композиторское отделение. В тот год никого не приняли, а меня и Гранта Григоряна направили на один год в Мерзляковское музыкальное училище (что при консерватории) на третий курс. Там-то мы и попали в группу, где уже третий год учился Володя Зак. Я должен был посещать только гармонию, сольфеджио и сочинение. Нам повезло — мы занимались у большого музыканта, личности огромного масштаба, замечательного педагога Игоря Владимировича Способина, которому во многом обязаны своими музыкальными пристрастиями (в частности, именно он привил нам вкус и любовь к Прокофьеву).

По сравнению со всеми нами Грант Григорян был «бывалым мужиком»: демобилизованный, не так давно руководивший Дальневосточным военным ансамблем, имевший уже за плечами Кировабадское (Азербайджан) музыкальное училище по композиции, скрипач, приехал с целым чемоданом собственных сочинений. Я, только вылетевший из родительского гнезда, прибыл в послевоенную Москву с маленькой тетрадкой фортепианных прелюдий и большим желанием приобщиться к великой музыке. По сравнению с Грантом Григоряном я был совершенным юнцом, ну а Володя Зак, которому тогда не было и семнадцати лет, пожалуй, ещё не вполне вышел из детского возраста.

Несмотря на разницу в годах мы с ним быстро сблизились, нередко вместе занимались по сольфеджио (вспоминаю, как пели дуэт «Враги» из «Евгения Онегина» — он потом моё «исполнение» уморительно копировал). Я бывал у него дома, помню его родителей, брата Гришу, сестру Клару. Они жили в коммуналке в районе Таганки, где-то за нынешним высотным зданием на Котельнической набережной. Это была скромная трудовая еврейская семья — та почва, на которой произросло немало замечательных музыкантов, да и не только музыкантов...

По музыкально-теоретическим дисциплинам я был подготовлен хорошо и проблем по этой части у меня никогда не было. Что касается сочинения, где моим преподавателем был Евгений Осипович Месснер, то тут шла явная пробуксовка. Помимо всяких жилищно-бытовых неурядиц, что обрушились на меня в суровой холодной Москве, главная проблема была в том, что, окунувшись с головой в бурную концертную жизнь, где звучала замечательная музыка, в том числе и современная, наша современная классика (Мясковский, Прокофьев, Шостакович, Хачатурян, Кабалевский), давали концерты прославленные музыканты, я потерял эту голову... Один Большой театр с Улановой чего стоил! Большой зал консерватории с прекрасными оркестрами (Иванов, Гаук, Самосуд, приезжал Мравинский, да и иностранные дирижеры начинали появляться) или Малый зал с Рихтером и Дорлиак, Ойстрахом, Нейгаузом, Софроницким, квартетом Бетховена... Всего не перечислишь. Всего было так много и на таком высочайшем художественном уровне, что меня, провинциала, просто повергало в шок. Тут я отчетливо осознал, что как я мог сочинять — я не хотел, а как хотел — не мог. Потому я перестал ходить на занятия по композиции.

У Володи же напротив — в этом плане все шло нормально. И по окончании третьего курса он готовился к поступлению в консерваторию, как и вся наша группа (в то время на четвертом курсе продолжали учиться лишь те, кто завершал свою музыкальную учебу и получал диплом училища).

Мы и дальше продолжали учиться вместе по классу теории музыки. И естественно, общаться. Дело в том, что наши судьбы складывались не совсем так, как мы изначально желали.

Время было тогда, мягко выражаясь, не совсем удобное для творчества, на горизонте поднимались «идеологические тучи»: на дворе 1947 год. Незадолго до этого творческую интеллигенцию «встряхнули» Постановлением ЦК партии о журналах «Звезда» и «Ленинград», где резко осуждали Зощенко и Ахматову. В воздухе пахло очередным «постановлением», теперь уже о музыке и композиторах (оно разразилось через считанные месяцы).

Не говоря уже о предстоящей борьбе с космополитизмом и самими «безродными космополитами». Одним словом, общая идеологическая атмосфера для людей творчества была не вполне благоприятной, какой-то тревожной. Она неизбежно сказывалась и в студенческой среде, сказывалась на «начинающих творцах», а порой даже отражалась на отношениях между преподавателями и студентами. В этой обстановке Володя, блестяще поступив на композиторский факультет с Фортепианной сюитой (на еврейские темы), решил какое-то время переждать неблагоприятную ситуацию, чтобы не создавать лишних проблем, и пока заняться только теорией музыки.

Учились мы в классе у Виктора Абрамовича Цуккермана, писали дипломные работы по Прокофьеву, который был нашим общим кумиром. Одно время мы с Володей работали в Московском союзе композиторов у Вано Мурадели. Я уже не говорю о том, что мы нередко вместе проводили лето в Сортавале, а последние пятнадцать лет вообще жили в одном доме на Садовой-Триумфальной улице.

Володя Зак благодаря своей общительности, непосредственности, искренности, отзывчивости вызывал всеобщую симпатию. Он был прекрасным музыкантом, глубоко и тонко чувствующим музыку, был общественным деятелем — одним из организаторов легендарного Московского молодежного музыкального клуба, известного ныне как клуб Григория Фрида при Центральном доме композиторов. Успешно защитил кандидатскую диссертацию, а потом и докторскую, став главным теоретиком страны в области такого феноменального явления как «советская песня» — его теоретические изыскания в этой сфере непревзойденны. Не оставлял он и занятий композицией: например, писал замечательную музыку для спектаклей живой легенды Наталии Сац. Как это часто бывает, будучи человеком музыкально одарённым, он был талантлив и в других своих проявлениях.

Особо надо отметить его необыкновенный артистизм. Я со всей ответственностью говорю (и всегда говорил ему лично) о том, что он обладает редким артистическим дарованием масштаба Аркадия Райкина (если не больше), свидетелем чего я был в течение многих лет. Володя относился к этому уникальному дару несерьезно, больше как к забаве. Для Аркадия Райкина тексты писали профессиональные сатирики и юмористы (Жванецкий и др.). Володя же, как подлинный, Богом отмеченный артист, перевоплощался в образ того или иного знакомого человека, воспроизводил не только его речь, мимику и другие характерные внешние особенности, но и жил его мыслями, чувствами. Он мог импровизировать в избранном ключе сколько угодно, он буквально становился alter ego этого человека. А уж когда была соответствующая аудитория, его полностью захватывало вдохновение. Кстати, уверенное и полное владение аудиторией было тоже несомненным признаком его артистического таланта. Будучи незаурядной личностью, обладая особой наблюдательностью и восприимчивостью, он с потрясающей точностью и в то же время со скрытым юмором воспроизводил, например, заседания Секретариата Союза композиторов СССР. Его импровизированные выступления были незабываемы. Вот почему ему нужна была аудитория, он не мог жить без нее.

О Володе Заке вспоминать и писать можно бесконечно. Он из тех, кто незабываем. Напоследок приведу лишь некоторые характерные эпизоды.

Однажды два хороших доброжелательных человека — ответственный секретарь Союза композиторов СССР Петр Иванович Савинцев и помощница Тихона Николаевича Хренникова Таисия Николаевна уговорили Володю симпровизировать телефонный разговор с Хренниковым от имени Вано Мурадели. Володя сначала категорически отказывался, объясняя тем, что за такие шутки можно лишиться работы (он работал в музыковедческой комиссии СК СССР). Но шутники все-таки уговорили его, аргументировав тем, что Тихон Николаевич юмор понимает.

И вот из кабинета П. Савинцева (напротив кабинета Хренникова) Володя разговаривал с Тихоном голосом Вано, которого Хренников знал многие годы, разговаривал как всегда очень увлеченно, со всеми особенностями интонации, акцента, лексики. «Говорили» на самые разные темы — общественные и личные. Это продолжалось почти полчаса. «Режиссеры» шоу Петр Иванович и Таисия Николаевна еле сдерживались от разрывающего их хохота. После того, как генеральный секретарь СК СССР и председатель Московского СК мило распрощались, свидетели этой мистификации вошли к Хренникову и спросили: с кем он сейчас так долго и оживленно разговаривал. «Как с кем? — недоуменно ответил Тихон Николаевич. — С Вано Ильичом Мурадели!». — «Нет, Тихон Николаевич, Вы говорили с Владимиром Ильичом Заком!», и они втолкнули в кабинет Володю. Он вынужден был повторить несколько фраз из только что состоявшегося разговора. Ошарашенный Хренников не скрывал своего восторга. Да, юмор он умел ценить, а розыгрыши на таком высочайшем артистическом уровне тем более.

Или другой случай в Сортавале. Вечером собралась компания отдыхавших там друзей-композиторов. Володя был в ударе. Он в одиночку представлял перед нами очередное заседание Секретариата СК СССР в разных хорошо известных лицах. И это длилось долго. Я в тот момент почти сполз под стол, у меня от смеха болели все внутренности, про других не говорю — я их просто не видел от застилавших мои глаза слез. А Володя был невозмутим. Он, увлеченный, черпал вдохновение из восторгов публики и продолжал вести спектакль с достоинством и серьезностью подлинно Великого артиста.

Вот таким был наш замечательный и незабвенный друг, удивительный человек, который в каждом, кто имел счастье с ним общаться, оставил неизгладимый след на всю жизнь.

Нона Шахназарова

История одного романса

С Володей я познакомилась только в 60-е годы, когда вступила в Союз композиторов. Странным образом пути наши не пересекались в консерватории, хотя учились мы там в одно время. Может быть, из-за того, что учились на разных факультетах: я на фортепианном, он — на теоретико-композиторском.

В Союзе композиторов Володя работал в комиссии по музыкознанию и музыкальной критике, долго был заместителем председателя, был очень в этой должности энергичен, инициативен. Быстро налаживал связи с музыковедами из разных городов, республик, организовывал семинары, симпозиумы, конференции, неизменно участвовал в подготовке всесоюзных съездов композиторов.

И как-то быстро, благодаря мягким, но напористым усилиям Володи и Гриши Головинского я оказалась в бюро музыковедческой комиссии. Здесь мы с Володей и подружились — иначе и быть не могло. Уж очень Володя был ярок и неординарен — даже в этой организации, не обделенной талантами и не обремененной чиновничьим догматизмом. Он выделялся открытой эмоциональностью, темпераментом, неизменным дружелюбием. А главное — своей разносторонней одаренностью, которой щедро делился с друзьями и просто знакомыми. В комнате комиссии у стола, за которым сидел Зак, постоянно толпился народ. Он как магнитом притягивал людей, его чувство юмора действовало на всех безотказно.

Володя весь был пронизан музыкой. Наблюдая его в течение многих лет, я убедилась, что окружающий мир он воспринимал через слуховые впечатления. А людей — через особенности интонации, лексики. Мне не раз приходилось сидеть с ним рядом на разных совещаниях и конференциях и наблюдать за его реакцией. Вот он внимателен и строг — слушает оратора. Но вдруг его глаза загораются, губы трогает едва заметная улыбка. Ясно: он что-то уловил для своей коллекции типажей — в интонации выступавшего, его фразеологии, не совсем обычной логике построения фразы. Его тонкий слух улавливал незаметные для других мельчайшие интонационные и смысловые «проколы», он фиксировал жестикуляцию, манеру речи, а природный артистизм позволял создать нужную раму тому, что уловил слух.

Однако «портрет», который создавал Володя, был бы неполным, если бы внешняя сторона образа не дополнялась бы результатами напряженной мыслительной работы. Володя внимательно вслушивался не только в речь своего будущего персонажа, но и вникал в его манеру мыслить. И тут недостаточно просто тонкости слуха, наблюдательности, природного артистизма — необходима не менее тонкая и точная способность понять и воссоздать логику движения мысли, необходимо проникнуться всеми особенностями лексики и фразеологии персонажа. Поэтому, находясь в «образе», он мог вести разговор на любую, даже мало знакомую ему тему, не выходя за рамки стилистических характеристик и уровня понимания предмета своего героя.

Помню одну характерную для Володи авантюру, небезопасную для него как функционера. Как-то он позвонил из комнаты комиссии в кабинет председателя Союза композиторов Тихона Хренникова. Представившись Вано Мурадели (тогда председатель Московского союза), он стал беседовать с ним на темы работы двух союзов. Голос, несколько пафосная манера речи, интонации, круг тем — все было настолько точным, что Хренников не заподозрил подвоха и спокойно обсуждал с «Вано» насущные дела, пока Володя не почувствовал, что пора остановиться и не признался в розыгрыше.

«Так это был ты?!» — воскликнул обескураженный Хренников. К счастью, Тихон Николаевич был не чужд чувства юмора, и, думаю, в глубине души по достоинству оценил артистическое совершенство володиной шутки.

Образ Мурадели был одним из лучших в Володиной «портретной галерее». Но и «Блантер» с «Цуккерманом» были прекрасны! Вообще, у многих создавалось впечатление, что не существует никого из окружающих Володю людей, кого бы он не смог изобразить с присущим ему блеском.

...На банкете после защиты докторской диссертации Марины Дмитриевны Сабининой присутствовали не только музыканты, но и театроведы, не обделенные артистическими талантами.

Володя покорил всех своим портретом Цуккермана. «Я бы устроил ему концерт в ВТО, если б он изображал кого-то более узнаваемого широкой публикой», — сказал мне, утирая слезы смеха, один знаменитый театровед.

При чем же здесь история романса? — может спросить читатель этих воспоминаний. Чтобы было понятно, как и при каких обстоятельствах появился уникальный романс «О, Нона!», мне необходимо было сначала немного рассказать о талантах и особенностях Володи. История же создания романса такова.

Одной из основных тем моих научных работ была музыкальная культура народов Востока. Поэтому я с радостью ухватилась за возможность поехать в Сирию и Ирак с группой востоковедов (дело было в 1969 году). Это была удивительная поездка. Мы попали в экзотический мир, своими глазами увидели места, названия которых раньше звучали для нас легендой: Багдад, Вавилон (с развалинами Вавилонской башни и садами Семирамиды), Пальмиру, замки крестоносцев (где Ричард Львиное Сердце сражался с Саладином) и другие чудеса. Мы прочувствовали, какую огромную роль восточные цивилизации сыграли для Европы.

И обо всем об этом я с восторгом рассказывала в Союзе, в комнате музыковедческой комиссии. Володя не просто слушал. Он тут же начал работать над образом. Слух уловил удобство рифмы «Нона — Вавилона», «Дамаске — сказки», легко родились и следующие строчки. Но главная изюминка была не в тексте, а в фортепианном сопровождении, где нона оказалась уже не именем, а интервалом. На этом интервале — в прямом и обращенном движении — Володя строил изысканные гармонии. Гармонии были так хороши, что привлекли внимание Андрея Эшпая, известного своей чуткостью к ладогармоническим решениям.

Этот романс часто потом исполнялся во время наших дружеских посиделок. Впрочем, Володя с удовольствием и эмоционально демонстрировал его и посетителям своего служебного кабинета.

За блеском юмористических импровизаций и покоряющего артистизма не сразу и не всем удавалось рассмотреть, что глубоко внутри у Володи шла напряженная мыслительная работа. Он прекрасно знал массовую песню, наблюдал за ее жизнью в быту, улавливал изменения, которые вносил в ее звучание народ. Его эта проблема очень интересовала, и наблюдения над ладовыми особенностями массовой песни, жанра как будто непритязательного, не обремененного сложными ладогармоническими находками, вылились в серьезное исследование. Темой этой теоретической работы стала «линия скрытого лада» — оригинальная Володина концепция о закономерностях песенной мелодики изложена в двух его книгах.

В конце декабря 2006 года Володя поздравил меня с Новым годом, сообщил, что его шутливый романс «О, Нона!» пользуется успехом и у американских друзей, и пообещал прислать запись с некоторыми дополнениями. Обещание свое он сдержал. Ни он, ни я не подозревали, что этот диск станет последней ниточкой, связывавшей нас в этой жизни.

Тем более дорогим этот подарок стал для меня. Теперь со мной не только воспоминания о Володе, но его живой голос, не потерявший с годами эмоционального накала, голос, дополненный прекрасной фортепианной интерлюдией его сына Алика и заключительным куплетом — приветом из Америки. Со мной его теплота и сердечность, неизменные спутники нашей многолетней дружбы.

Галина Григорьева

Вспоминая Володю

…Начало 90-х годов; мы стоим с Володей в коридоре, у окна скорого поезда Киев-Москва, едем с докторской защиты, на которой оба выступали оппонентами. Вспоминаем, теперь уже со смехом, как киевские коллеги пытались провести защиту «на украинской мове»; тогда Украина только что стала независимой и изо всех сил демонстрировала эту свою «незалежность». Здравый смысл все-таки возобладал, тем более, что мы возмутились и дали понять, что это невежливо по отношению к русским гостям. Стоя у окна, вели мы с Володей долгий разговор, он все как-то смущенно намекал, что вот, мол, учит английский, но возраст дает себя знать, язык плохо усваивается… Были и какие-то другие намеки, и я поняла, что Володя с семьей собирается уезжать, хотя прямо он об этом так ничего и не сказал. Многое вспоминали, говорили о нашем незабвенном учителе Викторе Абрамовиче Цуккермане — всегда лирически настроенный, Володя в тот раз был особенно эмоционален, если не сентиментален. А вскоре я получила приглашение на прощальную встречу в квартиру на Садово-Триумфальной, где было не протолкнуться от друзей, царила какая-то особенная атмосфера — и грустная, и, в то же время, обнадеживающая, бодрящая: никто не хотел окрашивать это прощание в пессимистические тона. Володя, как всегда, много шутил, смешил до упаду.

Мне всегда казалось, что в нем пропал великий артист; он был одареннейшим имитатором, многие помнят, как он пародировал Т. Хренникова, В. Мурадели, Л. Мазеля, а уж В. Цуккермана он имитировал даже в его присутствии, разыгрывал его разными голосами по телефону. Володя умел так рассказать анекдот или очередную байку, что персонажи, о которых он повествовал, представали живыми, говорили каждый своим голосом; в свойственной ему несколько пафосной манере он, увлекаясь рассказом, часто приукрашивал сюжет собственными деталями. Но никогда я не слышала из его уст чего-либо порочащего того, о ком он говорил, его юмор был всегда добрым и построенным на симпатии к очередному персонажу.

В Володе жил и другой талант — композиторский; ему ничего не стоило симпровизировать на рояле, а его знаменитая «хвалебная песнь» в честь В. А. Цуккермана «Как вырос дуб из желудя» (намек на книгу В. А. о «Камаринской» Глинки и ее «проросших» традициях в русской музыке), с неизменным успехом звучавшая на каждом дне рождения в доме профессора, даже была опубликована в книге «В. А. Цуккерман — музыкант, ученый, человек» М., 1994. С. 265–268).

Известно, что Володя сделал песню, в том числе массовую, главным объектом своих научных изысканий. Открыв сегодня одну из его публикаций и внимательно прочитав ее, я вновь оценила замечательный музыковедческий дар Володи-ученого; в статье «О «секретах доходчивости» мелодики массовой песни», опубликованной в сборнике «О музыке. Проблемы анализа. К семидесятилетию В. А. Цуккермана» (М., 1974), он предложил уникальную, аналитически выверенную *методику сочинения песни*. Казалось бы, какие научные глубины могут таить в себе «Вечер на рейде» В. Соловьева-Седого или его же «Соловьи», «Интернационал» П. Дегейтера или «Пусть всегда будет солнце» А. Островского? Но ученый, пытливо вглядываясь, а главное — вслушиваясь в интонационную структуру песен, опираясь на органически впитанные им важнейшие положения аналитической теории В. А. Цуккермана — его учения о мелодии, об интонации, о масштабных структурах — выстроил целую систему приемов и средств, составляющих *основу жанра* и заключающих в себе *секреты его доходчивости*. А они, эти секреты, оказываются как будто бы совсем простыми, если не элементарными — «звук-микрореприза», «сочленение фраз — на повторении звука», «повторность начал», «сцепление с ударением» и многое-многое другое, что обнаруживается автором статьи в самых известных и «запетых» песенных мелодиях. Аналитическое мастерство В. Зака-ученого филигранно. Вчитываясь в текст, постоянно думаешь о том, *как* он сумел подметить такие, казалось бы, очевидные, но мало заметные детали на самом низшем, «клеточном» уровне столь «доходчивой» и простой мелодии, обобщить увиденное и услышанное, сделать эти наблюдения своего рода *законом жанра*. Немудрено, что в песне в честь В. А. Цуккермана Володя сполна проявил и свои теоретические познания (позволю себе заметить, что начальные фразы песни строятся по заковскому принципу «равноступенного или плавного перехода»), и недюжинный композиторский дар, и, конечно же, постоянную склонность к юмору. Позже, в 1988 году он блестяще защитил докторскую диссертацию, обобщив все свои ранние наблюдения. Она называлась «О ладо-структурных закономерностях песенной мелодики»; в 1990 году вышла его книга на ту же тему.

Недавно один студент-композитор, сочиняющий песню к конкурсу, спросил меня, что почитать о песне, кто конкретно и внятно писал об этом — я без колебаний назвала ему книгу Володи и статьи, из которых он почерпнул много полезного. Жаль, что ни в практических, ни в теоретических консерваторских курсах не используются его ценнейшие находки в области песенного жанра!

Вспоминаю, как на юбилейном консерваторском собрании к 100-летию В. А. Цуккермана просматривалась видеокассета, сделанная Володей и его сыном Аликом к этой дате. Один из ее сюжетов был посвящен занятиям Володи с небольшой группой американцев в парке Нью-Йорка; он с увлечением рассказывал им о закономерностях мелодии, ритмики и структуры массовой песни, объясняя совсем непростые вещи доступно и, как всегда, темпераментно и ярко.

Володя был душой нашей небольшой компании учеников, собиравшихся вокруг любимого профессора. Теперь компания эта распалась по разным причинам, Володя выпал из нее первым, его отъезд очень чувствовался, так стало не хватать его сердечности, душевной щедрости, несравненного юмора! Хочется думать, что он, прочитав эти краткие заметки, счел бы их искренними…

Геннадий Цыпин

С Володей мы познакомились где-то в конце пятидесятых годов прошлого века…

Не помню точно, когда мы впервые встретились с Володей Заком. Помню только, что это было очень давно, где-то в конце пятидесятых годов прошлого века. Мы с Володей работали тогда в Московской детской музыкальной школе им. Стасова. Я преподавал в классе фортепиано, Володя вёл теоретические дисциплины. Директор школы, большая умница и обаятельный человек, Валентина Ивановна Кулькова сказала мне как-то: «Вы не знакомы с Володей Заком? По-моему, это самый талантливый педагог-теоретик, который работал когда-либо в нашей школе».

Жизнь так сложилась, что вскоре мы с Володей Заком стали встречаться гораздо чаще. Может быть, не так часто, как мне этого хотелось бы, но, тем не менее, наши встречи сделались более регулярными. Дело в том, что я и супруга Володи, Майя Корсунская, стали сослуживцами — вместе работали на кафедре музыкальных инструментов (а по сути фортепианной кафедре) музыкального факультета Московского государственного педагогического института. Еще больше мы сблизились, когда Майя решила внести свой вклад в большую науку — стала писать кандидатскую диссертацию. В то время я был уже мэтром (на фоне нашей скромной, непритязательной кафедры) и мне была оказана честь — выступить в качестве научного руководителя по диссертации Корсунской. Не знаю, насколько успешно я руководил исследованием М. Корсунской, но то, что Володя успешно руководил мною и моими сумбурными действиями — это я помню хорошо. Почти каждое критическое замечание, которое я собирался сделать по ходу исследования Майи, Володя решительно отводил как неуместное, ошибочное и т. д. Сейчас я думаю, что во-многом, очень во-многом он был прав. Ну, а тогда… Перепалки тогда у нас были ожесточённые. Самое удивительное, что несмотря на наше со-руководство, Майя великолепно защитила свою работу, что сразу восстановило мир и доброе согласие между мной и её супругом. Мы сошлись на том, что диссертация Майи может считаться «эталонной» и с тех пор уже споров между нами не было.

Потом, уже много лет спустя, мне довелось присутствовать на защите докторской диссертации самого В. И. Зака. Защищался он спокойно, уверенно, красиво. Собственно, он ни от кого не защищался. Он рассказывал членам Диссертационного совета о том, чего они до того времени не знали, повышая тем самым уровень их профессиональной компетенции, — как это и бывает на защитах талантливых диссертаций.

А работа его была действительно талантливой — как и всё то, что было им написано. Он был талантлив во всём, чем бы он ни занимался. Он блистательно говорил и писал, неподражаемо шутил (его чувству юмора мог бы позавидовать любой профессиональный юморист) и сочинял самые разнообразные, искромётные спичи. Но, пожалуй, поразительнее всего проявлялся его талант общения с людьми. Был у нас один общий знакомый, не отличавшийся, по правде говоря, высоким интеллектом. Под стать ему была и его супруга. Так вот, с этой парой нам, в силу обстоятельств, приходилось встречаться время от времени. И я не переставал поражаться, как Володя, который был на десять голов выше обоих супругов, умел создавать атмосферу искреннего, доброжелательного общения и взаимопонимания. Нет, он не лицемерил. Он просто излучал искреннюю доброту, душевную щедрость и готовность принимать человека таким каков он есть.

Володя вообще умел не показывать своего внутреннего, духовного превосходства над людьми, с которыми ему порой приходилось иметь дело, людьми, которые, занимая какие-то верхние ступеньки в административной иерархии тех лет, получали большое удовольствие, демонстрируя своё «превосходство» над окружающими. В отличие от них, Володе незачем было что-то демонстрировать. Он сам был живой демонстрацией ума, жизненной мудрости, обаяния и огромного природного дарования. Таким он и сохранился в моей памяти.

Ирина Медведева

Мысли и письма пунктиром

…В ноябре 2008 года в Музее музыкальной культуры имени М. И. Глинки шла очередная конференция — VI Научные музейные чтения. Как всегда выступали докладчики, научные сотрудники рассказывали о своих интересных находках, делились планами на будущее. Но вот погас свет и послышался знакомый голос человека, которого не стало в августе 2007 года. Владимир Ильич Зак рассказывал о Прокофьеве. Это был фрагмент, снятый для фильма телевизионной серии «Гении» по проекту Андрона Кончаловского. Режиссер фильма Галина Огурная записала это интервью несколько лет назад в Нью-Йорке. Одна часть записи вошла в фильм «С. С. Прокофьев», другую предполагалось использовать во второй серии, но она не состоялась, и за кадром осталось много интересного.

А вот теперь мы слышали и видели все интервью целиком, следовали за рассказчиком не только на репетицию студенческого хора консерватории, готовившего исполнение «Здравицы» — а на репетиции присутствовал сам Сергей Сергеевич, но и за воспоминаниями детства. Они четко отпечатались в памяти мальчика: и впечатления от концертной трансляции премьеры «Здравицы» через громкоговорители на площади и улицы Москвы (декабрь 1939), и ежедневное утреннее пробуждение с музыкой Прокофьева, когда из черной радийной «тарелки» мощно и грозно звучала песнь «Вставайте, люди русские!» (начало Великой Отечественной войны) и многое другое.

По просьбе Музея Александр Зак, сын Владимира Ильича, прислал сохранившиеся видеозаписи публичных выступлений и интервью доктора искусствоведения, исследователя, критика, музыкально-общественного деятеля, композитора, писателя, поэта и актера В. И. Зака. Так в Музее началась серия «заковских» выступлений, потому что, как говорили присутствующие после просмотра первого фрагмента, «Владимира Ильича нужно не только слушать, но и смотреть». Доподлинно так, потому что кроме огромного музыкального таланта он еще был наделен прекрасным актерским даром. И то, что не всегда доверялось словам, прекрасно выражалось в интонации, мимике, жестах. Это был театр Зака. Его мы будем смотреть еще и еще.

В последние 15 лет, которые Владимир Зак жил в Нью-Йорке, общение с ним случалось редко, хотя современные средства связи — электронная почта и компьютер, позволяют многое. Но океан есть океан, а Владимир Ильич, как и многие его ровесники, оставался приверженцем **живого слова**. Потому и наше общение стало пунктирным: во время моих редких командировок, телефонных звонков и… как ни странно, писем посредством электронной почты (естественно, с помощью Зака-младшего, за что Алику громадное спасибо).

И, все же, как его не хватало — этого живого слова, обмена новостями важными, да и не только: иногда разговор, казалось бы, пустяшный, давал что-то необъяснимо многое. Такое понимаешь, только когда возможность обмена живым словом теряется, и вот тогда начинаешь ценить то, о чем раньше и не задумывался. Например, что роскошь общения, словá, звук голоса, интонация когда-то будут недоступны…

Казалось бы, навсегда покидая отечество, человек с годами утрачивает к нему интерес; его образ и язык постепенно стираются в памяти, появляется непременный «иностранный» акцент в родной речи, возникает иное восприятие людей и событий. Однако Владимир Ильич не только не утратил связи, интереса к происходящему в России, остроту ощущения родного дома в Москве, своей изначальной принадлежности к России до конца дней. Он был «жаден» до больших и малых новостей. Ему было интересно все: судьба друзей и коллег, новые книги, события в музыкальной жизни, веяния и «подвижки» в культурной политике. А было и еще, пожалуй, очень важное: желание помочь продвинуть в США произведения любимых композиторов, рассказать о богатстве российской музыкальной культуры, помочь американскому слушателю полюбить ее. То же самое ощущали и мы, связанные служебными обязанностями в Музее музыкальной культуры. Владимир Ильич не раз говорил это и прямым текстом, и иносказательно, о чем ярко свидетельствует трогательная открыточка: собачка несет книгу, на которой лежит большое красное яблоко. А текст на открыточке такой: «Я могу чем-нибудь помочь?» («Anything I can do to help?»)

Интерес Владимира Ильича к российской музыкальной жизни распространялся и на Музей музыкальной культуры, к которому он относился с большой нежностью и пиететом. И потому охотно откликался на предложения высказать свое мнение по тому или иному вопросу. Все статьи Зака, опубликованные по инициативе Музея с 2002 года, были напечатаны в «Музейном листке» (за исключением дифирамба журналу «Аккорд»). «Музейный листок» был изданием малотиражным, теперь представляющим библиографическую ценность и в настоящее время прекратившим существование (вышло в свет 52 номера). Поэтому хотелось бы представить эти публикации В. И. Зака, которые являются практически недоступными для современного читателя, снабдив их некоторыми комментариями.

Еще один довод к их повторному опубликованию — необычность жанра. Конечно, это рецензии доктора искусствоведения на вышедшие издания (например, книгу о любимом композиторе Шостаковиче, о творчестве которого Владимиром Ильичом немало опубликовано) или открывшуюся прокофьевскую выставку, но по стилю они одновременно и музыковедческие, и весьма театральные, похожие на некое сценическое эссе. Вчитайтесь в статью о прокофьевской выставке в Нью-Йорке: высвечиваются миниатюрные сценки, воочию представляешь эту нестандартную выставку глазами очевидца-актера или режиссера. Читатель словно сам шествует на торжественное открытие, впечатляется художественным оформлением зала (чем не театральная сценография?), подпадает под воздействие «врубающейся» у входа музыки (хорошо рассчитанный прием — помните знаменитое «театр начинается с вешалки»?), становится свидетелем бесед с разными посетителями у экспозиционных витрин.

А что же осталось за кулисами «театра Зака»? Да много того, о чем скажу в конце публикации. Сейчас же двинемся пунктиром к нескольким точкам назначения: **Беркли — Нью-Йорк — Москва**.

В 2000 году Музей выпустил книгу, основанную на материалах своего фонда — «Дмитрий Шостакович в письмах и документах». Объемом почти в 40 печатных листов, предназначенная для широкого круга почитателей таланта одного из выдающихся композиторов XX столетия, книга представляла читателям практически неизвестные документы. В 2002 году после выступления на конференции IAML — Международной ассоциации музыкальных библиотек, архивов и документальных центров в Калифорнии (Университет Беркли) мы с Н. Ю. Тартаковской (руководитель архивного отдела Музея, в паре с которой мы делали доклад) были приглашены в гости к Закам. Захватив книгу в подарок, приехали на 183 улицу. Тогда не прошло еще и года после нью-йоркской трагедии 11 сентября, и боль утраты была очень свежа. Много говорили о ней. А тут еще и новая книга,— не очень-то веселая, и недавняя московская беда… Естественно, нас интересовало мнение Владимира Ильича об издании шостаковических документов, хотелось опубликовать его в газете «Музейный листок», даже не надеясь на быструю реакцию. Однако рецензия — громадное открытое письмо в редакцию — не замедлила прийти.

* * *

Владимир Зак

Контрасты одной судьбы

О родном московском музыкознании узнавать в Нью-Йорке всегда волнительно. И, когда недавно в нашем раненом городе побывали И. А. Медведева и Н. Ю. Тартаковская, беседа о новой книге глинкинского музея, посвященной Шостаковичу, оказалась центральной. Может быть, московские гости чересчур уж темпераментно представляли нам, «американцам», русское издание, которому сами отдали так много душевных сил? Нет. Совсем нет! Прочитав книгу, стало очевидно, что о ней можно говорить заново. Не только потому, что Москва тоже ранена, и Шостакович, будто услышав стоны своих сограждан, зазвучал в наших сердцах в том обостренном, непостижимом ладу сострадания, на который способен только он один. Думается, новая книга сама по себе — значительное достижение музыкально-исторической науки. Стараясь абстрагироваться от тревожных событий дня, хотелось бы сказать о том, какие волны цунами обрушиваются на читателя русской книги, даже если сам он находится на берегу Гудзона. Не будем менять привычного музыковедческого жанра и, следовательно, не будем выходить за рамки обычной рецензии.

«Дмитрий Шостакович в письмах и документах»[1] — поистине удивительная книга, со страниц которой предстает живой портрет Великого композитора. По этой книге, фактически очерчивающей весь жизненный путь Шостаковича, детализирующей каждый период его творчества, можно учиться **красоте** восприятия мира. Это подарок не только музыкантам, историкам, социологам. Оригинальное собрание писем, подробные комментарии к ним, наличие других остросоциальных материалов могли бы послужить хорошей основой для новых фильмов о Шостаковиче, ибо кинематографисты найдут здесь не только много откровенно-зримого, зрелищного, но, прежде всего, психологически-емкого. За каждой фразой о музыке, написанной рукой Мастера, мы

---

[1] Издание Государственного центрального музея музыкальной культуры имени М. И. Глинки. Москва, 2000. Координатор издательских проектов музея генеральный директор А. Д. Панюшкин. Редактор-составитель И. А. Бобыкина. Научные редакторы: М. В. Есипова, М. П. Рахманова. Рецензент: А. А. Наумов. Редакционная коллегия: И. А. Медведева, Г. П. Сахарова, Н. С. Севницкая.

снова слышим его партитуры, но уже по-другому, ибо сама музыка углубляется фактами, согретыми теплотой и эмоциональностью автора документальных свидетельств.

Феноменальная анкета по психологии творческого процесса, придуманная профессором Р. И. Грубером в 1927 году, анкета, на которую подробно ответил двадцатилетний Шостакович, раскрывает перед нами взгляды молодого композитора на структуру творческого «Я», выдает сокровенные секреты метода сочинения музыки, пристрастия к тем или иным стилям, направлениям в искусстве, литературе, живописи. Документ и сегодня потрясающе интересен для уяснения сути индивидуальности симфониста века, тогда еще только начинавшего поражать современников (с. 470–481). К тому же, авторская аннотация к Первой симфонии (с. 482) и замечания композитора к трактовке ее исполнения симфоническим оркестром (с. 483–485) — своего рода лаборатория анализа музыкального становления. Оторваться от этого невозможно и в наши дни. И снова акцентируем главное: в упомянутых документах, равно как и во множестве других публикаций данной книги, проявляется точнейшая сейсмограмма чувств Музыканта, умеющего выражать себя на листе бумаги. И не только с близкими друзьями, коллегами по работе, но и (совсем в ином ключе) с официальными лицами, коим писать композитору пришлось немало и как депутату Верховного совета, и как руководителю Российского Союза композиторов.

В переписке Дмитрия Шостаковича с десятками совсем непохожих друг на друга людей улавливается множество нюансов, аттестующих бесконечно разностороннюю личность. И на первое место, безусловно, выступает сердечность тона — отца, мужа, сына, брата, друга. «Моя мама и сестры, — делится со своим наставником Б. Яворским совсем еще молодой Дмитрий Шостакович, — такие хорошие люди, но у них очень-очень мало радостей… Я никогда не позволю себе огорчать их своими печалями. Поэтому дома я весел, бодр, утешаю, если возможно смешу…»

Читая новую книгу писем и документов, невольно задаешься вопросом: «Разве Шостакович сильно уступает Ильфу и Петрову? Ведь композитор на самом-то деле и талантливый фельетонист!» Да, достоверность музыкального бытописательства органично сочетается у Шостаковича с оригинальнейшей культурой смеха: от броской сатирической зарисовки или хлесткого шаржа до мягкого юмора и доброй иронии. И то, как описывает

Шостакович хваткую, но бездарную пианистку Лягавую, беззастенчиво покупающую и публику, и критику, и то, как ей вынужден подчиняться дирижер Штидри — саркастическое эссе литератора, памфлет на мещанство 20-х годов (фрагмент письма Б. Л. Яворскому, с. 41–42). Общеевропейские авторитеты тоже не застрахованы от пародирования. Шостакович шельмует «Домашнюю симфонию» Рихарда Штрауса за увлеченность бытовизмами, а заодно прищучивает и слушателя-обывателя, поскольку именно в обывательщине композитор всегда видит сплошной негатив (с. 59).

В новом сборнике документов четко видно, как меняется стиль эпистолярии Шостаковича. Полная откровенность, чарующая открытость импульсивной натуры, переполненной впечатлениями, уступает место сдержанности, дисциплинированности, деловитости... и той особой манере изъяснения, которая может быть правильно понята, если иметь в виду, что означало для общества утверждение тоталитаризма. Огромная ценность комментариев нового издания как раз в том, что они верно ориентируют читателя, которому сегодня порой трудновато, а в ряде случаев просто невозможно представить себе, о чем конкретно говорят Шостакович и его близкие. Один из комментаторов издания К. С. Баласанян разъясняет важные факты: «9 марта 1940 года исполнялось 50 лет В. М. Молотову (он занимал пост Председателя Совнаркома СССР). Естественно, вся страна заранее готовилась к торжественной дате. Представляя себе ситуацию того времени, можно с уверенностью сказать, что партия поручила творческим союзам «воссоздать образ тов. Молотова» в литературе и искусстве. Подтверждение тому — публикуемое письмо, из которого явствует, что Союзу композиторов был дан заказ на написание торжественной увертюры, и поручить это хотели Шостаковичу» (с. 246).

И впрямь: публикация письма Шостаковича его другу Л. Т. Атовмьяну имеет достаточно красноречивую «тональность»: «К сожалению, боюсь, что Торжественную увертюру я не смогу написать, так как очень занят сейчас «Борисом». И, кроме того, я не считаю себя в силах воссоздать образ тов. Молотова в музыке, так как это задача очень сложная и требует большого труда, мастерства и, главное, времени. Однако если у меня хоть что-нибудь из этого выйдет, то я обязательно поставлю тебя об этом в известность» (с. 245–246).

Заметьте: Шостакович не отказывается. Конечно, нет! Отказываться категорически значило бы поставить себя под роковой удар. Шостакович лишь «ставит под сомнение» свои способности и мастерство, которых, мол, не хватит, чтобы воссоздать образ тов. Молотова в музыке. Иначе писать было нельзя, ибо любое зафиксированное слово (а почта таких лиц, как Шостакович, проверялась) могло обернуться непоправимой трагедией.

«Над нами нависла большая беда», — пишет Л. В. Николаеву мать композитора — Софья Васильевна Шостакович (с. 153). Что за беда? Разъяснять ее «специфику» было тоже нельзя. В комментариях О. П. Кузиной читаем: «Репрессии 1937 г. коснулись и семьи Шостаковича: арестовали мужа его старшей сестры Марии, сама она была сослана в Среднюю Азию, а теща Дмитрия Дмитриевича, Софья Михайловна Варзар, отправлена в исправительно-трудовой лагерь под Караганду».

Если вспомнить, что перед войной в лабиринтах ГУЛАГ'а навсегда исчезли друзья, а то и соавторы композитора — либреттист А. Пиотровский, поэт Б. Корнилов, музыковед Н. Жиляев, маршал М. Тухачевский, гениальнейший режиссер (так называл Вс. Мейерхольда сам Шостакович), то картина приобретает весьма мрачный колорит.

Может быть, именно сейчас, в новых письмах и документах, мы с особой силой осознаем, что «поход судьбы» против русского Гения начался уже в начале тридцатых. Богатые документальные материалы, посвященные музыкальному театру Шостаковича, дают основание комментатору С. С. Мартыновой (с. 205) констатировать следующее. «Несмотря на успех балета «Золотой век», выдержавшего полный сезон с большим кассовым успехом, он был снят по идеологическим причинам. Постановка «Болта», блестящей пародии на соцреалистические произведения о вредительстве, была запрещена сразу после общественного просмотра 8 апреля 1931 г. «с чудовищным скандалом и со смертельной опасностью, нависшей над автором»» (Ирина Шостакович — Манашир Якубов. Живая классика. «Музыкальная академия». 1997. № 4, с. 7). Из тех же комментариев Мартыновой узнаем, что М. Ф. Гнесин не случайно осторожничал со словом «театр», ибо одно лишь упоминание имени Шостаковича о его работах в области музыкального театра, могло нанести композитору травму. Гнесин говорил об этом в 1947 году, через одиннадцать лет после статьи-пасквиля «Сумбур вместо музыки», и за два месяца до нового удара по Шостаковичу — постановления ЦК ВКП (б) от 10 февраля 1948 года о так называемом формализме.

Да, авторы нового сборника не ушли от остроты этих проблем и в Приложении целиком воспроизвели документы сталинской диктатуры: статьи «Правды» 1936 года об опере «Леди Макбет», балетах «Болт» и «Светлый ручей», а также Постановление ЦК ВКП (б) об опере «Великая Дружба» Вано Мурадели. В Приложении книги (составлено Н. Тартаковской, О. Дигонской, О. Кузиной, С. Мартыновой) портрет Дмитрия Шостаковича удачно дорисовывается воспоминаниями Г. Юдина, Б. Доброхотова, Н. Дорлиак, Д. Цыганова, Р. Корнблюм. Но финальные страницы внушительного издания словно бы символизируют кошмар пережитого: это Приказ № 17 Комитета по делам искусств при Совете Министров СССР от 14 февраля 1948 года, где приводится «черный список» произведений, *запрещенных* для исполнения. В злополучном перечне — тринадцать фамилий, в числе коих С. С. Прокофьев, Н. Н. Мясковский, А. И. Хачатурян, В. Я. Шебалин, М. С. Вайнберг и другие. Однако, Шостакович — «правофланговый формализма», ибо он идет в Приказе под № 1.

Слава Богу, что такое в истории искусства России давно уже кануло в Лету. И особенность книги в том, что ее авторы убедительно демонстрируют читателям противоположный процесс — процесс восстановления духовных сил Художника, не сломавшегося, не отрешившегося от себя. Быть может, судьба Шостаковича, подтвержденная его письмами — уникальная история непоклонения фортуне. И действительно: читая письма Шостаковича, проникаешься пафосом жизнелюбия. Это своего рода парадокс. Даже тогда, когда вроде бы уже не оставалось надежды, когда рушилось все вокруг, Великий Художник словно бы «заряжался от солнца», черпал вдохновение в тайнах искусства, находил новые источники энергии в самих звуках Музыки. Во имя того, чтобы создавать Музыку Новую.

Перечитывая слова Шостаковича, обращенные к его ученикам и коллегам по консерватории, к зарубежным музыкантам, перечитывая статьи самого композитора, понимаешь значение вокального цикла Шостаковича на стихи Александра Блока, цикла, который композитор **мечтал** исполнить вместе с Галиной Вишневской, Мстиславом Ростроповичем и Давидом Ойстрахом (с. 344). Внимая письму Дмитрия Дмитриевича об Александре Блоке, вспоминаются пылкие поэтические строки русского поэта:

В ночи, когда уснет тревога
И город скроется во мгле —
О, сколько музыки у Бога,
Какие звуки на земле!
Что буря жизни, если розы
Твои цветут мне и горят!
Что человеческие слезы,
Когда румянится закат!
Прими, Владычица вселенной,
Сквозь кровь, сквозь муки, сквозь гроба —
Последней страсти кубок пенный
От недостойного раба!

Помните музыку? Не она ли воплощает романтизм Шостаковича, столь укрупнившийся в последний период бытия Художника?!

Здесь, в Америке, для нас, иммигрантов, потерявших слишком много, романтизм Шостаковича возвращает веру в Человечность. И не об этом ли романтизме, идущем наперекор всему злу на белом свете, доверительно рассказывает нам новая документальная книга о жизни и творчестве русского Гения!?

— *Ваш Владимир Зак*

* * *

Выставка «Прокофьев и его современники: влияние советской культуры» в нью-йоркской публичной библиотеке. Она была открыта с октября 2003 по январь 2004 по инициативе и при финансовой поддержке Фонда «Русская музыка» («MusicaRussia Foundation» — организация, которая осуществляла русские проекты за пределами России: выставочные, театральные, издательские, культурные обмены музыкантами, стажировки) и нью-йоркской публичной библиотеки. Двумя партнерами Музея музыкальной культуры стали Музей Большого театра и нью-йоркская публичная библиотека. Согласно установленному принципу отбора материалов на выставке демонстрировались экспонаты не позднее 1953 года, то есть до года кончины композитора. Вот так в год пятидесятилетия со дня смерти Сергея Сергеевича в Нью-Йорке были показаны прижизненные материалы Прокофьева и его окружения в России и США.

Владимир Ильич Зак консультировал раздел Музея музыкальной культуры, мы обменивались с ним информацией и письмами; я отправила список экспонатов из Музея с их подробным описанием. Срок подготовки выставки был очень коротким, приходилось напряженно работать и в Москве, и в Нью-Йорке, благо разница во времени позволяла трудиться практически круглые сутки: когда в Москве работа прекращалась, она продолжалась в Нью-Йорке. Наконец общедоступная бесплатная выставка «Прокофьев и его современники» торжественно открылась, о ней прошла информация в российских и американских средствах массовой информации, мы постоянно получали добрые отзывы о ней. Размышления В. И. Зака о прокофьевской выставке в Нью-Йорке, о самом композиторе, о восприятии американцами разных специальностей музыки Прокофьева также нашли отражение на страницах «Музейного листка» в форме большого открытого письма в редакцию.

* * *

Владимир Зак

Прокофьев обнимает мир. Размышления после выставки
Письмо редактору

Уважаемая Ирина Андреевна! Не превращается ли наша переписка о Прокофьеве в глобальную «перекличку континентов»? Я позволил себе применить столь высокопарную теле-формулу потому, что со школьной скамьи мы прочно усвоили тезис Владимира Маяковского: «Прокофьев — Председатель Земного шара от секции музыки». Здесь, в Линкольн-центре Нью-Йорка, где в роскошной галерее Винсента Астора расположилась выставка, и впрямь кажется, что в галерее вместился весь Земной шар. Ясно одно: Россия и Америка словно бы срослись-спаялись, благодаря русскому Мастеру. Название выставки — как панорама вселенского масштаба. Взвесьте-ка: «Прокофьев и его современники: влияние советской культуры».

Конечно, есть американцы, которых смущает слово «советской». Сегодня? В Америке? Влияние советской культуры? Это что, шутка? Нет, никто не собирался шутить. Устроители выставки изначально понимали, что советская эпоха в чем-то очень сущностном оказалась не только угнетателем, но и стимулятором творческого самовыражения. Кричащий парадокс заключается в том, что именно тоталитаризм породил сопротивление насилию. И, если угодно, не знали бы мы **такого** трагического, но волевого и сильного Шостаковича, каким он раскрылся в симфонической антологии. Не знали бы мы и такой радости, бьющей через край, если бы художественное (от Бога идущее!) тяготение Арама Ильича Хачатуряна к Позитиву не совпало с идеологическими интересами жестокой системы, желавшей показать «счастье народов под сенью сталинской конституции».

Впрочем, все это — темы скорее диссертационные. Организаторы выставки вовсе не поднимали руку на исчерпывающее решение объявленной темы, хотя доклады на открытии и в процессе экспонирования выставки содержали очень интересные моменты. Скажу так: тема влияния советской музыки на американскую лишь заявлена. Но заявлена убедительно и оригинально. Фигура Сергея Сергеевича Прокофьева выбрана для этой цели отнюдь не случайно. Это, быть может, самый идеальный композитор, уравновешивающий контрасты и сближающий разные полюса. Во всем.

Находясь на Выставке, я перенесся мыслями к далекой московской юности 1945 года, когда к нам, в консерваторское училище на Мерзляковке, в класс композиции Евгения Осиповича Месснера пришел (вернулся с фронта!) молодой офицер Андрей Эшпай. Мы сразу сгруппировались вокруг него. Почему? Да потому, что хотели «дойти до самой сути»: как же так случилось, что в стиле Эшпая французские черточки Равеля и (совсем уж необычно!) — американские флюиды, идущие от Джорджа Гершвина (наконец, самое главное — исконная для Эшпая марийская интонационность) слились в удивительный русский сплав. Русский. Все «месснеровцы» страстно спорили (помнят, наверное, об этом и мои давние друзья — Томас Корганов, Алик Балтин, и два «моих Миши» — Марутаев, Ройтерштейн). В конце концов, в разгар словесных баталий вмешался высший авторитет наших студенческих лет — Грант Григорян: «Вы все хором твердите о Гершвине, и забываете о Сергее Прокофьеве, а ведь он, Прокофьев, и скрестил всех вместе. Вот и получился эшпаевский оригинальный стиль».

Да, да. Я хожу сейчас по американской Выставке и повторяю слова Гранта Григоряна, примерявшего и к самому себе, и к композиторам Армении феноменальную способность Сергея Прокофьева: сводить всех на свете к «общему знаменателю», то есть встраиваться, искусно проникать в поры далеких культур и, аккумулируя их, сближать с личностью того или иного творца. Вот чудо прокофьевского таланта! И это — самое первое, что приходит на ум после посещения Выставки.

Галерея Винсента Астора, с ее модерновыми креслами и настенными плоско панельными дисплеями, оборудована так (здесь следует сказать огромное спасибо директору Библиотеки исполнительских искусств Жаклин Дэвис), что посетитель, надев наушники, по желанию выбирает любые интригующие его музыкальные объекты, а главное — **сличает** их. Ты «меняешь» Прокофьева на Шостаковича, Мясковского на Хренникова, Глиэра на Шапорина и разворачивается то звуковое поле, что возделано целой эпохой. И ты вдруг примечаешь, что какие-то прокофьевские «элементы» присутствуют чуть ли не в каждом стиле. А потом начинаешь понимать, что «китайской стеной» не отделены от этой русской музыки и другие страны. Даже за океаном. И начинаешь верить устроителям Выставки, которые среди прочих видных имен называют одного из корифеев в истории американской культуры: Аарона Копленда, композитора, испытавшего явное воздействие советской культуры. Да разве это воздействие только в зафиксированных самой Америкой именах? Выставка заставляет размышлять, а значит выходить за пределы диапазона услышанного.

Ну, скажем, на фото 1948 года запечатлен один из плеяды Покрассов. Дмитрий. А его брат Самуил, подарив России знаменитое «От тайги до Британских морей», иммигрировал в Америку и стал здесь известным кино-композитором. Его «Песенку д'Артаньяна» из «Трех мушкетеров» с удовольствием пели американцы. Можно ли утверждать, что и в этом «маленьком факте» проявилось воздействие России на американскую культуру? Безусловно, да. Когда-то нашего Дунаевского мы презрительно называли «западником». Западник? Но в каком смысле? Уверенно заявляю: за двенадцать лет моего сближения с американской песенностью я «прозрел». И теперь для меня уже неоспоримо: Дунаевский сам влиял на Запад, на того же Ирвинга Берлина, автора вездесущей «God Bless America», часто «заменяющей» Государственный гимн США. Мелочь?

«Не сбивайся на проблемы легкой музыки»,— поправляет меня Майя Корсунская, воспринявшая российско-американскую Выставку с нескрываемым восторгом. И так как Майя сама применяет музыку Прокофьева в качестве терапевтического средства для лечения пожилых людей США (в СССР она блестяще защитила диссертацию на тему «Прокофьев, как мост между классическим и современным искусством»), то имеет, наверное, смысл выслушать ее реплику: «Магия воздействия Прокофьева как раз в сочетании хорошо ощутимой "гармонии покоя" с интенсивностью чувства, открывающего для человека совершенно новые миры. Для каждого они свои. Педагог или просветитель вправе показывать людям Прокофьева, а потом Сергея Слонимского, или Прокофьева а потом Родиона Щедрина, но, с другой стороны, может сочетать Прокофьева и американца Джина Прицкера или Стивена Эриксона, живущих рядом, в Нью-Йорке. Широта и разнообразие прокофьевской палитры позволяют идти на самые неожиданные творческие контакты. И они будут естественны. Вот почему очень результативна идея Выставки, где сопряжено столько контрастов».

Из бесед с хорошо известной вам Кэролайн Хелман (исполнительный директор Фонда «Русская музыка» — «MusicaRussia Foundation») я осознал, что высшая и первейшая цель Выставки — примирение противоположных полюсов и утверждение музыкальной гармонии Мира. Именно так! «Прокофьев служит уникальной нитью, связывающей в один узел свое собственное Время с Будущим, свою Родину с далеким, но и близким американским континентом»,— заключает Кэролайн. Все мы, конечно же, принимаем этот тезис Кэролайн и как свое благо.

Однако есть у Выставки и другие цели, хотя и более локальные, но отнюдь не кажущиеся второстепенными. Ведь в первой части названия «Прокофьев и его современники» предопределена задача постижения Прокофьева с сегодняшних позиций. На фоне искусства его эпохи. Куратор Выставки Барбара Коен-Стратинер, скомпоновавшая все материалы, определяет суть Выставки так: «важно, что мы рассматриваем Прокофьева внутри культурных контекстов его времени. Нью-йоркские и московские экспонаты — документальные свидетельства приверженности Прокофьева конструктивизму, что и указывает на трудности композитора-экспериментатора в его адаптации к ценностям социалистического реализма». Не станем дискутировать по поводу принадлежности Прокофьева к конструктивизму, но обратим внимание на адаптацию «к ценностям социалистического реализма». Все это совсем не просто и не однозначно.

Я вхожу в выставочный зал… и что же слышу? Неужели то, что пели в московском дворе, на Таганке, мои восьмилетние сверстники: «От края и до края, от моря и до моря». Из далекого прошлого донеслась до Линкольн-центра песня Ивана Дзержинского из «Тихого Дона», исполненная когда-то и негритянским певцом Полем Робсоном. Затем последовало «Полюшко-поле» Льва Книппера. И что же? В беседе с очень любознательной женщиной, Памелой Дрексел (директор Фонда травматологии мозга) выясняется, что она обнаружила некие параллели между советскими массовыми песнями и первыми страницами «Семена Котко», услышала, как она выразилась, своеобразную «речевую песню» («Шел солдат с фронта и вот пришел к себе домой»). А ведь Памела не ошиблась. Прокофьевская Выставка стала для нее своего рода университетом русской культуры.

Любопытно, как трактует фабулу оперы «Семен Котко» еще один американский слушатель: «Здесь типичная, такая распространенная человеческая беда. Люди, не понимая друг друга, уничтожают себя. Абсурд? Да! Прокофьев — родоначальник театра абсурда на русской оперной сцене». Можно, конечно, не соглашаться с мнением этого американца, но то, что он говорит — интересно.

Общаясь с посетителями Линкольн-центра, я подумал, что в Америке, вдали от пережитого нами, россиянами, слушатели лучше «очищают» музыку от идеологической шелухи. Да и с россиянами происходят процессы, в которых мы не всегда отдаем себе отчет. Крушение всего советского отодвинуло от нас, а то и сделало чуждым само представление об идеологии, так долго внедрявшейся в сознание. Но сегодня, на солидной временной дистанции, мы иначе слушаем советскую музыку. Настоящее искусство покрывает «злободневность», освобождает музыку от «брака по расчету».

Вот я слежу за тем, как слушают сегодня кантату Прокофьева «К 20-летию Октября». Первые ее фразы («философы — философы — философы…») у многих вызывают улыбку. У россиян — улыбку глубокого и тонкого переосмысления прозаического постулата. В нарочитом повторе назойливого слова «философы» (строгого понятия, когда-то столь однозначно и превратно истолкованного) мы вдруг чувствуем мягкую иронию. Иронию! Типично прокофьевскую! Трудно сказать, иронизировал ли композитор тогда, в тридцать седьмом, но многозначность музыкально-выразительных средств (шире — индивидуального языка Художника) позволяет сегодня «поворачивать» созданный им шедевр совсем иными гранями. А если в интерпретации кантаты задействован Геннадий Рождественский, читающий, а лучше бы сказать, интонационно переиначивающий прозаический текст, то «20-летие Октября» обретает и ясно выраженные оттенки сатиры.

Кто вместо Бога «видит-слышит» все и всех одновременно? Красными зигзагами испещрены страницы «Здравицы» («Оды Сталину») дирижером Николаем Семеновичем Головановым — первым исполнителем кантаты (1939 г.). Черные листы с красными зигзагами… Вы, Ирина Андреевна, отражая реальность тех давних событий, очень удачно назвали лето 1939-го «черным» (в то время как «Ода Сталину» должна бы быть исключительно красной, иллюстрирующей нескончаемый террор, поглотивший и Всеволода Эмильевича Мейерхольда).

На открытии Выставки из ближайших друзей Прокофьева под номером один был назван именно он, Мейерхольд, с которым Сергей Сергеевич не только вдохновенно работал, но ради сотрудничества с коим, пожалуй, решал основной судьбоносный вопрос: расстаться с чужбиной и возвратиться в Россию, к своему народу. Это не деталь биографии Прокофьева, а ее сердцевина. Вглядываясь в фотографию Всеволода Эмильевича, так и не успевшего поставить оперу «Семен Котко», отрежиссировать Всесоюзный физкультурный парад «черным летом» 1939-го, осмысляя символику «красных поправок» на «Оде Сталину» (все это на Выставке рельефно отображено!), я прихожу к выводу, что главное, чему могли научиться у советских композиторов американские музыканты — это искусство подтекста.

Стоя около экспонируемых нот «Здравицы» с поправками Голованова, мы разговорились с одним из посетителей. Он ассоциирует красные пометки в выставочном экземпляре «Здравицы» со словами, венчающими ее: «крови нашей — пламя ты, Сталин, Сталин!» Как же понимать эту кровь? — задает вопрос мой собеседник. И, отвечая, ссылается на нью-йоркского дирижера Леона Ботстайна. Известный просветитель и знаток советской музыки, Ботстайн нередко проникает в суть творений сталинской эпохи, улавливая «двойной пульс» эмоционально-смысловой структуры (к примеру, хотя бы в той же «Здравице», где символика «крови нашей» обретает зловещий двуликий оттенок «черно-красного»). И становится ясным, что энергетические токи от дирижерского подиума дошли до слушательской аудитории. Как здесь не подивиться, что колористическим центром композиционного решения художников Выставки стало пересечение двух длинных полос — красной и черной, на которых выписано многозначительное для советских людей слово *современники*. Тем самым как бы укрупняется цветовая (и, вместе с тем, музыкально-поэтическая) символика «Здравицы».

Однако, подтекст подобных советских сочинений, столь выразительный и многозначительный в былые времена, постепенно теряет обаяние и силу, ибо свобода, пришедшая в России на смену тоталитаризма, трансформировала и систему слушательского восприятия. Продолжая нашу беседу у стенда со «Здравицей», вспомнили ораторию «На страже мира», когда несравненная Зара Долуханова обворожительно пела чарующую Колыбельную («Ныряет месяц в облаках»). Там, в тексте С. Маршака, подразумевается все тот же Властелин (ну, а как же иначе: он ведь «лучший друг ребят»). Но разве сегодня, слушая Колыбельную, мы фиксируем этот «жест вежливости» к «вождю всех времен и народов»? Вместе с тем, присутствие Вождя в партитурах Прокофьева выглядит сейчас вроде бы «достоевщиной».

Сергей Сергеевич отлично знал, что такое игра. Не только в шахматы и в карты. Атрибуты игр для автора «Игрока» — лишь внешняя сторона большой проблемы. Сущность ее — не на поверхности. Но на Выставке, иллюстрированной шахматами, шашками и карточными пасьянсами Прокофьева, невольно возникает вопрос и о характере игры Прокофьева с социальной системой, с режимом. Причем американцев, прежде всего, волнует, что происходило в личной жизни, в семье Прокофьева, но обязательно на фоне событий в стране Советов. И перво– наперво: что означал арест первой жены Прокофьева. Так называемой «иностранки». Матери двоих сыновей Сергея Сергеевича. Исполнительницы его сочинений. Пташки, как ее ласково окрестил Прокофьев. Вы, Ирина Андреевна, рассказали мне (а я — посетителям Выставки), что изумительный портрет молодой Лины Льюберы, упрятанный на дно заветного прокофьевского саквояжа (его американцы разглядывают-рассматривают как Ноев ковчег!) оставался для Сергея Сергеевича святыней. И живым укором. За что система обрекла Прокофьева и всю его семью на такие муки? На это «за что» нет, и не будет ответа.

«Вот вам и новый сюжет для нового Достоевского!», — восклицает Виктор Кауфман, американский педагог-историк. И подытоживает: «Выходит, не Прокофьев играл с системой, а система играла с ним». Впрочем, и данная тема продолжает оставаться открытой…

Но пройдемся снова по выставочному залу и еще раз проверим: находил ли Прокофьев Истину в жизни, за которую так ратовал в творчестве? Возле той самой книги «Война и мир» Льва Толстого, с которой Сергей Сергеевич работал над либретто оперы — есть еще одна книга, находящаяся, на первый взгляд, вне контекста Выставки: «Рассказы мичмана Ильина»». Псевдоним Ильина (бывшего мичмана) — Раскольников. Эту фамилию советские люди произносили в свое время только шепотом, в отдалении от любопытствующих. Одна лишь фамилия могла «привести на эшафот», ибо Федор Раскольников, известный советский дипломат, опубликовал за границей письмо, разоблачающее Сталина. И предпослал письму эпиграф: «Я правду о тебе порасскажу такую, что хуже всякой лжи». Причем тут Прокофьев? При том, что Раскольников (Ильин) преподнес свои Рассказы композитору с дарственной надписью: «Дорогому С. С. Прокофьеву на память об его блестящем концерте в Софии от автора. София. 3-го марта 1936 года». Сейчас и русским, и американцам трудно понять, что, сохраняя эту реликвию, Сергей Сергеевич буквально играл с огнем. Но Прокофьев уберег «своего» Раскольникова, ибо, конечно же, осознавал масштаб его подвига. Во имя Истины. Американцы на Выставке не всегда «усекают» в чем суть. И, порой, безучастно проходят мимо «Рассказов мичмана Ильина». Но некоторые стоят возле стенда, как завороженные.

Зато многие посетители обращают внимание на дневники Миры Александровны Мендельсон-Прокофьевой. Вы, Ирина Андреевна, охарактеризовали их в своих письмах ко мне. И, в частности, подчеркнули любопытные штрихи, касающиеся затронутой на Выставке темы — Художник и власть. В связи с этим в высшей степени показательно, что пишет гениальный интерпретатор музыки Прокофьева — Мстислав Ростропович (в книге Вашего музея о замечательном композиторе Сергее Артемьевиче Баласаняне): «Будучи руководителем всего музыкального вещания на советском радио, Сергей Артемьевич, рискуя своим положением, но будучи честным музыкантом, оказал помощь в наиболее тяжелое для Прокофьева время». Обратите внимание, что оказать помощь Прокофьеву — значило **рисковать** своим положением. Это «правило» действовало не только в день злосчастного Постановления ЦК ВКП (б) об опере «Великая дружба» Вано Мурадели, где Прокофьев объявлялся антинародным формалистом, и не через неделю после этого приговора, и даже не через месяц. Это «правило» оставалось в силе долгие годы! Что мог, и что должен был чувствовать русский Гений? «Он же абсолютно перепуган! И его жена тоже»,— констатирует американец, долго не отходящий от группового фото, где во время всенародной экзекуции композиторов-формалистов объектив высвечивает лица Сергея Сергеевича и Миры Александровны.

Последующее за экзекуцией безденежье — лишь «цветочки». «Ягодки» в том, что и Прокофьев, и Шостакович, могли ждать ареста в любой день. Отсюда непомерное напряжение нервов и тяжелая болезнь. Но самое удивительное (и на это обращают внимание американцы), что в ту чудовищную годину композитор уходит от изображения зла. В нем с новой силой просыпается желание погрузиться в сказку, начало чему было положено еще в детстве, в опере Сережи Прокофьева «Великан». Теперь, наряду с нежнейшей Колыбельной из оратории, с упоительной «эпической лирикой» Седьмой симфонии, рождается лучезарный балет «Каменный цветок»…

«Прокофьев — подлинный христианин!» Как мне кажется, это верный вывод. И сделал его мой сосед, американец Юджин Сантиаго, стоя у витрины с миниатюрной Библией, которую Прокофьев лелеял и постоянно прятал от посторонних глаз («религия — опиум для народа»,— грозная марксистская установка, которой были обязаны придерживаться все известные в стране люди). В своем последнем письме Вы, Ирина Андреевна, словно подтвердили мнение Юджина: «Рассказывают, что в день смерти Сергея Сергеевича вбежавший в комнату шофер видел на столе (или на тумбочке возле кровати) «молитвенную книгу» — а это и была та самая крошечная Библия на английском языке, которая экспонируется в Нью-Йорке. Заметим, что Сергей Сергеевич, который, по рассказам, в 1948 году, уничтожил массу иностранных изданий, эту книжечку сберег, и не только…»

Я хочу поставить на Ваших словах восклицательный знак, ибо это представляется чрезвычайно важным для подлинного понимания творчества Прокофьева вообще и его жизни тоже. «Прокофьев развелся. Бросил семью. Может, правду говорят, что характер у него был резкий? Разве бальмонтовская кантата не убеждает в этом?», — рассуждает учительница литературы у стенда с кантатой «Семеро их». Не уверен, правильно ли я ответил ей: «Семеро халдейских чудовищ, к сожалению, и сегодня пытаются распоряжаться нашими судьбами. Резкость Прокофьева, следовательно, уместна. А что касается характера Прокофьева, то скорее правы те, кто замечали не резкость, а напротив — детскость». Ответил я, конечно, чересчур суммарно. Увы! Этические аспекты прокофьевского бытия продолжают будоражить.

Что мне кажется важным для разгадки семейных перипетий Прокофьева? Мира Александровна сберегла вещи, связывавшие Прокофьева с его первой женой. В последнем письме Вы пишете о фотографии Лины Ивановны, которую Мира Александровна после кончины Прокофьева, обнаружив в его письменном столе, не уничтожила. Это также весьма показательный факт. И я соединяю его с рассказами Нины Федоровны Теплинской, директора нотной библиотеки Союза композиторов. Нина Федоровна была близкой подругой Миры Александровны, и не раз говорила мне и Майе Корсунской о том, что «Мира очень переживала за Лину Ивановну, волновалась, порой не находила себе места. С ее слов Сергей Сергеевич как-то произнес: "Не смогу существовать, пока Лине и детям не будет хорошо"».

Я помню Лину Ивановну, которая вернулась в Москву из дальних мест тюремного заключения. Она часто заходила в Союз композиторов к Тихону Николаевичу Хренникову, который как депутат Верховного Совета помогал ей обустраиваться в новых обстоятельствах. Думается, доброе расположение Хренникова к Лине Ивановне было обусловлено и тем, что он, любивший Прокофьева, отлично знал о том, как переживал Сергей Сергеевич за Лину. Моя гипотеза совпадает и с мнением Н. Ф. Теплинской, полагавшей, что Сергей Сергеевич внушал окружающим сердечную теплоту по отношению к Лине Ивановне. Сложно? Противоречиво? Да, как обычно и бывает с гениями. И разве тональность прокофьевского поведения — не свидетельство того святого чувства, которое и в творчестве Прокофьева-Гуманиста поражает и пленяет нас больше всего, рассеивая и просветляя бурные вихри, врывающиеся в человеческую душу.

Думаю, что в эти дни на прокофьевской Выставке в Нью-Йорке это почувствовали многие. Если бы одной фразой надо было выразить суть Выставки, то следовало бы сказать «укрощение бушующих страстей и торжество умиротворения».

А вот одна деталь из биографии Выставки. Спрашиваю инвалида, старого ветерана, только что прослушавшего Седьмую сонату Прокофьева на «живом» концерте (играл американский пианист Грант Йоханнесен, он давал концерты и в СССР). Ветеран смущается, говорит запинаясь: «Хоть это и война… изображается — пусть и хорошо, эффектно изображается…, мне все же кажется самой прекрасной… Первая тема… медленной Второй части. Вот где… благородство! Вот где… Божественное начало!» Сам Йоханнесен, комментируя творчество Прокофьева, настаивает на понятии романтического у Прокофьева, сопоставляя его даже с Шубертом…

Романтическое. Божественное. Не потому ли, что Прокофьев Верил? Нет, не только в Победу над врагом. Верил в справедливость действительно Божественного. Может быть, поэтому все волновавшее сограждан тут же вызывало творческую реакцию Прокофьева, душой болевшего за то, чтобы богоугодное дело было немедленно поддержано. Вы, Ирина Андреевна, обратили мое внимание: песня «Встанем на зов» появилась 25 июня 1941 года, всего через несколько дней после нападения Германии на нашу страну. Тогда, во время войны, пионеры объединились в тимуровские команды, чтобы помогать семьям фронтовиков. Занятия в школе начинались в половине девятого, и мы вставали в шесть утра, чтобы успеть помочь немощной старушке, проводившей на фронт единственного сына, нарубить дрова, растопить в ее доме печь. У меня и сейчас все это ассоциируется с хором Прокофьева «Вставайте, люди русские!», ибо этот хоровой гонг будил всех нас по радио. Ровно в шесть утра. И вот теперь, в Линкольн-центре прокофьевский хор-набат зазвучал рефреном как эхо минувшей войны. Кто-то из простых американцев, пришедших на Выставку, стремился вторить механической записи. И на ломанном русском подпевал: «Вставайте, люди русские!». Никогда не забуду этого единения на Выставке. И как здорово, что есть стенд, на котором выставлены присланные из Москвы прокофьевские автографы кантаты «Александр Невский»: именно того хора-призыва, что на слуху даже у американцев.

Вы правы: «надо внимательнее изучить и массовые песни Прокофьева, переиграть и переслушать их, потому что у Сергея Сергеевича как-то не наблюдалось плохой или слабой музыки». Справедливо. Помните «Растет страна ступеньками» на стихи Афиногенова? Вроде бы массовая песня. А какая необычная для этого жанра. Ведь в этой «музыке ступенек» — торжество трогательной интонации. Знакомая американка говорит, что это для детей. И хоть это не так, на понятии детства хотелось бы поставить «фермато».

Откуда сейчас в Америке детские музыкальные театры? Прихожу к заключению, что родились они в Новом Свете сначала из подражания российскому примеру. И недавно отмечавшееся столетие легендарной Наталии Ильиничны Сац напомнило всем (читайте ее «Новеллы»), что Прокофьев был первым **предсказателем** музыкального театра для детворы, а его симфоническая сказка «Петя и волк» закрепила мысль Наталии Ильиничны о том, что дети заслуживают своих собственных интерпретаторов-профессионалов. Вот и создала «тетя Наташа» первый в мире Детский музыкальный театр, где на моей памяти трактуемая симфоническая сказка Прокофьева стала событием театральной жизни не только в СССР, но и в Америке. Я смотрю сейчас «Петю и волка» — диснеевскую мультипликацию, и думаю, что для гениальной музыки нет никаких границ в переистолковании. Фильм Диснея возвратил себе популярность на Выставке. Вообще: особенность нынешней экспозиции — это постоянный диалог музыки и киноискусства

Тот, кто посещал галерею, несомненно, попадал и в зону притяжения театра. Его аксессуары зримы, осязаемы. В костюмах. В макетах. В фотографиях. Театр — в прозрачной акварели, яркой, многокрасочной картинности, в четкой графике. И если посетитель видит работы художника Исаака Рабиновича, его неизбежно будет «тянуть» к партитуре «Трех апельсинов». Если же внимаешь эскизам Петра Вильямса — благоволишь к музыке балета «Золушка». Реализовать такой переход можно только на узком пространстве, в одном зале, что позволяет оперативно перемещать внимание: увидел — удивился, шагнул вправо — влево, нажал кнопку и услышал увиденное.

Когда-то соученик Прокофьева по классу Р.М. Глиэра — Владимир Дукельский, почему-то упрекал Прокофьева в «антимузыкальной наружности». Дукельский, скорее всего, был под гипнозом тогдашнего прокофьевского «скифства». Но ведь слушая ту же «Скифскую сюиту» сегодня, мы восхищаемся элегантностью композиторского мышления! Разумеется, отнюдь не только в аттестации «скифства», от которого Прокофьев вовремя отрекся. Кажется, лаконизму прокофьевского музыкального языка, целесообразности емкой и строгой формы вторят предметы, с которыми композитор соприкасался. Ну, например, бритвенное точило, которое по Вашему, Ирина Андреевна, описанию «хитроумно складывалось и раскладывалось». Когда я стал разглагольствовать об этом на Выставке, слушавшая меня дама (математик) отреагировала: «да ведь и подпись у Прокофьева тоже «складная»». И впрямь: максимальная экономия конструктивных элементов — в сжатии фамилии Прокофьева до одних только согласных: ПРКФВ.

Вы, друзья, правильно поступили, прислав из Москвы множество мемориальных ценностей композитора. И только сейчас я, кажется, всерьез понял, почему на аукционах продают за большие деньги личные вещи знаменитостей. Порой и вещи-то вроде пустяковые. Однако молчащие предметы, бывшие в ходу гения, и вправду сохраняют в себе частичку духа покинувшего их хозяина. Нет, даже не покинувшего. Может быть, христианская наука, которой увлекался Прокофьев, буддизм или каббалистическое учение в состоянии разгадать этот феномен?

Во всяком случае, присутствие мемориальных вещей композитора, создало на Выставке совершенно особую атмосферу **доверительности**. Как будто сам Сергей Сергеевич поглядывает на нас со стороны. К тому же, дизайнеры выразительно возвысили чудесный фотопортрет Прокофьева — так возвысили, что Сергей Сергеевич (по выражению Кэролайн Хелман) «все время говорит с нами. А мы с ним». И такая «зависимость зрителя-слушателя от композитора» определяется первым же стендом. Вот где собрались тесным кругом личные вещи композитора — те самые, что прислали из Москвы. Глядящий сверху Прокофьев словно подсказывает: «не спешите, если и впрямь хотите кое-что узнать обо мне... Вот моя тросточка, с которой я гулял в Подмосковье, вот моя фетровая шляпа, а вот специальная коробочка для воротничков, чтобы не мялись и всегда выглядели опрятно».

Обозревая мемориальный стенд, вспомнилось Ваше, Ирина Андреевна, предисловие к публикуемым письмам Прокофьева к П. А. Ламму: «Любовь Прокофьева к четкости и порядку сказыва-

Панорамный снимок

Витрина с мемориальными вещами Прокофьева
Фотоработы: Александр Зак.

ется даже в оформлении писем. Похоже, он получал удовольствие даже от внешнего вида красивого почтового конверта». И далее Вы приводите один из меморандумов Прокофьева: «Уважение к ноте — основа музыки… Нота есть предмет круглый с хвостом, а не кочерга». Да, действительно: все, что мы видим на Выставке, синтезирует воедино творчество композитора с его почерком, с его родным Домом, и… со всем Миром.

«Эта Выставка, — сказала Кэролайн Хелман, — пример международного культурного сотрудничества, она имеет огромную историческую значимость. Мы надеемся продолжать строить культурные мосты между нашими двумя Великими странами —

Россией и США. И еще, — добавила Кэролайн: одно удовольствие было работать с такими видными кураторами из России и Соединенных Штатов».

Музей музыкальной культуры имени М. И. Глинки и его Генеральный директор А. Д. Панюшкин, Музей Большого театра и его директор Л. Г. Харина, сотрудники Министерства культуры России и лично Министр культуры Михаил Швыдкой — наши россияне, принимавшие деятельное участие в организации Выставки, — все были высоко оценены не только посетителями, но и руководителями Фонда «Русская музыка», а также нью-йоркской Публичной библиотеки исполнительских искусств. А на торжественном открытии Выставки Кэролайн Хелман благодарила наших россиян и на английском, и на русском! Аплодисменты долго не смолкали...

— Ваш Владимир Зак

* * *

Еще одна рецензия — на этот раз на издание Музея, первый прокофьевский альманах, посвященный 110-летию со дня рождения композитора:

Владимир Зак

О Сергее Прокофьеве
Письмо с продолжением разговора

Дорогая Ирина Андреевна! Наша нью-йоркская беседа с Вами и Наталией Юрьевной сохранилась в моей памяти, и разговор хотелось бы продолжить в письме. Вы прислали мне книгу о любимом мною с детства Сергее Сергеевиче Прокофьеве (к 110-летию со дня его рождения) — книгу, дающую пищу для размышлений. На титуле нового издания музея — знакомые имена: координатор издательских проектов А. Панюшкин, редактор-составитель М. Рахманова, научный редактор М. Есипова. Я хочу адресовать вашему творческому содружеству огромную признательность.

Как охарактеризовать вашего «нового Прокофьева»? Лучше всего — термином химиков. Несмотря на то, что книга относительно невелика по масштабам, она являет собой «перенасыщенный раствор». Даже в тридцатитактовом «Гимне РСФСР» (впервые опубликованном по рукописи композитора) распознается прокофьевский почерк, хотя сам этот опус, возможно, и не принадлежит к лучшим находкам Мастера. Но все равно: это еще один любопытный штрих к портрету нашего классика. Может быть, весьма примечательный тем, что в трудные годы баталий с фашистской нечистью и в первые дни наступившего мира в душе Прокофьева-гражданина бушевал энтузиазм и безраздельно господствовала вера в радужные перспективы родной страны.

Вот здесь-то и приковывается наше внимание к очень значительному, ибо книга заостряет тему «художник и вера». Долгие годы нам упорно внушали, что Прокофьев в отличие от Стравинского — прожженный атеист, что его подчеркнутое неверие реально овеществлено чуть ли не в каждой партитуре. И отсюда, мол, «железные ритмы», «стальные остинато», «стремительная токкатность»... Однако теперь, прочитав книгу музея, пытаешься по-иному взвешивать факты. В самом деле: если в «Ледовом побоище» из «Александра Невского» звучит средневековый хорал, а в музыке «Ивана Грозного» легко обнаружить веяния древних пластов православных песнопений, то знаменитый «Огненный ангел» по словам самого Прокофьева «есть тщательное и документальное отображение религиозных переживаний XVI века» (с. 66). Суть, конечно, не в каком-либо применении композитором «клерикальной лексики». Доктор искусствоведения Марина Рахманова и впрямь доказала, что Сергей Сергеевич серьезно подходил к проблеме вероучения, и, выявляя разные его грани, в конце концов достаточно прочно остановился на том, что убеждало его мятущийся разум. Прокофьев нашел для себя божественную идею! И это значит, что пора кое-что переосмыслить в фундаменте творчества русского классика, хотя сказанное, никак не снижает достижений отечественного прокофьеведения.

Задумаемся: не связано ли — прямо или косвенно — влечение Прокофьева к некоей «детскости» с этическим стержнем внутреннего «я», постоянно склонявшим к погружению в чарующий его мир искреннего удивления? В контексте книги — это отнюдь не риторический вопрос. И причины неодолимого тяготения Прокофьева к идеалу непорочности, душевной прямоты, быть может, следует искать именно в той плоскости, о которой пишет М. Рахманова.

Но тогда откуда столь типичная для Прокофьева «колючесть»? Выступая против вечных пороков грешного мира, композитор направляет остриё прежде всего на ханжество и на ханжей. Потому-то прокофьевские монахи, напялившие церковные одежды, чтобы иметь в храме укрытие для пьяных оргий — отнюдь не объект нападения Прокофьева на религию, но, если хотите, желание очистить религию от лицемерия. Именно об этом — известная сцена «Обручения в монастыре». Антигерой оперы Мендоза испытывает на себе испепеляющую сатиру Прокофьева, ибо торговец гнилой рыбой имеет и гнилую мораль. В этом суть «музыкального издевательства» Прокофьева над нарушителями святых заповедей.

Парадокс: подлинное кредо святости Прокофьев выражает в устрашающей картине изобличения античеловеков — халдейских чудовищ («Семеро их» на слова К. Бальмонта):

Благословенья не знают они
Молитв не услышат:
Нет слуха у них к мольбам

Заметим: самое большое зло — отсутствие слуха к мольбам. Именно поэтому халдейские чудовища безжалостны ко всему человечеству:

Мелют народы,
Как эти народы мелют зерно.

И уже в советское время, когда сбрасывали колокола с колоколен, разрушали храмы, а священников, ксендзов и раввинов ссылали в тартарары, Прокофьев умудрился показать свою нескрываемую симпатию к служителю культа (патер Лоренцо, тайно венчающий Ромео и Джульетту). Разве царство божественной лирики у Прокофьева — не торжество библейского целомудрия? И разве Ромео и Джульетта не окончательно убеждают нас в этом? К шекспировским героям тянутся тончайшие нити от самой библейской партитуры Прокофева — «Блудного сына», в искренности раскаяния коего, после возвращения в отчий дом, мы улавливаем меты будущих мелодических откровений русского Мастера. Даже в комическом «Обручении в монастыре» самым привлекательным для нас остаются лирическая стихия, прелесть сердечности расположения к ближнему.

Подаренная книга «перенесла» меня в родную Москву, в далекий 1944 год, в класс композиции, который вел в консерваторском музыкальном училище Евгений Осипович Месснер. Почти все его студенты были подражателями Прокофьева. Каждый, кто пытался сочинять, каким-то чудом чувствовал таинственный магнетизм прокофьевской *чистоты*. Она обворажилва, гипнотизировала нас (особенно в то, военное время) и воспринималась по контрасту с действительностью. Везде часто говорили о «похоронках», приходивших с фронта; жутковатый смерч витал вокруг, когда Святослав Рихтер исполнял Седьмую сонату. Но мы, студенты, словно бы интуитивно уходили с головой в прокофьевскую лирику, освобождавшую от ужаса: «Эта музыка без суеты сует. Она оттуда», — с улыбкой пояснял нам Месснер, многозначительно поднимая палец «к небесам». Теперь, читая статью М. Рахмановой об отношении Прокофьева к религии, я вспоминаю этот жест Месснера, а вместе с ним и темы любви из «Блудного сына», «Ромео и Джульетты», «Золушки», лирические «Мимолетности».

Одним из самых оригинальных исполнителей Третьего фортепианного концерта Прокофьева является Ван Клиберн (в новой книге речь о нем — на с. 141). Клиберн — не только мягкий человек, но глубоко верующий человек. На первом плане у него не моторное, а духовное. А сейчас, внимая Третьему в трактовке молодого нью-йоркского пианиста Максима Аникушина (племянника знаменитого русского скульптора и воспитанника Оксаны Яблонской), думаешь о том, что линия прокофьевской духовности, к счастью для слушателей, не прерывается. Ныне подтверждено: книга глинкинского музея защищает Духовность Прокофьева. В самом главном. В самом существенном. Вся документация и комментарии к ней весьма красноречивы. Письма Прокофьева из-за рубежа, что подготовила Ю. Деклерк, проясняют драматическую тональность бытия композитора, тоскующего по Руси родной, по друзьям, даже по роялю, оставшемуся без хозяина.

Вы, наверное, помните, что мы говорили об очень непростой ситуации, сложившейся для Прокофьева на Западе, а потом — увы! — и на родной земле. Великий лирик нехотя вступал в конфронтацию с «революционным» режимом. Постепенно. Шаг за шагом. Режим «нажимал» на Прокофьева. Все личностное должно было уходить в тень, а «общественное», «коллективное» выставлялось бы на «пьедестал почета». Конечно, личное и внеличное — большая проблема. И прямо скажу: на эту тему я никогда не читал такой точной и потрясающей хроники, как в новой книге о Прокофьеве. Это хроника событий, связанных с рождением оперы «Война и мир». И Вы, Ирина Андреевна, сумели документально продемонстрировать столкновение двух противоположных начал: художника и социальной системы. Особенность этого столкновения в том, что оно завуалировано, спрятано в глубинах вроде бы интеллигентного эпистолярия, в котором чиновник государственного учреждения невольно (возможно, неосознанно) становится рупором, резонатором верховной власти, требующей от композитора полного подчинения идеологической диктатуре и установленным догмам. Парадоксальность положения очевидна. В директивных письмах «сверху» Прокофьева настойчиво подталкивали на укрупнение «эпоса» в «Войне и мире» — за счет лирики, хотя именно этот гениальный композитор (как никто другой!) и являет собой эталон разумного баланса между личностным (лирическим) и общезначимым (эпическим). Цензоры всячески пытались нивелировать живую индивидуализированную интонацию Прокофьева, конечно же, расширявшую не только эмоциональное поле общения героев оперы, но и философскую многозначность сочинения. Глобальные планы «вежливых» ревизоров композитора провалились, автор отстоял себя. И, регулярно повторявшаяся менторская формула чиновников «Вы должны», обращенная к Прокофьеву, всякий раз била мимо цели. Чудесно, что повествование о «Войне и мире» венчается благодарностью Марии Вениаминовны Юдиной: «Вы достигли главной цели Толстого — стоящей за или над идеями патриотическими, историческими, задачами психологическими и драматическими — Вы провозгласили — для "имеющих уши слышать" — торжество добра и любви» (с. 238).

В книге отчетливо раскрывается сама атмосфера времени, в частности то, что Прокофьев увидел на обновленной Родине, где социалистические идеи равенства и братства казались ему справедливыми. Реальность, однако, вносила строгие коррективы. Из очень интересных воспоминаний Д. Р. Рогаль-Левицкого (публикация О. Дигонской) мы осознаем, что Прокофьев испытывал неодолимую жажду говорить по душам, абсолютно доверительно, и, как пишет Дмитрий Романович, композитору нравились «рискованные политические беседы» (с. 208). «Рискованные»... Не дай-то Бог убрать кавычки. Говорить по душам? Даже легкие намеки были опасны. В статье Ольги Рожновой читаем:

«В 1937 году отмечалось двадцатилетие Октябрьской революции. О настроении и творческом состоянии Прокофьева можно судить по свидетельству Ильи Эренбурга, общавшегося с композитором в это время: «Однажды в писательском клубе я встретил С. С. Прокофьева — он исполнял на рояле свои вещи. Он был печален, даже суров, сказал мне: "теперь нужно работать, только работать! В этом спасение"»» (с. 243).

Из Предисловия книги следует, что это издание — начало систематического изучения наследия русского композитора. Прекрасное начало. Тогда, в августе 2002-го, я вспомнил свою дипломную, работу, выполненную под руководством незабвенного Виктора Абрамовича Цуккермана в 1952 году — «Кантаты и оратории С. Прокофьева». Естественно, в разговоре всплыла «Здравица», темы которой я пытался наигрывать. Сейчас нисколько не сомневаюсь в том, что мудрый русский Мастер умел (когда это было необходимо) абстрагироваться от «объекта изображения», или переносить центр тяжести композиторской симпатии с главного объекта на «второстепенный». Помните чарующую музыкальную тему из «Здравицы»:

*Выходила свет Аксинья за ворота:
Хороша собой, красива, в новых ботах!*

И хотя колхозница Аксинья едет в гости к Сталину, эта музыка, разумеется, только об Аксинье. Изумительный облик темы — в трогательной, типично прокофьевской наивности, столь близкой народной традиции. А в частушечной скороговорке о самом Вожде музыка с курьезными, назойливыми акцентами — на грани осмеяния текста: «он все слышит, видит, слышит, видит, как живет народ». Уж совсем вроде бы наглядной аттестацией негатива выглядят саркастические гаммы — стретто всех голосов хора (перед кодой):

*За протест нас царь уничтожал,
Нас за протест уничтожал.
Женщин без мужей он оставлял,
Он без мужей их оставлял.*

Легко представить себе как воспринимали миллионы вдов «врагов народа» эту музыку, характер коей подстать изображению лихой опричнины. (Дата возникновения кантаты — 1939 год, когда был арестован Вс. Э. Мейерхольд, друг и советчик Прокофьева по созданию многих сценических произведений композитора. И тот же год ознаменован «всенародным праздником» по случаю 60-летия «отца всех народов» И. В. Сталина).

Когда хор Московской консерватории, где пел и я, репетировал «Здравицу» — уже навстречу 70-летию вождя — наш хормейстер профессор Василий Петрович Мухин умолял нас: «Пожалуйста, помягче пойте гаммы. Без остервенения. Нас могут неправильно понять. Пожалуйста». Но помягче не получалось, ибо Прокофьев в этом эпизоде вовсе не абстрагировался от Сталина, а, наконец, приблизился к деспоту, и пусть лишь контурным рисунком, но как-то запечатлел его очертания. Штрихи прокофьевского сарказма зримы даже в атмосфере праздничного фейерверка. В этом особенность «юбилейной партитуры», с течением десятилетий приобретающей для нас все более ироничные черты. Самое совершенное исполнение «Здравицы» не обходит стороной эту двойственность образного спектра, ибо ясные намеки на подобный «дуализм» сделаны самим автором. Мы удостоверились во всем этом на одном из концертов цикла «Музыка и диктатура», состоявшемся в Carnegie Hall (22.02.2003). «Сталинская» кантата звучала в истолковании Владимира Ашкенази, выступившего с Чешским филармоническим оркестром, американским Дессоф-хором и Русским камерным хором Нью-Йорка (основателем и бессменным руководителем которого является наш соотечественник, превосходный дирижер и композитор Николай Качанов). Пражские оркестранты и нью-йоркские хористы необычайно увлеклись прокофьевским сочинением. Требовательная публика не только наслаждалась красочной русской партитурой, но и усвоила ее изысканный подтекст. Никогда еще лирический венок пленительных мотивов так элегантно не переплетался со скрытыми смыслами прокофьевского «славления». Некоторые американцы даже восприняли кантату как гениальную шутку над жестоким властителем. Уверен, что когда-то и сам Сталин в этом «музыкальном приношении» узрел явный подвох. Потому, быть может, и утвердил Прокофьева в черном списке композиторов «антинародного направления». Во что обошлось это Прокофьеву, верно сказано в воспоминаниях Рогаль-Левицкого: «с Прокофьевым случился мозговой припадок, то есть инсульт, принявший форму какого-то почти безумия» (с. 195). Однако письмо композитора к музыкальной общественности, где Прокофьев как бы бил себя кулаком в грудь и истово каялся, обвиняя себя в страшном грехе — формализме — отнюдь не было бессознательным актом, а единственно возможной формой самозащиты от полнейшего произвола. Самоистязание — социально-психологический феномен эпохи, свидетелями которой были музыканты — мои сверстники или старшие коллеги. Новым поколениям свободных россиян это понять нелегко. Наверное, очень нелегко…

Тогда, в августе 2002 года, беседуя о Прокофьеве, Наталия Юрьевна словно бы невзначай перешла на Шостаковича. А Вы, Ирина Андреевна, тут же привели афористичное: «Наши мертвые нас не оставят в беде». Этой крылатой фразой Владимира Высоцкого Вы очень верно объединили Прокофьева с Шостаковичем. Я невольно прочерчиваю параллель между ними, сопоставляя, вроде бы, несопоставимое: «Здравицу» и Тринадцатую симфонию, точно встроенную в программу того концерта в Карнеги-холле. Дирижерская проницательность Владимира Ашкенази дала возможность протянуть естественную арку между полюсами. И если на одном полюсе (в кантате) Прокофьев словно бы славит тирана, то на другом полюсе (в симфонии) Шостакович раскрывает универсальную панораму тирании и сострадает простому люду (последнее — «родовое свойство» Прокофьева — Шостаковича, расцветает и в «Здравице»). Накаленность процесса слияния антиподов динамизируется острым публицистическим словом, когда на сцену выходит Евгений Евтушенко-артист, буквально окунающий американцев в пучину российской истории. И кажется, что радужность кантаты Прокофьева и ошеломляющий драматизм симфонии Шостаковича — две главы одной и той же эпопеи. Даже там, где симфония повествует о царях- королях- императорах, командующих парадами, но бессильных подчинить себе юмор, непроизвольно возникают ассоциации с Прокофьевым, умело насмехающимся над сильными мира сего. Оба русских летописца — и Прокофьев, и Шостакович — при всем их своеобразии оказываются в одной раме, внутри коей — многоликий, но и целостный портрет эпохи. Да, в определенном аспекте Прокофьев очень близок Шостаковичу, ибо, беззаветно любя свой народ и Россию, и тот и другой пережили ужасающую трагедию, и тот и другой находились под особым и неусыпным надзором тоталитарной системы, и тот и другой вынуждены были применять эзоповские приемы музыкальной речи. По отношению к Прокофьеву это требует специального исследования. «Я люблю точность», — говорил Сергей Сергеевич (с. 171). В толковании музыки, однако, понятие точности связано с обнаружением тайны, заложенной в нотном тексте.

Поразительно, что сотворил маэстро Мстислав Ростропович, играя в начале 1950-х Симфонию-концерт Сергея Прокофьева: перед слушателями словно бы предстала жизнь композитора, романтизм, мечтательность и глубокая вера коего наталкивались на фантасмагорию злой реальности. И то, что Прокофьев ушел из жизни 5 марта 1953 года, в один день с «отцом всех народов» — символично. Диктатор словно попытался увлечь за собой Мастера. Увлечь в вечную тьму. Но искусство взяло верх: трагедия Прокофьева переплавилась в нежный свет истины, который всегда будет излучать для нас музыка русского гения.

Именно об этом я размышлял, читая новую книгу, присланную Вами. Еще раз — огромное спасибо, и не только от меня, но и от моих соседей, которым я давал читать труд глинкинского музея. И от которого они в восторге. Для нас, иммигрантов, такие книги — больше, чем хлеб насущный.

— *Ваш Владимир Зак*

* * *

Когда в 2004 году я была приглашена в Принстонский университет на прокофьевский семинар с темой «Черное лето 1939 года», очень важна была поддержка Владимира Ильича. Прослушав несколько страниц моего выступления, он одобрил текст, и волнение как-то само собой улеглось. Тогда же, в связи с моим определившимся интересом к музыковеду Е. Л. Даттель, ее подвижническому труду над прокофьевскими партитурами к драматическим спектаклям, Владимир Ильич, который был знаком с Даттель, поддержал эту тему, и работа в Музее над ее архивом началась. В то время с легкой руки А. С. Скрябина в Музей был подарен этот архив, около тридцати лет хранившийся в семье И. К. Сафонова. Его вдова Л. Н. Сафонова-Зубарева разрешила приехать к ней в Подмосковье, и в июле 2006 года я привезла от нее дарственную и множество коробок, чемоданов и корзин с архивом. Об этом я рассказала Владимиру Ильичу, который одобрил мои изыскания, читал текст статьи («**Воздать должное.**

Елизавета Даттель. In Memoriam») перед моим вторым выступлением в Принстонском университете на конференции (посвященной студенческому спектаклю «Борис Годунов» с музыкой Прокофьева) в апреле 2007 года.

Тогда мы виделись в последний раз…

Но не будем о грустном. Я не раз приглашала Владимира Ильича на конференции в Музей, но у него все как-то не получалось приехать. И вот я попросила его разрешения показать на одной из конференций видеозапись, сделанную у него дома в 2002 году. Он сказал: «Пожалуйста. Путь пойдет эта запись, а от меня моим коллегам в Москве пусть будут цветы». Так мы и сделали: с экрана с нами говорил Владимир Ильич Зак, а в конференц-зале стояла огромная ваза, наполненная красными тюльпанами.

Пусть это и останется в памяти читателей.

Москва, январь 2009 года

Михаил Садовский

Быть знаменитым... некрасиво?

В той старой Москве, где и я родился, приглашаю вас на прогулку... по Садово-Триумфальной от дома, в котором живут композиторы, до Тверской, а потом вниз по правой стороне улицы, минуя Страстную площадь, до Брюсовского переулка направо... Вот и Союз композиторов — цель прогулки. Вход с угла в темную глуховатую прихожую, именно прихожую, как в обычной московской квартире, с зеркалом на стене и стоящей в углу круглой вешалкой, а потом, через несколько шагов, в самом начале темного коридора, первая дверь налево... Но здесь, к сожалению, нет хозяина — именно того, чей маршрут, в поисках его самого мы повторяем... Тогда снова на улицу и налево широким двором до стеклянного входа в Дом композиторов... И тут, еще не видя его самого за группой людей, я уже испытываю желанную радость, потому что знаю по знакомому громкому голосу и совершенно уникальному неповторимому смеху, что сейчас увижу его — Володю Зака, моего дорогого друга и в недавнем прошлом педагога, наставника — Владимира Ильича Зака.

Он совершенно недоступен в данный момент очередного рассказа в окружении заинтересованных слушателей, его коллег по работе... Безумная глупость делать хоть малейшую попытку прервать его или привлечь к себе внимание, наоборот! Надо немедленно самому присоединиться к слушателям и включиться, стопроцентно отрешившись от всякой суеты, в его рассказ — уникальный, неповторимый, энциклопедически наполненный и циклопически неохватный, легко и непринужденно как бы исполняемый с темпераментом и артистизмом неповторимыми... Надо включать кинокамеру, микрофоны, магнитофоны, чтобы не упустить, не пропустить каждого мгновения этой новеллы, сцены, пьесы, чтобы не прервать и сохранить... И я присоединяюсь, растворяюсь, и со всеми вместе смеюсь и замолкаю.., но рассказчик уже заметил меня и по ходу сюжета делает знак глазами и рукой, и это вдруг возвращает всех в реальность, потому что на улице февральский мороз, а все без пальто и без шапок, в том числе и сам Володя… — это он шел обедать. Перебегал двор… и так на ходу, отвечая на чей-то вопрос, увлекся, как всегда, и никто уже равнодушно не мог пройти мимо его рассказа…

Каждый день он проходит этот путь, окруженный и наполненный музыкой, каждый день происходит подобная сцена в окружении друзей, коллег и товарищей.., и непосвященному трудно уловить хотя бы одну трагическую ноту в партитуре его жизни.., разве только подивиться совершенно буйной седой шапке волос над молодым энергичным лицом…

Я так хочу поближе, покороче познакомить вас, читатель, с этим человеком, что невольно волнуюсь… нет, не оттого что не просил разрешения — его расположению к людям, бескорыстию и доброте нет предела, а именно потому, что необходимо значительно больше слов для мозаики его портрета, чем эта, предоставленная нам.

Он начинал свое раннее детство с музыки и, несмотря ни на что, — теперь на ее вершине. Это именно про него: «Цель творчества самоотдача, а не шумиха, не успех…», про него, несомненно.

Признание в любви не терпит никаких извинений! Вы согласны? Тогда снова в путь с Владимиром Заком… Вот как блестяще описывает он свое музыкальное начало в вышедшей уже в эмиграции книге «Шостакович и евреи?»:

«Во дворе нашем «врагами народа» комиссар-эрудит (заводила, старший мальчишка — *М. С.*) объявлял всех, кто слабее. Физически слабее. Взять такого было просто: арестованный не оказывал сопротивления. Мое положение в этом смысле было весьма уязвимым. Даже маленький Юрка порой укладывал меня на обе лопатки. Однако, до поры до времени я, вроде бы, пользовался «статусом неприкосновенности». Такое право давала мне… музыка. Все знали, что я играю на рояле. Не только знали. Открывая окно, я на fortissimo оглушал улицу советскими песнями, что были у всех на слуху. И ребята, во главе с «эрудитом» охотно подпевали мне. Такая энтузиастическая работа с «хором революционеров» радовала меня и, конечно же, поднимала в глазах «вершителей Будущего».

Это середина 30-х. Я познакомился с Владимиром Ильичом через двадцать лет, в 1957 году в знаменитой на всю Москву Стасовке.

Сюда в середине учебного года занесла меня неуемная жажда учиться музыке профессионально, мечта, осуществление которой непререкаемо отодвигали война, жестокая голодуха, а потом не минувшие нашу семью сорок седьмой — сорок восьмой и пятьдесят второй... Но вот с решением строгого экзаменационного синклита во главе с директором, незабвенной Валентиной Ивановной Кульковой: «Принять в порядке исключения» — я в классе на первом занятии по сольфеджио... которое ведет Владимир Ильич... и строгое напутствие директора «ни единого пропуска» после первых же минут занятий нейтрализуется вспыхнувшей мыслью: «При таком педагоге?!! Как можно?!.. А если тут все такие?..»

И каждый день — это новое удивление и подтверждение волнующего вопроса. Всеми мыслимыми и немыслимыми путями, судьбой и провидением, старанием друзей, коллег и Валентины Ивановны в этом маленьком желтеньком домике на Добрынинской улице, чудом уцелевшем среди безликих монстров и до наших дней, в самом центре Москвы, собрались такие музыканты-педагоги, которым впору статут самой прославленной консерватории. И не могу не перечислить хотя бы некоторых, не по значимости или превалирующим симпатиям, а как подсказывает память. Григорий Абрамович Фридкин, по учебникам сольфеджио которого занималась вся страна, знаменитый король гитары и личный аккомпаниатор Ивана Семеновича Козловского — Александр Михайлович Иванов-Крамской, Александр Аббович Капульский, мастер камерного ансамбля, научивший нас слушать соседа, и дирижер Семен Петрович Великов, открывший секрет соединения слова с оркестром, мой педагог по вокалу, неустанная деликатная и терпеливая Раиса Наумовна Люстерник, концертмейстер Аллочка Бабинцева, буквально втолкнувшая меня в мир песни, замкнутый теоретик Владимир Клобуков и легендарная Мария Алексеевна Шихова из времен Рахманиновской юности... Даже среди них всех, учивших нас, совсем еще неоперившихся, не только музыке и любви к ней, но умению дружить бескорыстно и жадно, Владимир Ильич несомненно выделялся... За дверью его класса всегда кучковались слушатели.., он знал это.., и двойные шумопоглощающие двери с тамбуром всегда были немного приоткрыты...

Днем здесь учились дети.., и педагоги в том же составе опекали их... Вечером приходили мы, кто по разным причинам не мог дотянуться до Музыки в том возрасте, когда это по всем традициям и раскладкам необходимо... И мы наверстывали... с помощью этих замечательных и неунывающих педагогов...

Но почему В. И. Зак, не получивший за все время обучения музыке (!) ни одной оценки кроме ОТЛИЧНО и имеющий диплом с отличием об окончании Московской Консерватории, был на счастье всем нам преподавателем здесь? Здесь, а не профессором в своей «альма-матер»?

Ведь его выводили в свет гиганты музыки... титаны... С третьего курса композиторского отделения музучилища при консерватории профессор композиции Евгений Осипович Месснер «передал» его в саму консерваторию, как говорится, «с рук на руки» Игорю Владимировичу Способину, Виктору Абрамовичу Цуккерману и Мазелю Льву Абрамовичу... В тот год всего три абитуриента были приняты на композиторское отделение! И среди них Зак! С такой фамилией, с такой анкетой... и таким талантом...

Что же случилось в том страшном 1947 году?.. Почему юноша, представивший на рассмотрение комиссии свое сочинение «Еврейская сюита», поразившее всех мастерством, новизной музыкальных идей и убедившее в его состоятельности, вдруг... нет, не вдруг... а после слов поверившего в него профессора Евгения Голубева: «Здесь (имелось в виду в его классе композиции в консерватории — *М. С.*) вы не сможете этим заниматься...» — именно после этих слов и трудных раздумий перешел с теоретико-композиторского на историко-теоретическое отделение... Что это: ошибка семнадцатилетнего или судьба, уберегающая от страшного Молоха?

Я задавал себе этот вопрос уже позже..., когда наделенный безграничной властью председатель КГБ обзывал публично гения двадцатого века Бориса Леонидовича Пастернака «свиньей», уверенный (и, как оказалось, недаром!) в своей безнаказанности. Двумя годами позже, уже после кончины затравленного поэта, я написал:

Таков порядок на Руси:
Поэтов убивают.
Судьбу иного не проси —
Не удовлетворяют.

*По канцелярски оглядев,
Назначат день и место.
Таков порядок на Руси,
И это нам известно…*

Даже одного классного часа было достаточно, чтобы понять, что место Владимира Ильича Зака не здесь, не недорослям, вроде меня, должен он втолковывать двухголосие и объяснять квинты и тритоны…

А студент Володя Зак узнал это в 1952, когда закончил Консерваторию и не получил распределения, а следовательно, и диплома на руки… но почему? Товарищ Чиновник, представляющий государство, а, следовательно, не имеющий фамилии (хотя на самом деле она и была), изрек в ответ на неоднократные запросы: «Вы понимаете, товарищ Зак, мы не можем распределить вас так, как ваших товарищей. Не можем. Вы выдающийся талант, и у нас нет пока для вас подходящего места…»

«Быть знаменитым некрасиво»? Почему, Борис Леонидович? Потому что опасно! — хотел предупредить нас поэт… Знаменитым может быть только Вождь… а Кесарю кесарево… «не это поднимает ввысь…» Не это, нет… но что он имел в виду? Что поднимает — Власть? Партия?.. Вождь! Это он может единым словом назначить «лучшим пролетарским поэтом нашей эпохи» или сгноить в лагере, как Мандельштама за «усищи» и «голенища»… Так поэтому:

*Не надо заводить архива,
Над рукописями трястись…*

А потом убеждать вечность в истинности гения-автора своей замученной памятью, как Надя Мандельштам???

Когда отчаяние взяло верх над осторожностью и разумом, и вельможный Чиновник понял, что человек готов на непредсказуемые поступки, палач сжалился и чуть распустил когти: двадцатилетнему таланту наконец нашлось место — худрук Сыктывкарской филармонии…

На пороге дела врачей, в притихшей, замороченной речами Москве практически мальчик, не знающий жизни, поверил в шанс, подсказанный друзьями, и поехал вместо Сыктывкара на Добрынинскую улицу в детскую музыкальную школу имени

В. В. Стасова, где так же придавленный режимом заведовал теоретическим отделом Григорий Абрамович Фридкин...

Только тот, кто помнит эти годы, оценит, что значило тогда приобрести работу... может быть, свободу... может быть, жизнь...

Красиво, красиво быть знаменитым, дорогой Владимир Ильич!

Вам это очень идет, очень к лицу! Потому что эта знаменитость сама нашла вас однажды и на всю оставшуюся жизнь, нашла, а потом, пробившись сквозь железный занавес, вывела на просторы мира... Но первый шажок свой вы сделали там, в уютном и до невозможности тесном домике, где вскоре пришедший новый директор — Валентина Ивановна Кулькова смогла не только удержать всех прибитых течением страшных лет к ее берегу выдающихся, именно выдающихся, музыкантов, но еще и приумножить новыми...

Какое везение быть рядом с Вами в эти годы становления! И Вашего и своего!..

Я хорошо помню, как с увесистым черным портфелем поспевает Зак со своей дневной новой службы к нам в класс. А эта новая служба там, куда мы спешили в начале нашей дороги... Звонок застал его дома... звонок самого Вано Мурадели! И разговор запоминающийся. Не дословно, но близко к оригиналу воспроизвожу, беру на себя такую смелость, поскольку очень хорошо знаю и одного, и другого.

— Дорогой Владимир Ильич, не удивляйтесь, это с вами говорит Председатель Московского Союза композиторов Вано Ильич Мурадели...

— Да... Вано Ильич... я удивлен, но внимательно вас слушаю...

— Я приглашаю вас к себе на работу, в Московский Союз... в качестве музыкального критика...

— Но... Вано Ильич... я... я в детской музыкальной школе работаю.., а критики... критики должны быть зубастыми...

— Дарагой! Паслушай.., ты напрасно са мной споришь.., я очень сильный, я гиревик, панимаешь, аба мне даже писал журнал «Здоровье», у нас адин такой в Союзе кампазитаров, мы с табой в разных весовых категориях... А то, что в детской музыкальной школе работаешь — очень харашо.., значит, детей любишь, значит, у тебя душа нежная, а мне нужны нежные критики.., панимаешь?!. — И вопрос был решен...

Уже через много лет, когда музыковед Владимир Зак был известен в мире своими блестящими научными работами, книгами, статьями, имевшими фантастический успех публичными выступлениями на различных конференциях и симпозиумах, когда он заведовал секцией критики всего огромного Союза композиторов страны (ну, не могу написать СССР), он на два часа в неделю возвращался в свою любимую Стасовку, где по-прежнему блестяще вел незабываемые уроки сольфеджио и музыкальной литературы... И все свободные, а порой и сбегавшие из других классов, толпились в коридоре, чтобы насладиться его мастерством, эрудицией, артистизмом и добротой... А деньги, которые ему причитались за эти часы, попадали к двум замечательным старухам — тете Саше и тете Паше, державшим в школе гардероб (сколько они получали зарплаты?!), и те тратили их на чай и булочки, которыми подкармливали не успевавших поесть педагогов и великовозрастных и, как положено, вечно голодных студентов, вроде нас... Но об этом другой рассказ...

Первые же серьезные научные исследования молодого ученого привлекли внимание профессионалов, начиная с его консерваторского диплома, посвященного кантатам и ораториям Сергея Сергеевича Прокофьева. Мне же запомнилась одна из первых монографий Владимира Зака, посвященная талантливому и рано ушедшему композитору Андрею Бабаеву, в особенности его песенному творчеству... Вы помните «Я встретил девушку — полумесяцем бровь...» — это как раз Андрей Бабаев...

Надо сказать, что на шестой части суши возник совершенно новый музыкальный жанр, как тогда называли «массовая песня советских композиторов». Владимир Ильич очень интересовался этим необычным явлением. Много талантливых композиторов искали отдушину для своего творчества в песенном жанре, уделяли ему внимание. Даже гениальный Дмитрий Дмитриевич Шостакович со своей «Песней о встречном»... Очевидно, это происходило не случайно..., могу высказать только свое предположение... Мне кажется, что многие могли таким образом быстрее реализоваться, заработать имя и общественное признание, которое вроде служило неким защитным средством в той страшной эпохе... и вообще, заработать на жизнь... Как говорили: «симфонией не проживешь»... Но это было весьма и весьма непросто — надо было прорваться не только через партийную и партийно-редакторскую цензуру, но и через самих райкомовско-обкомовско-цековских так называемых «критиков», вернее соглядатаев, которые учили авторов, «как» и «что» писать... (в том числе, и таких, как Сергей Прокофьев и Дмитрий Шостакович)... Надо было еще устоять и в непростом соревновании с коллегами... Парадокс же, как стало совершенно очевидно, состоит в том, что многие песни (я не говорю о заказных, намеренно идеологизированных) — буквально музыкальные шедевры, доказательством тому может послужить, что мы многие десятилетия помним их. Это не ностальгическая память, ибо эти песни перешагивают эпоху и сегодня приходят к новым людям, приходят не для слушания, вот ведь как! — а для исполнения, то есть по совершенно уникальному замечанию Исаака Осиповича Дунаевского становятся «автобусными песнями», песнями, которые поют по зову души, песнями, которые поют, извините, даже пьяные в электричках и автобусах...

Музыковеды, очевидно, еще не однажды серьезно проанализируют этот парадокс эпохи, когда под жесточайшим гнетом и свирепой цензурой рождались настоящие талантливые произведения, шедевры мелодического песенного жанра. Мне же ясно лишь, что талант композиторов оказался сильнее власти.., они сами, не заметив того, стали властью.., ведь не постановления пленумов распевали, а то, что дарили людям они!..

Владимир Ильич интересовался этим жанром, писал о советской песне и вскоре стал одним из уважаемых авторитетов в этой области, тем более, что сам хорошо знал работу по созданию песни «изнутри»...

Мы много говорили с ним и об одном из видов такой песни — песни для детей... Он намеревался специально заняться исследованиями в этой области, задавал мне немало вопросов, поскольку я много лет и со многими видными композиторами работал в этом жанре и «заседал» в редакционных советах...

Любой композитор — и молодой начинающий, и маститый известный всегда мог рассчитывать на внимательный, искренний и доброжелательный, конечно, разбор своего творчества... Зак никогда не отказывался помочь и не жалел времени..., а музыкальная среда его обитания включала в себя все слои — от самых верхних до только образующихся, появляющихся в пирамиде музыкального творчества...

Любой власти претит талант. Можете со мной не соглашаться..., но подумайте тогда, почему так стремятся сильные мира сего приручить, купить или уж заставить талант служить себе? Почему и для чего? Чтобы талант сам признал свою вторичность в мире, возвеличивая этого сильного, чтобы не было соблазна сравнивать, кто выше и сильнее...

Сегодня трудно и напрасно гадать, как бы развернулся композиторский талант Владимира Зака, сложись его путь по-другому, но то, что он делал на композиторском фронте — превосходно! Его песни, его музыка к спектаклям в Московских театрах всегда были свежи и привлекательны — он невероятный придумщик, страстный человек и щедрый фантазер, наделенный очаровательным искрометным юмором... Мне повезло: довелось написать с ним несколько песен и один спектакль для Театра Эстрады...

Какое наслаждение с ним работать! А слушать его импровизации в джазовом стиле, погружаться в море тональностей столь причудливо и изящно перекрещиваемых, сводимых и разводимых, что дух захватывает, как на точке отрыва на трамплине!..

Что же за идеальная личность перед вами?! Читатель, вам хочется недостатков, оплошностей, проступков, за которые стыдно? Простите, вы не мой читатель..., вы ошиблись адресом..., я совсем о другом...

Власть не смогла убить его талант. Володя Зак стал любимцем музыкальной среды всей страны, во всех ее краях, где бывал по долгу службы, с выступлениями, да просто по случаю... Эта мгновенная сходка, в которой он непременно становился центром в любом краю, и здесь, в Америке, на новой для него земле, просто предписана ему судьбой для нормального существования — это новый вид творчества: лекция на пленере, беседа с продолжением, творческая вспышка, андроникиада без подготовки...

Наивно думать, что его переезд, адаптация прошли незаметно и безболезненно — нет. И он сам, и его близкие выпили полную чашу эмигрантских невзгод и разочарований..., но его жизненные приоритеты настолько высоки, что рядом с ними, конечно, еще мельче, ничтожнее становятся все бытовые проблемы, а душа..., чтобы узнать о ней, надо читать его работы, статьи, книги...

Каждая его лекция в университетской аудитории — неординарное событие, как и тогда — в нашей Стасовке. Каждый его доклад на научную тему украшает конференции и симпозиумы самого высокого мирового ранга, на всех континентах его имя авторитетно не только в профессиональной среде, но и как увлекательного популяризатора музыкальных идей для широкой публики..., а его книги всегда расходятся..., ибо, кроме новых оригинальных версий и построений, они написаны великолепным слогом — Бог и в литературном жанре не обделил его талантом... И если научные труды доступны лишь профессионалам, его выступления и в разных газетах, и в эфире читают, слушают с увлечением все. Да просто по-другому быть не может... Это же Зак!.. И он при этом не должен оглядываться на псевдодемократическую злую и беспардонную власть на своей бывшей родине... Так, за все в жизни мы платим... и чем талантливее человек... тем более дорогой ценой, поверьте...

И вот я держу в руках подарок, небольшой томик, изданный в Нью-Йорке, с автографом автора — Владимира Зака «Шостакович и евреи?»...

У меня привычка... многолетняя: открыть новую книгу наугад и прочесть, что же на этой «случайной» странице... Читаю: «Мои украинские друзья рассказывали мне, как прятал Шостакович от НКВД еврейского фольклориста Моисея Яковлевича Береговского, когда в Украинской Академии закрыли сектор еврейского фольклора, а самому Моисею Яковлевичу грозила тюрьма. Шостакович буквально встал грудью за еврейского фольклориста, преступая все дозволенные «нормы коммунистической морали». Но тут я нарушаю обычай и листаю, листаю книгу, читаю и не могу оторваться!

Володя, Володя, сколько лет мы дышали сквозь это «коммунистическое» сито!..

— Знаешь, — говорит он мне, — я тебе сейчас процитирую одного умного человека. — Он открывает одну из своих книг и читает: «Если мы хотим быть всего лишь нормальными, мы скоро вообще перестанем быть» — это сказал великий еврейский мудрец Мордехай Бобер... Понимаешь, «всего лишь нормальными»...

— Да, — отвечаю я. — Глядя на тебя, я понимаю это.

А Владимир Зак пишет новую книгу — процесс творчества непрерывен и не зависит от места его обитания... Мне кажется просто, что его московская кухня с книгами, нотными листами, чайником и печеньем на столе переехала вместе с ним с Садово-Триумфальной на 183 стрит в Манхэттен, и вот мы снова вместе пьем чай после нескольких лет разлуки, продолжаем, будто он и не прерывался, разговор и, конечно, строим планы… но уже, к сожалению, не на далекое будущее, хотя…, кто знает… «Art longa, vita brevis est»… как говорили древние. Просто мы больше стали дорожить временем и значительно больше храним в своей памяти. А потому все, кто с нами за столом, замолкают, когда Володя говорит мне: «Старик, а помнишь…» И Богом данное ему и отточенное годами увлекает всех нас за ним в его великолепный неподражаемый мир таланта, искренности и доброты.

Белла Бергинер-Тавгер

О Володе Заке

> «Передать состояние человеческого духа, укрепляемого светлой мечтой, — один из важнейших признаков подлинной художественности»
>
> Владимир Зак. *«О закономерностях песенной мелодики»*

Мне было очень нелегко сесть за стол и начать писать статью, посвященную памяти Володи Зака. Не потому, что нечего сказать о нем, а как раз наоборот: Володя — уважаемый коллега и дорогой друг — до сих пор все еще *жив* для меня, во всем богатстве и обаянии его брызжущей жизнью личности. И, конечно, втиснуть целую жизнь, живой, глубокий и многосторонний, дышащий, смеющийся, звучащий и думающий образ в считанные письменные строки, «разложить его по полочкам», — это очень трудная задача. Мне всё время кажется, что о Володе Заке нужно говорить не в статье, а в каком-то музыкальном фильме, где он сам стал бы главным героем, и его можно было бы видеть, слышать и чувствовать,

Но в холодной и горькой реальности о Володе Заке надо писать, и вот я пытаюсь, почти по технике целостного анализа, представить его образ как цепь главных компонентов. Получается примерно так: Ученый — Музыкант — Артист — Романтик — Философ — Еврей — Человек (Володя был очень чуток к тайному смыслу цифр, и я надеюсь, что ему понравилось бы, что получилось *семь*...)

Как *ученый*-музыковед, В. Зак сделал больше всего в области *теории мелодики*. Он оставил много работ, большинство из них — о песенной мелодике. Фактически закономерности, сформулированные В. Заком, его идея линии скрытого лада

(ЛСЛ), действительны по отношению к любой тонально-функциональной мелодике, как фольклорной, так и композиторской, как песенно-романсовой, так и симфонической, оперной, и т.д. И поскольку его научный подход был достаточно универсальным, не удивительно, что его идеями интересовались музыканты, работающие в разных жанрах, и его исследования были опубликованы не только в России, но и в разных странах Европы и Америки.

В научных работах В. Зака всегда ощущается его *музыкальность*, его тонкое ухо, благодаря которому он очень точно воспринимает и русские, и еврейские, и негритянские, и индийские мелодии, и музыку различных классических композиторов, и мельчайшие детали интонирования самых разных исполнителей. В. Зак был и композитором, сочинял музыку, прекрасно импровизировал. Но и в этой области он оставался очень скромным, никак не афишировал свои работы, а только щедро дарил себя своим близким.

И в музыковедении, и в повседневной жизни Володя был прежде всего *Артистом*. Тот, кто впервые сталкивался с ним, мог подумать вначале, что Володя ведет себя очень неестественно, «как на сцене», — разговаривает с преувеличенной эмоциональностью, даже с пафосом, с выразительной и подчеркнутой мимикой и жестикуляцией. На самом деле, это и был супер — естественный Володя Зак, подлинный Артист, творческая талантливость которого просто «изливалась» из него ежеминутно, в любой, даже как будто совсем не важной беседе. И, конечно, он был на вершине творчества в своих «моно-представлениях», когда имитировал «великих мира сего», в особенности известных советских композиторов и музыковедов. Фейерверк его юмора и таланта (опять же — на основе тонкого и чуткого слуха) был настолько ярким, что он немедленно захватывал и покорял всех, даже никогда не слышавших «первоисточника». Я хорошо помню, как буквально падали со смеху на пол от имитаций-пародий Володи мои сыновья, родившиеся в Израиле и даже недостаточно владевшие русским языком.

Я назвала Володю еще и *Романтиком*. Кроме артистического пафоса, который я уже упоминала, это выражалось и в его увлекающейся натуре, и даже в его импозантной внешности, с «гривой» волос на голове. «Преувеличения» были у него не только в устной, но и в письменной (включая профессиональную) речи — в эпитетах, именах прилагательных, знаках препинания, использовании заглавных букв, и т. д., и т. п. Так, например, сугубо научная книга В. Зака («О закономерностях песенной мелодики»), основанная на фрагментах его докторской диссертации, открывается предисловием «От автора», на третьей строчке которого упоминается «мой *незабвенный* учитель — профессор В. А. Цуккерман», на двенадцатой строчке появляется многоточие, на второй странице — «рецензия Учителя», — и это только начало!

При всей его романтической эмоциональности, Володя Зак был ещё и *философом,* мыслящим вглубь, стремящимся абстрагироваться от конкретного, поверхностного, дойти до понимания самой сути явлений жизни и музыки. Вот отрывок из теоретического введения к той же его книге « О закономерностях песенной мелодики», который предваряет определение термина Зака «линия скрытого лада»: «Можно констатировать, что в широком смысле слова различного рода скрытые явления имеют глубочайший смысл не только в музыке. Диалектика процесса скрытого и явного совершенно очевидна и в человеческих отношениях и в истории общества, во множестве интереснейших процессов в области биологии, физики, математики. Скрытые явления определяют явные. И в жизни, и в науке, и в искусстве. Акценты, проставляемые на скрытых явлениях, бывают чаще всего оправданы. Естественно: анализ скрытого и явного, их прямого и косвенного взаимодействия раскрывает сущность предмета. В музыкальной интонации это особенно очевидно.»[1]

В широкой душе В. Зака было достаточно места как для близких, так и далеких людей и идей разных поколений, разных национальностей. Но в самой её глубине, в той её точке, где есть только одна голая правда, — он всегда был *Евреем.* Еврейство было в жизни Зака его личной Линией Скрытого Лада. Поэтому, например, он был композитором, пока он мог писать еврейскую музыку, и оставил композиторский факультет, когда это стало невозможным. Поэтому при нашей встрече на подмосковной даче, перед моим отъездом в Израиль, он с восторгом декламировал мне, не знавшей тогда ни звука на иврите, как по-особому звучат древнееврейские слова: «вода=ма-им! Хлеб=ле-хем!»

---

[1] Владимир Зак. *«О закономерностях песенной мелодики».* М.,«Советский композитор». 1990, с. 17.

И в его интерпретации эти слова звучали виолончельным бархатным тембром, вдохновенно, наполненно, как ожившая сказка или молитва! И поэтому в Нью-Йорке, когда уже не надо было прятаться, он пришел к теме «Шостакович и евреи», и написал вначале несколько эссе в еженедельник «Еврейский мир», а затем целую книгу. Книга эта — очень «заковская»: с вопросительным знаком в её названии («Шостакович и евреи?»), с сочетанием увлекательных и эмоциональных рассказов-воспоминаний, метких музыковедческих наблюдений над образным миром и языком музыки Шостаковича и философских осмыслений исторических и культурных событий, вопросов свободы и совести искусства и художника.

Но, может быть, больше всего Володя Зак был *Человеком!* Человеком с большой буквы, с восклицательным знаком, — на этот раз именно так, без «заковских романтических преувеличений». Теплота его души, преданность, отзывчивость, готовность придти на помощь, особое благородство, — всё это он буквально излучал и щедро раздавал родным, коллегам и просто окружающему миру. Маленький пример: в любом печатном издании есть место для благодарственных слов, в книге В. Зака для них с трудом хватало целой страницы.

Я познакомилась с В. И. Заком незадолго до окончания музыкальной десятилетки, когда я, по рекомендации его друга, Г. Л. Головинского, обнаружившего меня в кишиневской провинции, при первом же приезде в Москву пришла в Союз Композиторов. Робости моей не было предела, но теплота и благородная простота Владимира Ильича сразу же придали мне заряд бодрости. И с тех пор каждый мой приезд в Москву начинался с визита в Союз Композиторов — за советом, за помощью, а больше всего — просто для приема дозы положительных эмоций и поддержки старшего хорошего друга.

После моего отъезда в Израиль у нас не было никакой связи в течение восемнадцати лет. Но когда мы с детьми приехали ненадолго в Нью-Йорк, время и расстояние куда-то улетучились, и тепло американского Зака не уступало московскому. Теперь мы уже не только обменивались письмами, телефонными звонками, интересными музыковедческими материалами и идеями, новостями американской и израильской жизни, но и встречались (к сожалению, изредка) лично. Мне, одной или с детьми, было так уютно и тепло останавливаться, по настоянию Володи, в их крохотной квартирке в Нью-Йорке. И сыновья мои всегда вспоминали его, инстинктивно чувствуя его искреннее человеческое тепло и заботу.

Прошел уже год со дня смерти Володи Зака, но он всё ещё здесь, с семьей, со всеми нами. И за всё, что было и что есть,— низкий ему поклон!

Израиль

Марина Кацева

«...Не только музыка...»
(Памяти Владимира Зака)

> *«...И наша жизнь стоит пред нами,*
> *Как призрак, на краю земли,*
> *И с нашим веком и друзьями*
> *Бледнеет в сумрачной дали...»*
>
> Ф. Тютчев

13 августа 2007 года не стало Володи Зака. Телефонный звонок, принесший эту весть, был подобен физическому удару в грудь. Уверена, что всех его знакомых эта весть застигла врасплох — НЕ-ВОЗ-МОЖ-НО!!! Седая шевелюра и моложавое лицо, неизменная улыбка и почти всегда грустный взгляд добрых глаз... Если бы у него даже и было все «в порядке» с фамилией и графой в паспорте, все равно рано или поздно он стал бы жертвой в той стране, где прожил большую часть жизни. Там всегда нашелся бы кто-то, кого бы сильно раздражала эта его типично еврейская физиономическая особенность, метко схваченная Шолом-Алейхемом, *«когда одна половина лица смеется, а другая плачет»*...

И вот снова 13 августа — 2008-го. Прошел год с его последнего дня на «этой ласковой земле»... И как, наверно, трогательно было бы ему узнать, сколько людей разных поколений, профессий и стран проживания в тот день перезванивались и переписывались, вспоминая о нем, о необычайности его личности, о неповторимости его манеры говорить — говорить *так,* что **любые** произнесенные им слова, превращались в **текст, наполненный смыслом.** Поэтому, очевидно, столь многое помнится, десятилетия спустя.

***

> «Забыть — не то слово… Вы этого сделать
> не сможете, как случай вашей жизни…»
>
> М. Цветаева

…Однажды мы как-то набегу пересеклись на Огарева, во дворе сразу между тремя Союзами композиторов-СССР, РСФСР и Московского. Я была огорчена встречей с редактором, и Володей это не осталось не замеченным.

— Что случилось?

— Да вот, упрекают в излишней пафосности.

Любопытно: память не удержала, ни о чем была та статья, ни имя редактора, а вот слова Володи до сих пор «тремолируют» в ушах, как будто это было вчера.

Пафоса бояться не надо! Бояться надо безпафосных людей!!! Бежать от них!!! Без пафоса не может быть искусства!!! Пафос — это основа жизни нормального человека, тем более творческого, а ты ведь… и т.д… На комплименты, как известно, он был щедр, как бывают щедры только талантливые люди… Ах, как окрылили тогда его слова!

И как хорошо, что я к ним прислушалась! И если были в моей профессиональной практике удачи, то только именно благодаря **пафосному** отношению к предмету разговора.

* * *

> «Не забуду и не повторю…
> Ибо незабвенен и неповторим…»
>
> М. Цветаева

Мы познакомились с Володей в то счастливое время, когда по четвергам на сцену московского Дома Композиторов выходил совет знаменитого МММК (Московского Молодежного Музыкального Клуба) в полном его составе: Григорий Фрид, Григорий Головинский и Владимир Зак. Именно эти три человека придумали и блестяще осуществили рискованный эксперимент — собрать в одном зале несколько поколений московской интеллигенции, объединив «физиков и лириков» на почве любви и тяги к искусству. Для меня же лично те четверги стали ещё и «моими университетами»: именно у этих троих музыкантов я обучалась лекторскому делу. Три совершенно разных стиля ведения беседы, которые я, конечно, пыталась примерить на себя. Иногда даже казалось, что что-то получается, но только не с Заком — Владимир Зак был неповторим! До сих пор помню его блистательную лекцию о мелодике Дунаевского, его театральные паузы, целую палитру неожиданных смысловых акцентов..., но о подражании не могло быть и речи. *Так* говорить, *так* показывать на рояле умел только Зак. Да, что там лекция! Даже пересказ сна он умел на ходу превращать в театральную сценку, а слушателя в зрителя. Вот один пример.

...Володя необычно задумчив... «Знаешь, сегодня со мною произошла удивительнейшая история. Мне приснилась моя любимая покойная сестричка Кларочка. Она мне позвонила, как обычно, по телефону, расспрашивала обо всех. Я подробно рассказывал. Потом я поинтересовался, как ей там, не скучно ли? Она все очень хвалила, но когда я пообещал скоро навестить ее, она вдруг быстро-быстро сказала: «Нет-нет, Володенька, не надо! Тебе сюда еще рано, ещё нельзя...»... — и нас разъединили. Я проснулся в холодном поту. В руке зажата телефонная трубка, из которой раздаются короткие гудки.. Вот так, милая, мы переживаем по пустякам, а рядом бродит вечность...»

Сорок лет — для памяти срок немалый, а я все ещё не только помню имя сестры, о существовании которой прежде не имела понятия, не только представляю себе её, но и всю их дружную семью, как они любили друг друга и каким горем стала для Володи ее ранняя смерть. Он «исполнил» свой сон, как законченную новеллу, в сюжете которой была закодирована великая тайна, и о *том* свете («небесных царств») и об *этом,* тоже пока ещё многого о себе не разгадавшем.

Володя Зак был одарен ярко и многосторонне. Причем, в каждом из отпущенных ему даров он чем-то *чуть-чуть* выделялся из среды подобных себе талантов. Он был не просто историк музыки, а философ. Не просто лектор, а увлеченный (и увлекающий!) рассказчик. Не просто имитатор, а мастер устного шаржа. Не просто критик, а соавтор, то, что Марина Цветаева больше всего ценила в критике. Кстати, замечу, что частое цитирование Цветаевой здесь вполне уместно, потому что ещё в Москве именно она была главной героиней большинства наших бесед. Я тогда готовила тему «Цветаева и музыка», и Володя живо интересовался продвижением моей работы. Причем, интересовался не праздно, а действенно. Например, он организовал мое выступление в Союзе композиторов, что в начале 80-х было ещё совсем не просто сделать. И в Америке не ограничился джентельменским интересом, включив рассказ о Цветаевском музее в Бостоне в свой обзор *«Евреи-иммигранты-музыковеды США».*[1] Однако узнала я об этом не от него. А как узнала, заслуживает краткого пояснения.

* * *

«... И за добро творимое получите добро...»

И. Бродский

...Телефонные звонки приносят ведь и приятные вести. Иногда очень приятные. 1998 год. Звонок. Тихий женский голос:

— «Вы, наверно меня уже забыли, это... »

...Да, это была московская знакомая, духовно очень близкий мне человек. После нашего отъезда в ее жизни случилась трагедия, заставившая тоже покинуть Москву. Мы потеряли ее след. И вот, после многолетних поисков, когда утрата казалась уже необратимой, вдруг звонок...

— Неужели это Вы! Где Вы?
— Я живу в Израиле, в Цфате.
— Как же нашли нас?
— По статье.
— ???!
— Да-да, о Вас и о Цветаевском музее в Бостоне...
— Какой статье?
— Как, Вы разве не знаете?
— Понятия не имею. А кто же автор?
— Владимир Зак.

...Дорогой Владимир Зак... Не знаю, понимал ли он до конца, какую службу сослужил мне, включив в свой обзор?! И дело здесь не только в обретении друга, дело в его стопроцентном попадании в ещё одну цветаевскую формулу: *«Друг — это не сколько*

---

[1] Речь идет о главе: В. Зак «Евреи-иммигранты-музыковеды США», вошедшей в 5-й том энциклопедии *Евреи в культуре русского зарубежья.* Составитель и издатель: М. Пархомовский. Иерусалим, 1996.

ты можешь поднять, а сколько ты хочешь напрячься». Уверена, ему понравились бы эти слова. Потому что сам Володя не всегда *мог* поднять все что хотел, но всегда *хотел* напрячься.

* * *

«От похвалы еще никто не умирал, а от критики — многие»

Л. Толстой

В Америке мы встретились всего один раз, в душном июльском Нью Йорке, в доме, где Григорий Фрид остановился по дороге из Денвера в Москву. Друзья чудно выглядели. Приятно было снова видеть их вместе. Володя много шутил. Он был тогда на подъеме, писал статьи, работал над книгой о Шостаковиче, организовывал музыковедческие конференции, вел обширную переписку, словом, был востребован в полной мере. Прощаясь, мы обменялись телефонами… и больше в этой жизни уже не встретились. Но виртуальное общение продолжалось — звонки, письма… Одно его письмо я храню среди самых дорогих реликвий. Никто никогда ещё так точно не объяснил мне моё собственное жизненное предназначение, как он в том письме. И когда нападает хандра, перечитываю и становится легче.

* * *

«Мастерство беседы в том, чтобы скрыть от собеседника его нищенство. Гениальность — заставить его, в данный час, быть Крезом».

М. Цветаева

И еще об одном замечательном даре Володи Зака — даре собеседника.

Именно поэтому, наверно, все так тянулись к нему и в Москве и особенно в США. Он всем был нужен, потому что у него для каждого находились именно те слова, которые хотелось услышать. Ему можно было звонить в любое время, не чувствуя неудобства, потому что он мгновенно включался в тему и поворачивал любой разговор так, что через минуту уже казалось, что это **именно ему**,

Заку, и **именно сейчас**, и **именно с этим человеком** необходимо обсудить **именно этот** вопрос. Володя никогда не упускал случая возвысить человека. И если я осмеливаюсь здесь привести надпись на присланной мне книге о Шостаковиче: «*Дорогой Марине Кацевой, которая своим талантом помогает всему интеллектуальному Бостону и ... мне (в частности, в уяснении стиля Шостаковича). С любовью, Владимир Зак. New York, 98.*», то только для подтверждения вышесказанного. Ах, если б можно было собрать под одной обложкой все володины автографы из всех раздаренных им книг! В какой волшебной стране мы бы оказались! Все жители в ней были бы только самые благородные, самые добрые, самые талантливые. Это шло от его человеческой доброты. И этим пользовались многие. Знали — не отмахнется, не подведет.

* * *

«Смерть — это не конец... »
М. Цветаева

Володя любил и умел работать над несколькими проектами одновременно. Таким был его творческий темперамент. Не знаю, что занимало его мысли, когда он был сражен страшной болезнью? Об этом расскажут те, кто был рядом с ним. И все же... В его обширном и многожанровом творческом наследии, мне кажется, особое место занимает его книга *«Шостакович и евреи?»*[2]. Если бы даже он только заявил эту тему, это само по себе обеспечило бы ему место первооткрывателя в разработке серьезнейшей проблемы мирового музыкознания. Но Володя настолько полновесно и доказательно представил её, что, по-сути, сам и снял поставленный в названии вопросительный знак, отведя ему лишь роль приглашения к дальнейшему исследованию.

Важность этой работы Володя осознавал сам. Недаром в начале первой главы он признался: *«Я... сейчас спешу сказать хоть что-то...»* Это «*что-то*» сложилось в повествование, жанр которого непросто определить. При всем «беллетристическом» звучании названия — это неразъединимый сплав фактов и интерпретаций, предположений и скурпулезного теоретического

---

[2] Владимир Зак: «Шостакович и евреи?» Издательство «Киев», Нью Йорк, 1997г

анализа. Главенствующий же над всем пафос сопричастия, превращает книгу в целом в волнующий документ.

В главе о встрече на Валааме, Володя приводит обращенные к нему слова дирижера Карла Ильича Элиасберга: «*Увы! Время еще не пришло говорить правду. Доживу ли я до такого времени? Может быть вы, Володя, когда-нибудь поведаете об этом?*» Карл Ильич, увы, не дожил. Володя Зак, к счастью, дожил и успел. Успел поведать о таком, что было ведомо только ему. Поэтому-то и *спешил…*

* * *

«*…Ради улыбки — своей и чужой…*»
М. Цветаева

В религиозных книгах пишут, что каждый человек приходит в эту жизнь со своим предназначением и миссией. Многие из володиных планов остались незавершенными, но и миссию свою он выполнил и человеческому предназначению — заражать жизнелюбием всё и всех вокруг себя! — не изменил.

Леонид Грабовский

Фонтанирующий Жизнью

Жарчайший, удушливый август 1991 года. Продовольственный супермаркет в Верхнем Манхэттене. Стою в очереди в кассу. Случайно взглянув вперед, внезапно замечаю за несколько покупателей впереди себя буйную седую шевелюру, до боли похожую на ту, которую все мы знали по Москве. Присматриваюсь. Ну да, конечно, сомнений быть не может — это он и только он! «Владимир Ильич!» — окликаю я его. И Володя Зак собственной персоной оборачивается на зов. «Леня!?» — с восторженным удивлением восклицает он своим звонким голосом музыкального «агитатора, горлана, главаря». Так состоялась наша первая встреча на американской земле.

Оказалось, он с семьей приехал в Штаты весной того же года — одного из неповторимых лет «великого переселения музыкальных народов» из тогда еще бывшего СССР — и поселился совсем рядом с тем супермаркетом. Кстати, это был тогда чуть ли не самый день провала пресловутого путча, и я не преминул тут же пересказать Володе свежайшую хохму с «поля боя» — «Забил заряд я в тушку Пуго!», и мы хохотали от души, все еще стоя в очереди…

Сам я тогда короткое время жил в квартире приятеля в том же околотке, так что общение наше в тот же момент стало самое тесное и непосредственное. До самого вечера мы не расставались. И Майя, и подросток (тогда) Алик несли на себе отпечаток оглушенности Америкой, не только вполне понятный, но даже и неизбежный для всех нас, невыездных в годы Великого Застоя и внезапно, без подготовки (или почти без нее) оказавшихся за столько тысяч миль от родных пенатов.

Сам Владимир Ильич, правда, был не совсем невыездным — изрядно говоря по-немецки, он в последние годы перестройки побывал с научными докладами на ряде конференций и встреч в немецкоязычных странах, в первую очередь, если не ошибаюсь, в Западной (тогда еще!) Германии. Был он включен в немногочисленную делегацию советских музыковедов, посетившую США в октябре 1987 г. Это было эпохальное событие, с которым по времени совпала и моя первая поездка в Новый Свет.

Никогда не забуду яркого, увлекательного повествования Володи об этой американской эпопее, которым он одарил однажды всю редакцию «Советской музыки», где я тогда работал — особенно запомнился брызжущий искрометным юмором эпизод гостиничного поселения мистеров Зака и Холопера (это был Ю. Н. Холопов!) в одном номере и на одной постели!!! У всех у нас, слушателей этого соло, долго не проходили колики от смеха…

А познакомился я с Владимиром Ильичом лет за 20–25 до описываемого времени — на Московском молодежном музыкальном клубе, где он, как один из его руководителей, проводил творческую встречу со мной, тогда еще довольно молодым, украинским композитором из Киева. Встречал я его впоследствии в основном на съездах и пленумах Союза композиторов, так что общались почти всегда «по-московски» — на крыльце Дома композиторов или же на угловом крыльце СК СССР, да иногда еще в кафе или ресторане Дома композиторов, поскольку Володя в силу его ответственной работы в аппарате Союза был обычно плотно занят на протяжении всего рабочего дня. Еще вспоминаю, как уже в апогее Застоя, где-то в ранних андроповских 80-х, мы на одном из тех крылец с наслаждением смеялись над кратчайшим и, надо отдать должное автору, по-философски концентрированно-многосмысленным определением понятия «жизнь», вычитанным мной с 16-й страницы «Литературки»: «Жизнь — это единственный выход из создавшегося положения»…

И вот теперь, в 90-е, «единственным выходом из создавшегося положения» для нас стала эмиграция — для меня по профессиональным и жилищно-экономическим причинам, а для Володи Зака и его семьи — по самым что ни на есть экзистенциальным — «быть или не быть — вот в чем вопрос»…

Что касается меня лично, то мной переезд в США ощущался как скорое исполнение самых радужных надежд — мне предстояли исполнения, вскоре состоялся авторский концерт в Линкольн-центре, (на который, кстати, Володя написал замечательную рецензию для «Нового русского слова» — одну из лучших в моей творческой жизни и по точному музыкальному журнализму, и по дружественной, даже может быть, восторженной интонации. А что же еще творческому человеку надо, — «похвала, похвала и еще раз похвала», по слову Л. Н. Толстого).

В первые годы мы с Володей посещали концерты летнего бесплатного музыкального фестиваля современной музыки, я показывал ему манхэттенский центр и Таймс-сквер. Володя также неизменно присутствовал на ряде нью-йоркских исполнений моих произведений и всегда откликался на какие-либо даты моей творческой биографии статьями в «Новом русском слове» и других газетах.

Однажды он навестил меня на 23 этаже одной из башен на Ист-Ривер, где я стерег кота в квартире моих друзей во время их отъезда в Европу. Мы славно провели тогда время — это было лето 1994 г. Слушали массу музыки по радио и в записях, глядели в окна на впечатляющие виды всего Бруклина, Квинса и здания Объединенных наций, гуляли по набережной. Приезжали они с Майей и в Бруклин, где я поселился в 1996 г. Было дело в канун Рождества, и я показывал им неповторимую вечернюю иллюминацию итальянских кварталов с их Мадоннами, Св. Семейством и библейскими сценками в палисадниках и двориках Бенсонхерста.

Вскоре после того, у Заков дома, я услышал от Володи потрясающе интересный рассказ о том, как он оказался за одним столом с Молотовым на праздновании юбилея его брата, композитора Нолинского, и о том, как Молотов в молодости играл в струнных квартетах на альте! Как жаль, что не было со мной тогда карманного войс-рекордера (не оттого, что такового не было в природе — они существовали уже!), и этот рассказ не сохранился для потомков.

А когда Володя дарил мне свою книгу «Шостакович и евреи?», он вспоминал об обстановке первого исполнения вокального цикла Д. Д. «Из еврейской народной поэзии» в фантастически далеком 1948 году, на котором он присутствовал.

Однако, со временем наши встречи сделались реже. После 2000 г. мы в основном общались уже только по телефону, особенно после смерти Майиной матери, Е. Мазо, когда стало нельзя оставлять вдовца-тестя одного. Правда, говорили мы часами, если только ни один из нас не был вынужден куда-либо спешить.

В начале 2005 г. я переехал в новую квартиру — наконец такую, где можно жить полноценной творческой жизнью, и надеялся здесь принять Володю с семейством со всем комфортом. Но увы, Володя звонил все реже и реже. Весной и летом 2007 года, долго уже не имея вестей от него и беспокоясь уж не на шутку, я с перерывами писал ему большое письмо с инструкциями насчет здоровья, только что прочитанными в специальном журнале о натуральном питании и лечении. Но отправить не успел — раздался телефонный звонок, и Майя — с потрясающим самообладанием — сообщила мне роковую новость.

В моей (а уж что говорить об их, как говорит Майя, «оставшихся Заков») жизни еще одной черной дырой стало больше. Ушел в тот мир музыкант и человек с таким открытым, искренним сердцем, с таким обращенным к людям талантом и душой, с такой харизмой, таким врожденным жизнелюбием. Пустеет горизонт... «Нет дороги, но нужно идти вперед», как говорит название одного из последних сочинений Луиджи Ноно. Будем же идти вперед. Будем всегда отвергать ту мысль, что Володи — НЕТ. Да и так ли это? В сущности, Володя всегда ЕСТЬ — не только есть его фотографии и его голос в нашей памяти, но есть еще его книги, статьи, воспоминания, записки, то есть весь его ДУХ, а дух, как известно всем народам во все века — бессмертен.

На свете смерти нет:
Бессмертны все. Бессмертно всё. Не надо
Бояться смерти ни в семнадцать лет,
Ни в семьдесят. Есть только явь и свет,
Ни тьмы, ни смерти нет на этом свете.
Мы все уже на берегу морском,
И я из тех, кто выбирает сети,
Когда идет бессмертье косяком.

(Арсений Тарковский)

Анатолий Милка

Владимир Ильич, кладезь знаний

С Владимиром Ильичом Заком меня познакомили на съезде композиторов СССР. Сейчас уже и не вспомнить, на котором из них. Один из высокопоставленных ленинградских коллег, но из «приличных», как говорили тогда, и с хорошим чувством юмора [назовём его Аркадий — *А. М.*] — подвёл меня к человеку с доброй улыбкой и лучезарным взглядом, и охарактеризовав меня так: «Володя, ты видел когда-нибудь думающего скрипача? Вот, пожалуйста, перед тобой человек с драматической судьбой. Стоило ему задать себе вопрос *почему*, как он тут же бросил скрипку и стал музыковедом. Скажи всем скрипачам — у тебя с ними хорошие связи, — чтобы они в музыке ни о чём не задумывались». Потом повернулся ко мне и произнёс значительно и серьёзно: «Анатолий Павлович, перед Вами не кто-нибудь, а сам Владимир Ильич Зак фон Виссен».

Эффект был сильный. Я втянул голову в плечи и стал лихорадочно соображать, на каком языке обращаться к столь высокородному господину, забыв о том, что его назвали и Володей, и даже Владимиром Ильичом, и что он, скорее всего, не «оттуда». Но первые слова уже помимо моей воли вырвались наружу: «Герр Виссен,.. герр Виссен…».

Герр Виссен засмеялся и потребовал: «Толя, перестаньте сейчас же! Аркадий просто дурачится. И, пожалуйста, впредь величайте меня Володей». Аркадий тут же возмутился: «Это я дурачусь?! Я могу повторить, причём, на полном серьёзе: перед Вами — сам Владимир Ильич, Зак фон Виссен. Я не знаю, что бы подумали в Германии, но в Гомеле меня поняли бы правильно: мешок знаний. Да, Владимир Ильич — это настоящий мешок знаний, и Вы в этом еще будете иметь возможность убедиться сами». Аркадий похлопал меня по плечу и удалился, так как начиналась процедура голосования по выборам председателя.

Называть Владимира Ильича Володей у меня так и не получилось. Не потому, что он был на десять лет старше меня и не потому, что он был учеником самого Виктора Абрамовича Цуккермана. Я был исполнен огромного уважения к его профессионализму и глубокому знанию своего предмета. В этом мне пришлось убедиться спустя несколько лет, когда я оказался официальным оппонентом на защите его докторской диссертации, которая была посвящена закономерностям и выразительным средствам песенной мелодики. Она была написана, что называется, лихим пером, и это заслуживало бы отдельного разговора со специалистами-литераторами. За всю мою оппонентскую практику я ни одной диссертации не читал с такой лёгкостью и увлечением. Но еще более впечатляли мысли автора этой замечательной работы. Основным материалом ее была советская песня — потрясающий феномен, вероятно не имеющий аналогов в истории музыки. Едва ли не самое интересное в работе, — это найденный метод интонационного анализа. Музыковеды сказали бы, что особый интерес — в его уникальности и эффективности, впрочем, это отмечали все оппоненты в ходе защиты. Здесь не место для его описания, это лучше всего сделано и в книге «О закономерностях песенной мелодики», и в самой диссертации.

Но открыть аналитический метод, о котором идёт речь, можно лишь на основе полного знания того — выражаясь «учёно» — интонационного массива, к которому он применяется. Среди музыковедов есть много знатоков советской песни и других массовых жанров, есть и носители весьма глубоких познаний. До встречи с Владимиром Ильичом я и себя причислял к ним, так как в силу некоторых особенностей моей биографии я знал и помнил в этой области, как мне казалось, очень много. Однако, как выяснилось, Владимир Ильич знал здесь практически всё.

Во время наших встреч, когда была возможность, мы шутя играли в нехитрую игру: один напевает мотив какой-нибудь песни, другой отвечает ее словами. И наоборот: один предлагает слова из песни, другой напевает ее мотив. К моему огромному удивлению, я был побиваем постоянно, к каким бы ухищрениям я ни прибегал, каких бы забытых или почти забытых мотивов я ни вспоминал. Я предлагал слова из последних куплетов, мотивы не с начала песен, а из припевов, — всё равно ответ следовал незамедлительно. Владимир Ильич благородно цитировал лишь начальные слова песни или ее начальный мотив, всё равно я проигрывал. Лишь единожды мне чудом удалось свести матч к ничьей. Тогда мне попались нелепые слова из детской песенки, и Владимир Ильич извинился: «Толя, пусть Вас не смущают некоторые особенности в поведении героя этой песни. Я не большой знаток энтомологии, но интуиция мне подсказывает, что здесь что-то не то…». И процитировал:

«Жил сверчок в лесу густом
Под кустом.
Он построил новый дом,
Светлый дом.
Аккуратный
И опрятный —
Для ребят он был примером…»

Ни разу я не слышал этой песни по радио, никогда и по сей день, насколько я помню из того, что смотрел «по ящику», она не звучала ни в одной из телепередач. Я никогда не видел ее ноты или слова в песенных сборниках, ни на одном концерте детских хоров, которые я посещал, она не исполнялась. Каким-то чудом — а скорее всего из-за того, что мой собеседник продекламировал ее почти в том ритме, который был в самой мелодии, — я вспомнил ее. Еще в 1945 году (!), учительница пения в детском саду, куда я тогда ходил, разучивала с нами этот энтомологический сюжет. Мне удалось спеть мелодию.

Ничья!
Я гордился ею, как победой.

Но откуда мог Владимир Ильич знать этот покрытый вековым мохом раритет, относящийся к жанру детской песни? Ума не приложу. Впечатлённый случившимся, я, к сожалению, так и не удосужился спросить его об этом.

Выйти на ничью в подобном матче с самим В. И. Заком — это многое значило для меня в этой истории. Многое, потому что в этой области, или как говорят, в своём предмете Владимир Ильич знал всё. Ну, практически всё.

Немного осталось специалистов подобного рода…

Алла Богданова

ПАМЯТИ ДРУГА...

Даже сейчас, спустя много лет, воспринимается как большая удача — быть причастной к Союзу композиторов СССР 70-х – 80-х годов прошлого века. Я пришла туда будучи аспиранткой консерватории и работала 21 год вместе с моим коллегой Владимиром Заком. Постоянное общение с новыми сочинениями, с их авторами — яркими личностями, возможность участвовать в обсуждениях музыки, созданной в союзных республиках, было полезно не только с точки зрения профессии, но и для определения многих приоритетов в жизни, в отношении к окружающим. Ключевым в этой прошлой жизни было слово «творчество», творческий — оно было главным в характеристике людей, которые нас окружали, композиторов и музыковедов, а также и сотрудников Секретариата Союза. Это слово — важная составляющая личности Владимира Ильича Зака. Все остальные проблемы, в том числе сложности и неоднозначность нашей тогдашней жизни, отступали на второй план. Музыковеды, в их числе Владимир Ильич, жили под знаком творчества и бесконечного уважения к композиторскому труду.

Секретариат Союза композиторов СССР размещался в Брюсовом переулке, в угловом подъезде композиторского дома. Каждый день, придя на работу, я слышала из-за двери музыковедческой комиссии звучный голос Володи Зака. Часто дверь была открыта и звуки музыки, голоса, а иногда и взрывы смеха подтверждали, что Зак здесь. Его все любили, он постоянно был окружен людьми, замечательно чувствовал настроение собеседника, угадывал кому нужна была помощь, умел тактично поддержать. Ему были свойственны чистый и тонкий юмор, самоирония, ненавязчивая чуткость.

В моей жизни был момент, когда Союз композиторов буквально «вытащил» меня с того света. На композиторском Пленуме в Тбилиси я тяжело заболела. Когда вернулась в Москву, все в Союзе радовались, поздравляли. Но даже на этом фоне запомнилась реакция Володи Зака: он переживал мои проблемы как свои собственные. Его легкий и общительный характер не мешал ему оставаться глубоким, серьезным ученым, с собственным, оригинальным, творческим подходом к явлениям современного музыкального искусства. Работы Владимира Ильича отличаются живым и индивидуальным отношением к сочинениям, умением слышать, обобщать… Он мыслил неординарно, его труды оригинальны и открывают путь для дальнейшего исследования закономерностей интонационного развития, взаимодействия жанров. Владимир Ильич участвовал в различных обсуждениях новой музыки, организовывал научные конференции, был прекрасным оратором, и когда выступал, буквально заряжал аудиторию своей энергией.

Семья Владимира Зака — некий эталон взаимной любви, доходящей до самопожертвования. Мы нередко обменивались семейными новостями. С его женой Майей, мы виделись реже, в основном в Рузе, Доме творчества композиторов, я видела ее как бы его глазами и с тех пор прониклась симпатией к этому сильному и благородному человеку.

…Последняя, как оказалось, встреча с Володей Заком и его семьей произошла уже в Нью-Йорке — Володя пригласил нас с мужем к себе. Говорили о профессиональных делах, о его жизни в Америке. Потом пришла Майя — она была радостная, «окрыленная». Пришел с занятий сын Алик — сосредоточенный и серьезный. Это было очень давно, вскоре после их переезда. И осталось чувство вины, что не звонила больше, не общалась с человеком, с которым связана, может быть, самая лучшая часть жизни.

Юлия Фридлянд (Кириллова)

Моя встреча с В. И. Заком — подарок судьбы

Владимир Ильич Зак, наш дорогой, обожаемый Володя, — личность исключительной яркости, редкого обаяния, многогранной и щедрой одаренности:

ПРЕКРАСНЫЙ МУЗЫКАНТ, в любой момент готовый сесть за фортепиано, которым, кстати, отлично владел; знаток музыки различных стилей, хранивший в памяти и в пальцах множество ее образцов, человек широкой профессиональной и общей эрудиции;

КОМПОЗИТОР ПО ПРИЗВАНИЮ, вынужденный в силу некоторых обстоятельств приглушить свое дарование, но писавший музыку всю жизнь, в том числе и в эмиграции. И не только «в стол». С музыкой В. И. Зака шли некоторые московские спектакли (в том числе в театре Н. Сац), телевизионные постановки. А в 2006 г., в Нью-Йорке (Lincoln Center) была, в частности, исполнена фортепианным квинтетом[1] его пьеса «Мой Шостакович».[2]

УЧЁНЫЙ-МУЗЫКОВЕД, научные интересы которого связаны в первую очередь с проблемами мелодики и дальнейшей теоретической разработкой её закономерностей. Его теория под названием «Линия Скрытого Лада» (ЛСЛ) опирается прежде всего на такой специфический, почти не затронутый серьёзной наукой жанр, как массовая песня, составляющий, тем не менее, большой пласт в советско-российской музыкальной культуре XX века. Действие выведенных ученым закономерностей выходит, однако, далеко за пределы обозначенного жанра и охватывает достаточно широкий круг явлений. ЛСЛ приложима, как показывает

---

[1] Переложение М. Аникушина.

[2] Даже в песнях В. И. Зака, написанных «по случаю» (юбилей, день рождения, капустник) чувствуется рука мастера и, безусловно, печать огромного таланта.

ученый, к мелодиям различной жанровой ориентации, различных стилистических направлений и национальных школ, к мелодиям не только вокальным, но и инструментальным.[3]

В. И. Зак — автор нескольких книг, в том числе написанных за рубежом, нескольких сотен журнальных и газетных публикаций, аннотаций к концертам, пластинкам, выступлений на отечественных и зарубежных конференциях, симпозиумах;

ПРИРОЖДЁННЫЙ ОРАТОР, со звучным, природой поставленным голосом, со свободной, живой и образной речью, с талантом зажигать слушателей, безраздельно владеть аудиторией — всего не перечесть. Но у Володи был ещё один неподражаемый талант, помогающий в ораторском искусстве и ценный сам по себе, — это ТАЛАНТ АРТИСТА, артиста самой высокой пробы: с ярким темпераментом, эмоциональным богатством речи, ясной, чёткой артикуляцией… Кроме того, он был наделён волшебным даром пародиста, редким — не в актерской! — а в музыкальной среде. Все, кому посчастливилось слышать Володины пародии, знают, какого идеального сходства с оригиналом они достигали. Этот талант действовал на всех безотказно и делал Володю душой любого общества, а слушателей — его пленниками. Всего перечисленного уже вполне достаточно, чтобы оставить яркий след и в истории музыковедения, и в сердцах окружавших его людей, к коим принадлежу и я.

Мое знакомство с Владимиром Ильичом произошло в Московской музыкальной школе №36 им. В. В. Стасова, где он начинал свой трудовой путь, а я училась в одном из последних классов. Школа в то время находилась вблизи м. Серпуховская (ныне м. Добрынинская), в несуществующем теперь Москворецком районе и размещалась в двухэтажном особняке на улице Коровий вал (в советское время — Добрынинская ул.). Чудом сохранившееся, это здание и сейчас стоит среди гигантских, на его фоне, построек.[4]

---

[3] В.И. Зак защитил кандидатскую (1979 г.) и докторскую диссертации (1989 г.), по их материалам написаны книги: «О мелодике массовой песни», М., «Советский композитор», 1979; и «О закономерностях песенной мелодики», М., «Советский композитор», 1990.

[4] Дом этот несколько лет назад в автобиографическом фильме «*Жил-был я*» показывал бывший выпускник Стасовской школы — ученик В.И. Зака по сольфеджио и музыкальной литературе, а ныне всем известный сатирик, актер — Геннадий Хазанов.

Знакомство наше сначала было односторонним. Я не была непосредственно Володиной ученицей, поэтому он меня не знал. А я его знала. Владимира Ильича в школе знали все. Его нельзя было не знать. Его появление было подобно праздничному фейерверку. Молодой, лет 24х – 25ти, с роскошной темной шевелюрой, с умными горящими глазами, эмоциональный, даже сверхэмоциональный, и — мало сказать доброжелательный — светящийся добром, излучавший добро, он сразу же покорил всех: и учеников, и педагогов. Было, однако, удивительно, что столь самобытный, яркий талант не нашел адекватного приложения, и его обладатель должен был довольствоваться обычной районной музыкальной школой. Но шёл 1954-й (может быть 55-й) год и, надо думать, молодому человеку, недавнему выпускнику консерватории, имеющему «неполадки» в пресловутом 5-м пункте паспорта, устроиться на работу было не просто.

К чести директора Стасовской школы — энергичной, деятельной Валентины Ивановны Кульковой, надо сказать, что она заботилась прежде всего о процветании школы, о сильном педагогическом её составе, о том, чтобы возглавляемая ею школа была одной из лучших в городе. В те годы в школе действительно трудились прекрасные учителя. В частности, на теоретическом отделе работали: С. Б. Оксер — замечательный преподаватель музыкальной литературы и блестящий пианист, одновременно читавший лекции в музыкальном училище им. Ипполитова-Иванова; Г. А. Фридкин — автор известных учебников по сольфеджио; а из более молодых — талантливый музыкант и педагог В. К. Фрадкин, ставший довольно скоро преподавателем Гнесинского училища, а затем и института. Возглавляла же отдел Екатерина Васильевна Головина, которую без преувеличения можно назвать выдающимся педагогом. Володя очень высоко ценил «нашу Катю», как он называл Екатерину Васильевну, и на всю жизнь сохранил глубокую признательность к ней и к директору школы Валентине Ивановне. Надо ли говорить, что обе эти женщины боготворили Владимира Ильича? Но это воспринималось как закономерное явление. Повторюсь: Володя был любимцем всего школьного коллектива.

Педагоги же старшего поколения[5], глядя на Володю, восклицали: «Это же молодой Цуккерман! Это же Цуккерман в молодо-

---

[5] Среди них была запомнившаяся мне строгим, интеллигентным обликом преподавательница фортепиано Наталья Николаевна Вольтер

сти!». Так я впервые услышала о В. А. Цуккермане и связала его с обликом В. Зака. Смела ли я, скромная школьница, думать тогда, что несколько лет спустя буду называть нашего кумира, почти что небожителя, по имени, затем перейду с ним на «ты», и что в последние годы жизни Володи в России, на одном из своих дней рождения он торжественно будет принимать меня в члены своей «мишпохи»? Могла ли я тогда мечтать, что буду учиться в консерватории и в аспирантуре у Володиного профессора? И уж никак мне не могло прийти в голову, что через много лет я стану женой нашего профессора. Поистине: неисповедимы пути Господни.

Вернусь, однако, ко времени нашего обоюдного с Володей знакомства. Случилось так, что мой педагог — замечательная Екатерина Васильевна, никогда, по-моему, не пропускавшая занятий, заболела. И в класс пришел заменивший ее Владимир Ильич. Я быстро справилась с диктантом и другими заданиями. Было видно, что своими академическими успехами и серьезным отношением к делу я произвела на нового педагога хорошее впечатление.

Это нашло подтверждение много-много лет спустя, когда в одном из писем, уже из Нью-Йорка, Володя, к моему изумлению, припомнил мне и этот урок, и тот самый диктант. Привожу выдержку из его письма: «Как сейчас вижу тебя в классе на нашей Добрынинской 9, где ты (конечно же первая!) подходишь ко мне с написанным диктантом. С модуляцией в далекую тональность. Другими словами, Иоганн Штраус оказался покоренным тобой... вспоминаю твое лицо — серьезное, даже строгое». Возможно это первое благоприятное впечатление определило доброе отношение Владимира Ильича ко мне и в дальнейшем.

Окончив музыкальное училище и поступив в консерваторию, я в 1959 году вернулась в Стасовскую школу, но уже в качестве педагога. Владимир Ильич еще продолжал работать в школе и на какое-то время мы с ним стали коллегами. У меня, только начинавшей педагогическую карьеру, не было, естественно, никакого опыта ни преподавания, ни общения с учениками. Да и обликом я скорее напоминала ученицу, чем учительницу. В одной из групп, состоявшей только из мальчиков 12–13-ти лет (может

(жена А. А. Альшванга), которую В. А. Цуккерман в своих воспоминаниях характеризует следующим образом: «культурнейшая, умнейшая и тончайшая женщина». «*В. А. Цуккерман — музыкант, учёный, человек*», М., Композитор, 1994, с. 113.

быть я со страху запомнила только мальчишек), мне никак не удавалось обуздать их темперамент и завладеть их вниманием. Я терялась и от беспомощности начинала раздражаться. Это раззадоривало ребят еще больше. И однажды, зная проблемы с дисциплиной в этой группе, на урок неожиданно явился Владимир Ильич и сразу же, почти с порога, как всегда громко и отчетливо, сказал: «Такие хорошие ребята!» Меня это просто сразило. Как? В группе хулиганов, по моим представлениям, сказать такое! А «хорошие ребята» сразу присмирели и все пошло, как по маслу. Группу передали Владимиру Ильичу, а я получила отличный урок на всю свою жизнь: раздражительность — плохой помощник в преподавательской деятельности, да и в любой другой сфере и — шире — вообще в контактах с людьми.

Спасибо тебе, дорогой Володечка! Без лишних слов, только личным примером, ты продемонстрировал, что к людям, в том числе и к недисциплинированным школьникам, нужно относиться прежде всего с позиции добра. Для самого же Володи доброта являлась доминантой и восприятия жизни, и отношения к людям. За свою жизнь не встречала такого человека, который мог столько хорошего, доброго сказать о людях, его окружавших, как Владимир Ильич. Причем делал он это абсолютно искренне, от всей души, и, как будто опасаясь «недодать» комплиментов, нередко впадал в преувеличения. И никогда я (уверена, что и другие) не слышала от него чего-либо дурного о людях. Даже плохие поступки он старался понять и объяснить (такие примеры мне памятны). И уж совсем не представляю себе, чтобы Володя мог кого-нибудь обидеть, во всяком случае сознательно.

Со всем этим связано острое, почти физическое неприятие Володей конфликтов и его желание восстановить, если это возможно, равновесие, сгладить острые углы, не поступаясь, конечно, истиной и совестью.

В конфликтных ситуациях, в том числе возникающих и в научной сфере, В. И. занимает не просто примиренческую позицию по принципу известного мультперсонажа: «Ребята, давайте жить дружно!», но, само собой разумеется, аргументирует её, стараясь подчеркнуть то, что объединяет, а не разобщает конфликтующие стороны.

Одно из подтверждений тому — записанное на видеокассету и присланное из Америки выступление Владимира Ильича на конференции, посвященной 100-летию со дня рождения

В.А. Цуккермана (Московская консерватория, 2003 г.). Зная о противоречиях, возникших в недрах аналитической науки и в методах ее преподавания, В.И. Зак взглянул на проблему как бы со стороны, на расстоянии (в переносном и прямом смысле — из другого полушария). Рассмотрев ее в контексте советско-российской музыкальной науки в целом, он мудро рассудил, что в общей панораме достижений советского музыковедения сглаживаются противоречия и остается все самое ценное, что внесло в науку то или иное ее направление и прежде всего — самые яркие их представители.

После того как и Володя и я расстались со Стасовской школой, наши жизненные пути пересекались уже значительно реже. Тем не менее, нам все-таки удавалось держать друг друга в поле зрения. Этому способствовали сохранившиеся связи со школой, встречи, хотя и не частые, у общих друзей, где я, кстати, познакомилась с сестрой Володи — Кларой, эпизодические телефонные звонки, праздничные поздравления, встречи на концертах, в Доме композиторов...

Два очень важных фактора в жизни каждого из нас определили ту незримую эмоциональную связь, которая позволила нам, несмотря на достаточно редкие встречи, сохранять тёплые дружеские отношения. Один фактор — это, конечно, муз. школа им. Стасова, где мы с Володей впервые встретились. Я была связана со школой крепкими узами: училась, работала, учила здесь на фортепиано свою дочь-скрипачку. Я очень любила свою школу, была дружна со своими педагогами и коллегами. Мне в моей школе жилось хорошо.

Для Володи Стасовская школа была также важным этапом его жизни. Отсюда ведет начало его трудовая биография. Здесь он был окружен всеобщим поклонением. Здесь ему был создан режим полного благоприятствования. Здесь, наконец, он встретил свою судьбу — Маечку Корсунскую, нашу молодую преподавательницу фортепиано. Роман этой замечательной пары особенно не афишировался, но и секретом не был. Так что событие это было вполне предсказуемым. С тех пор более 40 лет они были вместе. Миниатюрная, хрупкая по внешнему облику Маечка стала для Володи прочной, надежной опорой в жизни, верной помощницей и другом, освободившим его от бытовых забот. Родители Майи (Евгения Мазо — преподавательница фортепиано в ДМШ №3, Лев Корсунский, ныне здравствующий,— ученый-физик) приняли Володю как родного сына. Отрадно было видеть, что ему в их дружной семье тепло и комфортно. Вместе со своей дочерью они старались делать все, чтобы творческий и научный потенциал их талантливейшего зятя был реализован как можно полнее. Я редко виделась с ними, но чувствовала их расположение к себе. И действительно: в сложной для меня жизненной ситуации Майка и её мудрая мама Женя Мазо поддержали меня советом и делом, за что я им бесконечно благодарна.

Когда у Володи родился сын, счастливый отец сказал: «Жизнь разделилась на две части — «до» и «после» (имелось ввиду, понятно, рождение Алика). Внешне и по человеческим качествам — душевная чуткость, доброта, искренность, мягкость — сын очень похож на своего папу. Учившийся в музыкальном училище при Московской консерватории, одарённый джазист-импровизатор, по приезде в Нью-Йорк он круто изменил профессию и стал программистом. Володя с гордостью показывал мне издающиеся в Америке книги, в которых ежегодно публикуются фамилии круглых отличников колледжей и университетов, среди которых неоднократно значился Alexander Zak.

Другой фактор, связывавший нас с Володей на протяжении долгих лет,— наш общий учитель В. А. Цуккерман. Ежегодно, 6-го октября, в день рождения Виктаба, как Володя называл профессора, мы встречались у него дома. К тому времени, когда я стала вхожа в этот круг «избранных», определился (с некоторыми колебаниями) следующий его состав: Г. Л. Головинский, Г. В. Григорьева, В. И. Зак, М. И. Ройтерштейн, Н. В. Захарова, Ц. Б. Слуцкая. Позднее присоединились К. С. Баласанян и М. Г. Арановский, а затем — Е. Г. Гинзбург и Е. М. Пекелис. Традиция встречаться 6-го октября сохранилась и поныне, но после ухода из жизни Виктора Абрамовича (1988) этот день стал днем его памяти. К этим встречам готовился сам виновник торжества, заранее собирая интересные рассказы, шутки, анекдоты. Бессменным тамадой был Григорий Львович. Ему принадлежал обычно и первый тост. Обязательным было исполнение Володей им же сочиненной (при участии Г. Головинского) песни-гимна в честь В. Цуккермана: «Как вырос дуб из жёлудя».[6] Конечно эти вечера не обходились

---

[6] Эта песня напечатана в книге: «*В. А. Цуккерман — музыкант, учёный, человек*». М., «Композитор», 1994 г., с. 265. Об истории её создания автор рассказывает в этом же сборнике.

без Володиных импровизаций, пародий, на которые он был мастер, в том числе и на именинника. (После отъезда в Америку (1991) Володя непременно звонил нам 6-го октября и исполнял этот гимн по телефону. Столь вдохновенно, артистично мог спеть и сыграть это сочинение только сам автор. Никто другой, впрочем, на это и не отваживался.)

Ежегодные встречи у Цуккермана служили связующим звеном между нами, учениками Виктора Абрамовича: рождали ощущение принадлежности к одной школе (что находило практическое выражение у кого — в научной, у кого — в педагогической деятельности), общности этических установок, определяемых нашим Учителем. Но эти праздничные встречи были, скорее, внешним фактором проявления главного: привязанности Виктора Абрамовича к своим ученикам, а с другой стороны — любви и преданности нас, учеников, к своему профессору.

29-го сентября 1988 г., когда дни, даже часы Виктора Абрамовича были уже сочтены, Володя позвонил мне около 10-ти часов вечера и спросил: «Как дела? «Плохо», — ответила я. «Сейчас приеду», — немедленно отреагировал он. Но в этом уже не было необходимости. Меня уже навестила и осталась на ночь моя соседка — Александра Николаевна, вдова профессора консерватории Е. П. Макарова (тоже моего педагога), Через три часа после Володиного звонка Виктора Абрамовича не стало. Это уже было 30-е сентября. На следующее утро первыми ко мне пришли В. И. Зак и Г. Л. Головинский.

Мне казалось, что на торжествах у профессора Володя бывал более сдержанным, чем обычно. На наших встречах у В. А. он, порой, скромно уходил в тень, уступая первенство самому имениннику и своим друзьям — Г. Л. Головинскому и М. И. Ройтерштейну. В других же случаях, Володя неизменно был центром, душой любой компании, приковывал к себе всеобщее внимание. Там, где находился В. И. Зак, было всегда очень интересно и очень весело. Его юмор был естественным, спонтанным, тем, что называется искромётным. Володя обладал способностью подмечать вещи, ускользавшие от внимания многих. И он так умел подать их, что все буквально рыдали от смеха. Помню его неподражаемый рассказ о покорении Америки «нашими». Речь шла о том, как члены делегации Союза композиторов, в составе которой был сам Володя, осваивали импортную сантехнику, неведомую нам тогда еще в таком невероятном многообразии.

Рассказ оплетался такими подробностями, что невозможно было передохнуть от смеха. Это был, по сути, законченный номер для нашей эстрады — и по содержанию, и по исполнению. Сам же рассказчик, как и подобает настоящему артисту, оставался абсолютно серьезным, невозмутимым. От этого комический эффект лишь усиливался.

Был один жанр, в котором артистический (и музыкантский!) талант Владимира Ильича раскрывался в полную силу: это жанр капустника. С каким нетерпением ждали мы в школе этих праздничных представлений, слава о которых перешагнула не только за стены «Стасовки», но и за пределы города. В них царил, конечно, Зак. Он пел, аккомпанируя себе на фортепиано, разыгрывал вместе с другими нашими артистами сценки из жизни школы.

Своим талантом, фантастическим темпераментом, энтузиазмом Володя зажигал и других наших артистов. Умея развеселить других до колик, сам Володя в жизни не был таким уж веселым человеком, не говоря уже о каком бы то ни было балагурстве. Напротив, он был склонен к глубоким, неординарным суждениям, и, казалось, голова его была постоянно занята научными, философскими, психологическими или какими-либо иными проблемами, к разрешению которых он стремился. А его глаза были наполнены не только безграничной добротой, но и глубинной грустью, хотя для этого не было никаких видимых причин: всё в его жизни сложилось счастливо.

Побывав однажды у Володи с Майей в Нью-Йоркской квартире и проведя у них целый день, вместе с хозяевами я планировала мое повторное посещение. «У нас всегда для тебя есть комната», — повторял неоднократно Володя. Слишком долго я собиралась, слишком долго…

В память о Володе у меня осталась видеокассета с его выступлением, посвященном В. А. Цуккерману, а также письма и поздравительные открытки — преимущественно из Нью-Йорка.

Одно из последних поздравлений Володя наговорил в мое отсутствие на автоответчик. Оно дышит такой теплотой, в нем столько добрых и приятных слов, что рука не поднялась его стереть. Я сохранила это развернутое говорящее письмо, чтобы в грустные минуты черпать в нем силы, поднимать свой тонус. Конечно, я отчетливо осознаю, насколько огромна в этом поздравлении (как, впрочем, и в других) доля преувеличений[7]. Но степень убеждённости Володи в том, что он говорил, была столь велика, что у меня не возникло, и никогда не возникало, никаких сомнений в его абсолютной искренности. Зато возникало желание хотя бы в какой-то мере соответствовать тому впечатлению, которое сложилось обо мне у Владимира Ильича, приблизиться к тому образу, который он нарисовал в своём воображении.

Сейчас, когда Володи не стало, мне особенно дорога эта запись: его живой голос, проникновенное произнесение каждого слова, тембр его мягко звучащего баритона и уже начальное обращение: «Юленька, родная!» (так и хочется спросить в Володиной манере:«Чувствуете интонацию?»), согревает душу. Теперь, увы, не только согревает, но и сжимает.

Законы природы нам не подвластны. Со временем, человеческих потерь у нас становится всё больше, а приобретений — всё меньше. И чем дороже тебе люди, чем они ярче, интереснее, тем более ощутимы и болезненны их утраты. И всё же, вспоминая В. А. Жуковского: «Не говори с тоской: их нет…», с неизменной благодарностью, любовью и восхищением думаю о Володе, а встречу и общение с ним воспринимаю, как ПОДАРОК СУДЬБЫ.

---

[7] Преувеличивать достоинства, добродетели — это был органичный для Володи стиль общения с друзьями, под который он подвёл теоретическую базу, утверждая, что: «преувеличение возникает от удивления».

Николай Качанов

Незаменимые есть!

Мне писать о Володе трудно. Как вместить все его разнообразие в тесноту слов? А вот мыслить о нем легко и радостно. Ведь он был человеком мысли, может быть оттого и речь его была совершенна. Каждый имеет свое неповторимое поле, иными словами — ауру. Мы ощущаем людей надсловесно именно этим удивительным чувством ауры. И каждый неповторим и вспоминаем часто по поводам, которыми мы связаны теми или иными обстоятельствами.

Но я заметил, что практически любая творческая и особенно этическая сфера моих мыслей с легкостью и естественностью переходит как бы в диалог с Володей, мне кажется что я ощущаю его теплое участие в этих общениях. Почему так легко настраивается сознание на него? Я помню, что какой бы темы мы не касались в наших беседах, он всегда светился энтузиазмом и верой в нас, человеков, вопреки нашим несовершенствам. Я не помню ни ОДНОГО негативного наклонения, даже когда мы касались несовершенств нашей жизни. Его неповторимый юмор, заразительный смех, помогали уловить ту утонченность аристократической натуры, которых так не хватает в наше грубое и жестокое время!

По достоинству своему
Я всегда понимал его как человека того редчайшего уровня культуры, этические принципы которого являют собой пример подлинной духовности. Какой радостью светилось лицо Володи, когда ему удавалось открыть в человеке его неповторимось, талант. Он так радовался этим открытиям, нисколько не заботясь в своем восторге о себе и щедро раздавая лавры, не оставляя себе даже листочка!

Владимир Ильич Зак, доктор музыковедения
Пытаться объять сферу его профессионализма в таком маленьком формате, все равно что пытаться построить многоэтаж-

ный дом у себя на кухне. Его профессиональные качества, помноженные на энциклопедические знания и феноменальную память, имели для меня как музыканта неоценимое значение. Помню его интереснейшие воспоминания первого исполения «Здравицы» Прокофьева. Он просто поразил меня знанием партитуры, которую с легкостью мог напевать или наигрывать, делая параллельно интереснейшие комментарии. Я как раз в тот сезон готовил хор к программе «Музыка и тоталитаризм», которой дирижировал Владимир Ашкенази в Карнеги Холл. Программа включала «Здравицу», музыку к фильму «Иван Грозный», музыку Шостаковича к фильму «Падение Берлина», 13 симфонию и «Раек». Я уверен, что каждый согласится: возможность воспринимать советы и мнения, обсуждать и делиться впечатлениями с таким ученым, как Владимир Ильич Зак, который к тому же по счастливому стечению обстоятельств живет на одной лестничной площадке с нами, могла сложиться — и я думаю, что имею право верить в это — только лишь в результате неизвестных нам «высших» закономерностей.

Служение

В наших общениях с Володей бывали и тихие минуты задумчивости. Он не скрывал своей глубокой озабоченности сегодняшним состоянием культуры. Он так переживал состояние его любимого жанра песни в России — «песня это душа народа, как опасно потерять ее». Как-то вспоминая былые дни, Тихона Хренникова и свою деятельность в Союзе Композиторов он как-то по особенному тихо сказал: «мы помогли многим». Несмотря на вынужденную изоляцию от России, Владимир Ильич продолжал работать, и эта его преданность являет для меня пример истинного служения избранному делу.

Принадлежность

У меня ощущение приближения к Володе иногда возникает во время чтения. Я люблю публицистику Толстого, его письма. Особенно его философский труд «О жизни». Именно там я нашел те мысли и идеи, которые помогли мне осознать многие особенности Володиной натуры. Вспоминая псалмы или изучая эзотерические духовные труды, приходишь к мысли, что, несмотря на внешние различия, их Главным Постулатом является: «Делай добро и будешь жив». Я наблюдал эту истину в ее простых проявлениях в житейских общениях, когда Володина доброжелательность ко всем людям: большим и малым; всех цветов и возрастов — никогда не иссякала, подобно магниту, отдающему свою энергию без ее потери. Он всегда светился приветливостью ко всему и всем окружающим: яркой иллюстрацией этого были частые моменты, когда случалось мимо нас пройти соседу, почтальону... каждому он посылал приветливость, благодарил за его труд, так необходимый нам всем. Я помню с каким восторгом он делился со мной: «Представляете, как это замечательно, нагнуть былинку, чтобы помочь букашке взобраться на нее!».

Будущее

Конечно, важно помнить прошлое, но нет настоящего без мечты о будущем. Конечно, важно уметь закончить дела земные, но как замечательно видеть пример творчества неограниченного временными рамками! Когда знакомишься с невоплощенными еще Володиными идеями, то все существо протестует против житейского «уход». Как можно уйти будучи полным новых идей? Когда-то я глубоко проникся мыслью, что в Космосе НИЧЕГО НЕ ПРОПАДАЕТ, тем более, когда венец природы ЧЕЛОВЕК открывает в себе ИСТОЧНИК творчества. И если этот ИСТОЧНИК неуничтожим, то что сторонним покажется несуществующим прошлым — для творчества есть вечный праздник НАСТОЯЩЕГО.

К каждой невоплощенной идее уместно приставить — ЕЩЕ нет. Вероятно потому, что время тоже должно вызреть. Я, как и многие вокруг, был поражен неожиданно новой информацией о неизвестном нам раньше Володином композиторском таланте (он сам никогда не упоминал об этом). Я здесь не имею в виду его талантливые музыкальные афоризмы, экспромты и посвящения. Мы имели радость услышать его ранние юношеские сочинения. Это был поистине сюрприз, подготовленный Майечкой (Володя только так называл свою жену). Она сыграла для нас цикл его ранних фортепианных сочинений, недавно обнаруженный в его библиотеке. Оказывается, в свои 17 лет Володя уже обладал своим композиторским языком, неожиданно умело и интересно развивая часто лаконичное музыкальное зерно (иногда состоящее из трех нисходящих интервалов), достигая впечатляющего по замыслу и воплощению художественного образа.

Счастье
Как–то Майечка поделилась необыкновенным воспоминанием о, может быть, главной Володиной заповедной мечте — в юности он мечтал помочь России. Помощь страдающему может оказать только счастливый, внутренне счастливый, тот, кто завоевал право на это звание. Вероятно, он искал способа поделиться этим духовным опытом счастья с людьми, старался, как мог, повлиять на современную ему действительность. Вероятно, и щедрость его души — от стремления улучшить мир.

В свои последние земные дни он был очень болен, избегал общения и однажды, как бы извиняясь за свое слабое состояние, сказал: я очень хочу, чтобы наши будущие встречи были только по радостным поводам. Это были его последние сказанные нам с женой слова…

Общение
Конечно, по человечески мы очень скучаем без его улыбки, доброго и мудрого лица, но сердце чувствует — видимая глазу разлука лишь внешняя пауза для ума. Я верю, что есть нечто неуничтожимое, и этот «скрытый лад» нашего высшего естества открывается тем, кто настраивается на волну Любви и Добра. И это и есть реальный и неуничтожимый контакт с Володей. Он всегда там, где мы продолжаем его миссию — видеть только доброе в человеке! Как–то он печально сказал: «Мы, к сожалению, не востребованы». Но разве это не в наших силах — востребовать? Разве служение Добру не есть приобщение к Вечности, разве это не в наших силах не только помнить, но обьединяться в действии?

Я думаю, что мы не особенно приближаемся к Володе Заку, будучи иногда терпеливыми, иногда приветливыми, иногда добрыми, иногда восторженными, очень иногда любящими. Как это непросто — БЫТЬ ВСЕГДА.

Бессмертие
Я благодарен судьбе, сведшей нас на одной лестничной площадке, которая часто превращалась в центр излучения этого удивительного Володиного магнетизма любви! Хочется процитировать великого, хотя еще не до конца понятого многими Толстого: «Кто из живых людей не знает того блаженного чувства, хоть раз испытанного, и чаще всего в самом раннем детстве, когда душа

не была еще засорена ложью, которая заглушает в нас жизнь, того блаженного чувства умиления, при котором хочется любить всех: и близких, и отца, и мать, и братьев, и злых людей, и врагов, и собаку, и лошадь, и травку; хочется одного — чтоб всем было хорошо, самому отдать себя, всю свою жизнь на то, чтобы всегда всем было хорошо и радостно. Это-то и есть, и эта одна есть любовь, в которой жизнь человека»

Ведь это и есть бессмертие, о котором говорят все Духовные Писания. У меня чувство, что такие люди, как Володя Зак, освобождаясь от лимитов телесности, облекаются в свое главное естество — Добро. Это и есть бессмертие!

Борис Кушнер

Прощальное слово

Нашей дружбе с Володей (так он просил называть себя в первом же разговоре) судьба отвела всего три года. Другой Володя — Фрумкин — время от времени говорил мне: «Вам надо познакомиться с Заком. Он написал книгу о Блантере». Дело было в том, что я выразил мой давний интерес к советской песне в эссе[1], возражая резкому противопоставлению таковой песне бардовской[2], противопоставлению с очевидным вердиктом в пользу бардоменестрелей. Володя Фрумкин, замечательный музыкант, литератор, прекрасный исполнитель и пионер профессионального осмысления самодеятельной песни[3], выполнивший первую нотную запись песен Окуджавы (по Москве ходили самиздатские ксерокопии), естественно, был заинтересован в происходящем. Но понадобилось участие ещё одного чудесного человека, чтобы моя встреча с Володей Заком — пусть только письменно-телефонная — состоялась. Летом 2003 года Клуб Любителей Книги в Бруклине (им руководит Евгения Львовна Лебедева) пригласил меня выступить на очередном своём заседании. Эти мои нью-йоркские дни были благословлены щедрым гостеприимством семьи Щедринских. Мирра Израилевна и Лазарь Семёнович навсегда стали дорогими для меня людьми.

Лазарь Семёнович, очевидно, рекомендовал меня Заку, и в результате почта принесла бесценный подарок, Володину книгу «Шостакович и евреи?»[4], причём с трогательной авторской

---

[1] См. http://www.vestnik.com/issues/2002/0328/win/kushner.htm и http://berkovich-zametki.com/2005/Starina/Nomer6/Kushner1.htm (исправленная и расширенная редакция). Все цитируемые сайты посещались в августе 2007 г.

[2] Часто употребляемый термин «авторская песня» представляется мне вопиюще неточным.

[3] Могу посоветовать каждому прочесть замечательную книгу Владимира Фрумкина *Певцы и вожди*, Нижний Новгород, ДЕКОМ, 2005.

[4] Издательство «Киев», Нью-Йорк, 1997.

надписью. Было это в июне 2004 года. Разумеется, я послал в ответ книгу стихов, эссе (особенно о музыке). Володя тогда же позвонил, и с этого момента связь не прерывалась. Я сразу заметил необычайную речевую одарённость моего старшего собеседника. Было ощущение, что запиши это на магнитофон, набери на компьютере и получится отличная, полностью готовая статья. Никаких лишних слов, никаких назойливых повторений (особенно местоимений) — этого бича большинства пишущих. И огромная, разносторонняя эрудиция, охватывающая, кажется, все гуманитарные сферы.

Конечно, я набросился на книгу. Оторваться было невозможно. Она была составлена из глав-новелл и глав-музыкально-исторических этюдов. Огромный материал размышлений, жизненного и профессионального опыта был незаметно и, следовательно, мастерски организован вокруг темы, обозначенной в названии книги. Часто при её цитировании забывают о вопросительном знаке. Немудрено: такое редко встречается в заглавиях. Вот, что пишет сам автор[5]:

«Подлинные поступки оцениваются с позиций общечеловеческих. Подлинное искусство тоже. Вряд ли на свете есть музыка более близкая, понятная, родная для всех людей мира, чем музыка Шостаковича. Русская музыка? Безусловно. И, прежде всего, русская. Но не только русская. Заголовок моей книжки венчается вопросительным знаком, ибо обсуждение любого национального наклонения в искусстве Шостаковича имеет относительный смысл. Относительный, а не абсолютный. Даже если бы книжка называлась «Шостакович и русские»».

Автор рассматривает еврейское в музыке Шостаковича (сюжет в советское время практически запретный — не писать же по аналогии с советским эвфемизмом «лицо еврейской национальности» — «тема еврейской национальности») под самыми разными углами, привлекая своеобразное преломление этой темы в душах чутких американцев, участников домашнего семинара Зака. На многих страницах убедительно показывается, что в отличие от, скажем, мастеров «Могучей Кучки», еврейское в музыке Шостаковича не является вторичным, декоративно-интонационным элементом специальных композиций «на тему». Нет, можно говорить о загадочном еврейском начале, пронизывающем, в сущ-

---

[5] Шостакович и евреи?», стр. 9.

ности, весь корпус работ великого русского композитора. И это «еврейское» составляет неотъемлемую часть общечеловечности музыки Шостаковича. Спасибо русскому Мастеру, спасибо еврейскому учёному-писателю, проводнику в глубины великой музыки.

Мне так и не довелось встретиться с Володей в реальном мире, не добрался я до Нью-Йорка в жестоко-короткое время, нашей дружбе отмеренное. Но Володина искромётная артистичность била ключом даже из телефонной трубки. Фрумкин рассказывал о необыкновенной способности Зака имитировать знакомых. Володя мог позвонить Хренникову (да благословится светлая его память) и долго разговаривать с ним голосом …Блантера. Да так, что Тихон Николаевич не чувствовал никакого подвоха… А ведь подобная имитация не просто звукоподражание, надо почувствовать духовный мир своего героя, полностью проникнуть в него, перевоплотиться… Не многим это дано. Но пусть скажет сам Володя[6]:

«Поначалу я очень боялся Дмитрия Дмитриевича. И встречая его, тут же превращался в истукана. Но однажды, находясь в приёмной секретариата Союза композиторов, где было несколько посетителей, я, по просьбе «аудитории», стал «показывать» Вано Ильича Мурадели, и не заметил, что с порога тихо отворившейся двери мой «ультра-торжественный» спич слушает Шостакович. Улыбающийся Шостакович! Для меня это был «звёздный час»!

Второй раз вниманием Дмитрия Дмитриевича я был одарён в лифте: «Вы, говорят, хорошо имитируете Матвея Исааковича Блантера?» Вдохновившись таким авансом, неожиданно для себя, я тут же наклонился к Шостаковичу и таинственным, «абсолютно секретным» тоном Матвея Исааковича произнёс: «Имитировать евреев… опасно». Улыбка Шостаковича… остановила лифт.

С тех пор, где бы я не встречал Дмитрия Дмитриевича — в том же лифте, в Союзе композиторов на Третьей Миусской, в нашем «последнем дворе» на улице Неждановой — мне была «гарантирована» улыбка Шостаковича».

В этом отрывке подкупает не только юмор автора. Непонятным мне самому чудом я вижу, именно вижу живого Шостаковича и даже… Блантера. «Абсолютно-секретный» тон Матвея Исааковича» — какой штрих! Портрет, нарисованный одним движением пера талантливого художника.

---

[6] Там же, стр. 7.

Читая книгу Володи, я поражался его писательскому дару. И, слава Б-гу, успел ему несколько раз выразить своё восхищение. Вот рассказ, воспоминание детства «Чёрствая корка хлеба за "сумбур вместо музыки"». Ватага детей-подростков в послевоенном московском дворе. Я и сам помню такие дворы. И снова чудо: все упоминаемые хоть одной репликой персонажи живые! И взрослые, напуганные советской демагогией дворового вожака, бледнеющие, умолкающие, закрывающие окна. И дети с первого лепета искалеченные пропагандой, подменой настоящих ценностей поддельными, потенциальные павлики морозовы. Ещё одно страшное преступление криминального режима. И показано всё это с мягкой самоиронией, с еврейской, именно еврейской улыбкой в слезах. Мальчик Володя Зак тоже оказался жертвой, пусть (пока что!) игрушечной, пресловутого партийного постановления о музыке.

Образуя единое целое, главы книги Володи могут читаться и по отдельности, как великолепные рассказы-этюды. Понимая, что книга малотиражная и малодоступная, я настойчиво просил Володю опубликовать что-то по его выбору в известном интернетовском журнале «Заметки по еврейской истории», выходящем под редакцией Евгения Берковича. «Интернет, когда речь идёт о портале такой репутации, означает читателя без границ» — убеждал я Володю. И надеюсь, что меня не обвинят в нескромности, если признаюсь: публикацию в «Заметках» трёх глав из книги Зака отношу также и к своим лучшим человеческим достижениям. Дело было непростым для Володи, он явно был на «Вы» с компьютером. Помогли сын Алик и виртуозное вмешательство Евгения Берковича, сумевшего перевести устаревший код на язык современных процессоров. Разумеется, Володя просматривал свои новеллы, делал новые редакции. Особенно это относится к главе «Интеллектуал советского правительства»[7].

«Интеллектуал советского правительства», по-моему, — подлинное чудо. На нескольких страницах созданы абсолютно реальные образы брата Молотова, композитора Николая Михайловича Нолинского, самого Молотова, его знаменитой жены, композитора Вано Мурадели и других персонажей, включая автопортрет автора, от лица которого, как обычно в этой книге, ведётся повествование. Конечно, в центре — Вячеслав Михайлович Молотов,

---

[7] http://berkovich-zametki.com/2006/Zametki/Nomer6/Zak1.htm.

его портрет, в данном случае, возникающий из нечаянно завязавшейся дискуссии о музыке Шостаковича. Я получил гораздо более ясное представление о Молотове из этих немногих страниц, чем из огромного (623 стр.!) тома Феликса Чуева «Сто сорок бесед с Молотовым: Из дневника Ф. Чуева»[8]. Можно скорее говорить о ста сорока монологах сталинского придворного. Страшная картина всеобщего отравления — сами производители яда к нему же и чувствительны. Кажется, так и у змей дело обстоит: кровеносная система и ядопроизводящая строго изолированы. Нельзя повторять один и тот же вздор много лет безнаказанно. Геббельс начинает верить своей же пропаганде, Сталин вещает марксистскими формулами на кремлевских пьянках (об этом свидетельствует Милован Джилас[9]). И вот Молотов за поминальным столом по своему брату повторяет бессмысленный бред коммунистического разлива. И ведь талантливый человек, очевидно, незаурядный дипломат... Неисповедимы бездны человеческой души, а такой отравленной и вовсе. Всё это удивительно совпадает с меткими оценками Черчилля[10]:

«Вячеслав Молотов был человеком выдающихся способностей и хладнокровной беспощадности. Он выжил среди ужасающих опасностей и испытаний, которым подвергались большевистские лидеры в годы торжествующей революции. Он жил и процветал в обществе, где бесконечные интриги сопровождались постоянной угрозой физической ликвидации... ...Он более, чем кто либо другой, подходил на роль представителя и инструмента непредсказуемой машины... ...Я никогда не встречал человека, который бы совершеннее представлял современную концепцию робота. И при всём том, это был, очевидно, рассудительный и в высшей степени блестящий дипломат. Как он обращался с теми, кто стоял ниже его, я не знаю».

Володя, о характеристике Молотова Черчиллем не знавший, выразил эту «роботность» советского наркоминдела несколькими снайперскими штрихами.

Новую редакцию «Интеллектуала советского правительства» мы обсуждали с Володей в долгих телефонных разгово-

---

[8] М.: ТЕРРА, 1991.

[9] Milovan Djilas, *Conversations with Stalin*, Harvest Books, 1963.

[10] Winston S. Churchill, *The Second World War*, v. 1, The Gathering Storm, Houghton-Mifflin Company, Boston, 1948, p. 368, перевод с английского — мой.

рах. Я, в частности, упомянул, что в книгах известного английского историка Баллока встречается утверждение, что Молотов (подлинная фамилия Скрябин) был племянником композитора А. Н. Скрябина[11]. Это высказывается в качестве мимолётного замечания и ничем не обосновывается. Как бы своего рода общеизвестный факт. Володя изумился: «Не может быть»! В самом деле, каким образом такое родство не привлекло внимания музыкального сообщества, каковое Володя знал досконально. Какие-нибудь круги обязательно расходились бы. Не заметил и я следа таких кругов в огромной исповеди Молотова Чуеву. Не упоминал об этом брат Молотова Нолинский в разговорах с Володей… По просьбе Володи я нашёл в библиотеке Университета точную ссылку (приведённую выше)… Мне кажется, что замечание английского историка воспроизводит слух, источником которого мог быть… сам Молотов. Молотов, скажем, пошутил, во время своих военных встреч с Черчиллем или, например, с Иденом, по поводу своей настоящей «музыкальной» фамилии, переводчик что-то напутал или собеседник не понял юмора и т. д. и т. п. Конечно, это не более, чем предположение.

Портрет Молотова — это и ещё один портрет режима. Но, пожалуй, самое страшное изображение коммунистической системы дано Володей в главе "Тема нашествия" на Валааме».[12] Он говорил мне, что считает эту главу — главной. Неспешный, на поверхности «лёгкий» разговор автора с К. И. Элиасбергом, исполнившим 7-ю Симфонию Шостаковича в осаждённом Ленинграде. Событие огромное, историческое, легендарное. Подвиг. И дирижёра, и музыкантов. И творческий подвиг композитора, конечно. И контрапунктом — трагедия защитника Ленинграда, скрипача, потерявшего обе руки…

«Всех нас, таких вот как я, собрали на Валааме. Несколько лет назад нас, инвалидов, было здесь много: кто без рук, кто без ног, а кто и ослеп к тому же. Все — бывшие фронтовики. …Как правило, инвалиды не выдерживали. Умирали. Сходили с ума. А иные спивались окончательно. Деньги родственники иногда присылали и сразу пропивались…». Герой рассказа продаёт свой боевой орден, чтобы дать взятку матросам теплохода и вырваться с ост-

---

[11] *Alan Bullock, Hitler and Stalin: Parallel Lives, Alfred A. Knopf, New York 1992, p.114.*

[12] http://berkovich-zametki.com/2005/Zametki/Nomer7/Zak1.htm

рова-тюрьмы... Так отблагодарило советское государство своих героев...

«У нас страна оптимистическая. Мажорная. Поэтому следят, чтобы мы, инвалиды, не смущали, не озадачивали, не будоражили советских людей своим уродством. Ведь мы не такие как все. Калеки. Мы выглядим плохо. Потому-то нас и держат взаперти, как в гетто. Паспорта отобрали. Чтобы в случае чего сразу выловить нас» — говорит безрукий музыкант. Его попытка бегства пресекается доблестным пограничником... Огромной трагической силы достигает Владимир Зак в этом лаконичном рассказе... В самом ли деле тема «нашествия» *только* о фашисткой военной машине, топчущей советскую землю? Не рисует ли она красками титанической силы также сталинщину а, в конечном счёте, любую кровожадную тиранию? Сам Шостакович говорит об этом в книге Соломона Волкова «*Testimony*».[13] Составленная Волковым книга вызывает горячие споры у специалистов и в широкой публике. Здесь не место углубляться в эту бездонную проблему. Скажу только, что интерпретация знаменитой первой части Седьмой Симфонии, как Реквиема по жертвам Гулага, представляется мне психологически достоверной. Отмечу также, что Володя принимал участие в профессиональной дискуссии с группой влиятельных американских музыковедов, рисующих портрет Шостаковича, «верного сына коммунистической партии».[14] Эти музыковеды, обладая внушительными техническими и фактическими знаниями, совершенно не понимают природы коммунистического строя. Их наивность в данном отношении поразительна. Неудивителен, в результате, абсурд, которым они наполняют свои работы. Думаю, что сказывается также и эффект детской болезни левизны в либерализме, недалеко, если вообще уходящий, от прокоммунистических симпатий...

Глава «Кудрявая, что ж ты не рада?» — Песнь Песни Владимира Зака. Настоящее стихотворение в прозе, в котором гармонич-

---

[13] Testimony: the memoirs of Dmitri Shostakovich, as related to and edited by Solomon Volkov; translated from the Russian by Antonina W. Bouis, Limelight Editions, New York, 1992. Отдельные главы книги в русском оригинале можно найти на сайте http://uic.nnov.ru/~bis/dsch.html.

[14] См. Shostakovich Reconsidered, by Allan Benedict Ho (Editor), Dmitry Feofanov (Editor), Toccata Press, 1998. Владимир Зак написал один из разделов этой интереснейшей книги.

но соединён и мир тридцатых годов (детство автора), и вполне технический анализ знаменитой мелодии Шостаковича, и беседа с композитором — как же очарователен великий мастер! Не могу удержаться, чтобы не повторить: способность Зака создавать живой образ немногими предложениями удивительна. Главы-новеллы Володиной книги — ещё одна иллюстрация очевидной истины: художественный размер произведения отнюдь не совпадает с его физическим размером. Например, восемь строк Гёте-Лермонтова

Горные вершины
Спят во тьме ночной;
Тихие долины
Полны свежей мглой;
Не пылит дорога,
Не дрожат листы…
Подожди немного,
Отдохнёшь и ты.

…для меня значат несравненно больше, чем многотомья увешанных премиями модных версификаторов. И как дивно соединились здесь два великих поэта, две великие культуры! Читая книгу Володи, я часто возвращался к мысли о единстве культуры, которую развивал в своё время в эссе о Бизе[15]. Этому единству учат на первый взгляд чисто технические анализы музыковеда Зака.

Для журнала «Заметки по еврейской истории» Володя выполнил новую редакцию главы[16], добавив по моей просьбе нотные примеры. Удивительный анализ темы Шостаковича, обнаруживающий в ней русские, польские, белорусские, еврейские элементы, органично сплавленные Мастером в песню, которую невозможно не петь! Не в этом ли секрет поразительного её успеха? Наша культура при всех национальных различиях, в конечном счёте, едина. И великий дар Мастера найти общую точку соприкосновения бесчисленных человеческих душ, да так, что песня «присваивается» поющими, начинающими «соавторствовать», создавая фольклорные версии вокруг оригинала. Музыкологический анализ таких версий, выполненный Владимиром Заком,

---

[15] Рекомендательное письмо. Страница из жизни Бизе. http://berkovich-zametki.com/2005/Zametki/Nomer3/Kushner1.htm

[16] http://berkovich-zametki.com/2005/Zametki/Nomer6/Zak1.htm

представляет огромный интерес, далеко выходящий за рамки собственно музыковедения.

Мы обсуждали с Володей ещё одну «мелодию века» — блантеровскую «Катюшу». Способность этой песни пересекать государственные границы, даже линии фронта легендарна. Практически любой человек немедленно откликается на неё. Я видел в «Катюше» прежде всего сплав русско-украинского и еврейского элементов. Мы беседовали с Володей «у рояля» — я играл левой рукой на своей Ямахе, Володя отвечал так же с другой стороны линии. Сразу выяснилось, что «моя Катюша», — один из фольклорных вариантов песни... Мелодия Блантера, как и песня «О встречном», покинув профессиональные подмостки, зажила собственной жизнью, расцвела в миллионах поющих голосов. Надо ли удивляться, что голоса эти звучали немного по-разному? Перефразируя Глинку, можно сказать: Песню создаёт Мастер, а народ её аранжирует.

В результате наших бесед Володя прислал мне свою фундаментальную монографию «О закономерностях песенной мелодики»[17] с дарственной надписью столь щедрой, что я не мог бы здесь её воспроизвести. Эта книга адресована специалистам, в ней развивается Володина теория «линии скрытого лада», с помощью которой автор проникает в тайны мелодики. А вопросов по мелодике можно задавать множество. Почему одна мелодия поётся, а другая нет? В чём секрет невероятной популярности той же «Катюши» или, скажем, мелодий Моцарта, Верди, Бизе? Тайна эта привлекала многих исследователей. Вспоминаю светлой памяти Рудольфа Зарипова, пионера компьютерного анализа и компьютерного сочинения музыки. В семидесятые годы мне приходилось слышать «Уральские напевы», сочинённые по программам Рудольфа монстровой электронной машиной «Урал» (не помню, был ли это «Урал-2» или «Урал-4»). Захватывающе интересно, хотя и не Блантер, с чем Зарипов весело соглашался. Вообще, компьютеры в ту доспамовую эпоху были «делом доблести и подвигом славы», романтикой. Помню лекцию Зарипова в Вычислительном Центре Академии Наук. Рудольф анализировал «Молодёжную песню» Дунаевского из кинофильма «Волга-Волга», указывал на сходство с народной темой «По Дону гуляет казак молодой». Некоторые

---

[17] Владимир Зак. *О закономерностях песенной мелодики*. Советский композитор, Москва 1990. Другие монографии Володи: Андрей Бабабев, 1968, Матвей Блантер, 1971, О мелодике массовой песни, 1979.

из моих коллег двусмысленно заулыбались. Шла бы речь о песне Захарова, — этих улыбок не было бы. А здесь — еврейский ловкач-композитор обокрал великий украинский народ. Печально. Я заметил — больше для аудитории, чем для Рудольфа Хафизовича, что песню эту в фильме поёт народ на плоту, она по замыслу картины *самодеятельная, народом сочинённая*. Естественно, что композитор соединил в ней (и как талантливо!) народные интонации и отнюдь не только казацкие.

Монография Владимира Зака составлена, как указывает автор, из фрагментов его докторской диссертации. Серьёзнейшее академическое исследование: одна библиография включает 457 названий (упоминаются и работы Зарипова, в том числе его книга «Кибернетика и музыка», 1971 г., тогда же мне Рудольфом подаренная). Владимир Зак был человеком разносторонних дарований: учёный, критик, писатель, композитор… Володя сочинял театральную музыку, а книга «Шостакович и евреи?» заканчивается фортепьянной пьесой «Мой Шостакович». Надеюсь, что прекрасная пианистка Майя Корсунская, жена Володи, когда-нибудь мне её сыграет…

Последний мой разговор с Володей был весною этого (2007) года… Я не знал, что Володя болеет, он только вскользь упоминал, что «Ваши стихи помогают мне справляться с серьёзными проблемами». Голос его как всегда был бодр… Увы… По обыкновению, я изводил моего друга техническими вопросами. Вышло так, что в трудные послевоенные годы мне не удалось получить никакого музыкального образования. Так и плыву с тех пор по музыкальному морю без руля и без ветрил. Оттого жадничаю, всегда стараюсь узнать что-то от профессионалов. А здесь передо мною был профессионал высочайшего класса. Вопросы мои относились к выбору тональности композиторами. Вот говорят, что такие-то этюды и т. д. написаны «во всех двадцати четырёх тональностях». Клавиш в октаве действительно двенадцать — от каждой можно отправиться в мажор или в минор. Вроде бы двадцать четыре. Не совсем так. Например, чёрная клавиша между «соль» и «ля» может быть «соль-диез», а может быть «ля-бемоль». Почему Бах выбирает тональность соль-диез минор в Темперированном клавире, а Бетховен — ля-бемоль минор в Траурном Марше из Двенадцатой Сонаты? Володя говорил о сугубо индивидуальном восприятии энгармонически равных тональностей разными мастерами… Интереснейший сюжет для исследований… Уже повесив трубку, вспомнил свой юношеский, жалкий композиторский опыт. Мой «Романс» я услышал именно в соль-диез миноре, никакого ля-бемоль минора и близко не было… В этом случае всё, конечно, очевидно: хотя сочинительство и происходило «в уме», рука бессознательно двигалась по воображаемой клавиатуре и ей (руке) было куда естественнее «подниматься» к чёрной клавише от «соль»… Мне доводилось слышать и встречать в литературе замечания, что диезы вообще воспринимаются легче, начинающими музыкантами особенно. Не связано ли это с направлением чтения и письма слева направо в европейской культуре? Не оттого ли мне подсознательно проще сдвинуться вправо от «соль», чем влево от «ля»? Интересно было бы узнать, как обстоит дело в Израиле — там, наверное, бемоли меньше терзают новичков, чем диезы. С другой стороны исполнители на не темперированных и бесклавиатурных инструментах (скажем, на скрипке), вероятно, воспринимают всю ситуацию иначе… Сказанное, конечно, не применимо к высокопрофессиональным музыкантам, как исполнителям, так и композиторам. Здесь каждая нота, каждая тональность сугубо индивидуальны… Собирался рассказать об этом Володе, чтобы он посмеялся. Не успел.

С уходом Володи утрачена также бесценная сокровищница живых знаний музыкальной жизни России за несколько десятилетий. Володя общался практически со всеми крупными композиторами. При его пронзительной наблюдательности, при его пере, — сколько всего мог бы он поведать… Я уже упоминал о портрете Шостаковича. А вот несколько слов о Сигизмунде Каце, восходящие к Володе, в передаче Михаила Садовского[18]:

«Приведу поразительный пример. Известный учёный музыковед, видный музыкальный критик Владимир Зак по просьбе Всесоюзной фирмы грамзаписи «Мелодия» написал аннотацию к авторской пластинке песен композитора Сигизмунда Каца. Как обычно, эта небольшая статья была помещена на второй стороне конверта, в котором хранился диск. Пластинка вышла в свет, была моментально раскуплена, имела большой успех. Что за этим последовало рассказывает сам Владимир Зак: «Когда пластинка вышла, Кац позвонил мне и сказал: «Люди меня спрашивают: — Что же это такое? Здесь на лицевой стороне — Кац, а там, на заднике, — Зак? — А я им тут же ответил: — Это у нас Госу-

---

[18] http://www.jerusalem-korczak-home.com/bib/sad/zig.html

дарственный ЗакКац!» Когда же мы встретились с Сигизмундом Абрамовичем, он, в ответ на моё восхищение этой его хохмой, стал тут же импровизировать, говоря о том, что теперь Союз Композиторов, после выхода этой пластинки, получившей хорошую прессу и имевшей большой успех, может вполне выпускать стенную газету «Зак Кацество». Когда же я сказал ему: «Сигизмунд Абрамович, дорогой, как же вы так чувствуете вот эти параллели наших фамилий!» Он ответил: «И вы тоже должны принадлежать к этому племени, мы с вами образуем общее КацЗакчество!» Забыть это нет никакой возможности»…

Мы несколько раз разговаривали с Володей о Хренникове, с которым он много работал. Я говорил об огромном и совершенно своеобразном мелодическом даре композитора. Его песни звучат особенно, узнаются и по мелодическому и по гармоническому рисунку. «Ну, конечно, у Тихона Николаевича очень индивидуальное гармоническое видение» — отвечал Володя и продолжал в терминах повышенных, пониженных ступеней и т.д. «Я как-то ему об этом сказал, и он попросил показать на рояле. Был очень доволен».

На следующий день после кончины Володи из Москвы пришла печальная весть: не стало Тихона Николаевича Хренникова. Мир его светлой памяти. Огромного таланта был человек.

Приближаясь к концу этого Прощального слова, пытаюсь представить себе Володю сразу, целиком, как человека-явление. И вижу удивительное сочетание тёплого еврейского с общечеловеческим. Володя был живым воплощением того единства культуры, о котором говорилось выше. Неудивительно: путь к универсальному лежит через национальное. А Народу Книги есть, что сказать миру.

В своём «Шостаковиче», рассказывая о Тринадцатой симфонии, Володя пишет об особенной — счастливой и трагической — роли числа тринадцать в еврейской истории. И я сейчас заметил тринадцать в обеих датах жизни Володи. Счастливой — рождения, и трагической — кончины. Рассказать бы об этом Другу. Не смогу.

Мир Тебе, светлая, нежная, высокая Душа. Вечный мир.

18 августа 2007 г., Pittsburgh

Памяти Владимира Зака

Когда уходит музыкант,
Теряет мир свой голос певчий,
Гармоний солнечный талант,
И злу подстерегать нас легче,
Когда уходит музыкант.
Уходит друг — и в мире пусто,
И тщетно я зову сонет:
Беззвучна Муза и безуста,
Когда на свете друга нет.
Всё Волей Б-жьей, с ней не сладишь.
Судьба глядит из-за плеча.—
Сегодня я читаю Кадиш,—
Внимают вечер и свеча.
Постой, мой друг, спешить — не в моде,
Ах, не спеши же, не спеши…—
Галактик Хор — торжествен в Оде,
Ты хоть в *Adagio* — дыши!
. . . .
Allegro наше меркнет в коде,
Но плачут звёзды по Володе
Всей музыкой его Души.

13 августа 2007 г., Route 22,
West Pittsburgh

Виктор Пивоваров

Два Письма...

Поскольку письмо В. И. Зака сугубо интимное и к печати не предназначалось, в нем содержится целый ряд мест для читателя неясных. Я позволил себе сопроводить публикацию этого письма короткими пояснениями.

Письмо публикуется с незначительными сокращениями с сохранением орфографии автора.

В. Пивоваров

Письмо Владимира Зака Виктору Пивоварову:

Мой дорогой Виктор Пивоваров!

Многое из того, что Вы адресовали мне, я хотел бы переадресовать Вам. Я тоже постоянно думаю о Вас. И очень часто слышу (реально слышу!) Вашу интонацию — восторженную, неповторимую интонацию голоса Виктора Пивоварова! И переношусь на террасу, в Челюскинскую, где Вы читаете всем нам домочадцам, Овсея Дриза.[1] И — поверьте — Хелемская баня[2] становится для меня священным Храмом! А потом — я в гостях уже на Вашей (Мендельсоновской) террасе, где мы втроем (с Пашей и с Вами) обсуждаем картины Виктора Пивоварова.

---

[1] *Овсей Дриз.* (1908–1971) Еврейский поэт известный в России прежде всего своими стихами и сказками для детей. Я был дружен с Дризом, любил его стихи и летом 1975 года познакомил В. И. Зака и его близких с его поэзией.

[2] *Хеломская баня.* Имеется в виду одна из стихотворных сказок О. Дриза из книги «Хеломские мудрецы» в переводе Генриха Сапгира. В этой сказке мудрецы из Хелома решают вопрос, как класть доски пола в Хеломской бане — струганной частью вверх или вниз.

Короче — ко мне возвращается молодость. В лучших ее мгновениях. (Не это ли Великое Благо?!)

...Перед моими глазами — каталоги Ваших выставок и книга Павла Пепперштейна.[3] Следовательно, передо мной — невыполнимая задача, ибо высказаться всерьез по поводу Вашего и Пашиного творчества значит сказать очень важное обо всем Человечестве — его прошлом, настоящем, и, может быть, самое главное — о том, что Человечество ждет. Для этого Льва Николаевича вместе с Федором Михайловичем надобно помножить на Бодлера, Кафку, Хаксли, Андерсена и, конечно же, на Хайдеггера (диапазон, который я охватить сейчас не в состоянии, тем более, что в этот диапазон включается все — от Фрейда до Медгерменевтики[4]). Прямо скажу — я поражен и поглощен сейчас тем, что перед моими глазами! И говорю: Слава Богу, что на Свете есть Потрясение от Искусства! Слава Богу!

...Оказывается, «старое» и «миниатюрное» волею художника-философа может сказать нашему глазу (сердцу) больше, чем пространная многотомная историческая эпопея, претендующая на глобальность. Вы, дорогой Витя Пивоваров, заглянули на «дно культуры»[5] именно для того, чтобы найти истинные мотивы, дающие возможность каждому из нас свободно парить в воздухе, устремляться к облакам, отрываясь от всего, что нас «заземляет». Я смотрю на «себя самого» в Вашем исполнении, внедряюсь в «собственные омы»[6] и застываю: наблюдаю за *прозрением исти-*

---

[3] Здесь и дальше ссылки на книгу моего сына Павла Пепперштейна «Диета старика». Издательство «Ad Marginem», Москва, 1998.

[4] *Медгерменевтика* — художественная группа Инспекция «Медицинская герменевтика», которую основал П. Пепперштейн в 1987 году. Кроме него в группу входили С. Ануфриев, Ю. Лейдерман, В. Федоров. Группа существовала около 10 лет, организовала целый ряд выставок в России и заграницей, издала ряд каталогов и теоретических публикаций.

[5] *Дно культуры*. Термин который я подробно разбираю в своей книге «О любви слова и изображения». Издательство Новое литературное обозрение, Москва, 2004. На «Дне культуры», в частности, я обнаруживаю огромное количество т. н.»низовой» изобразительной продукции: календари, старые журналы, семейные фотоальбомы, открытки, настольные игры, устаревшие научные брошюры и т. п.

[6] *Омы*. Здесь и дальше отказы и цитаты из каталога моей выставки «Метампсихоз», Москва 1993, Прага 1996. Выставка представляла собой семь метафорических портретов, в основном моих друзей. Среди них и портрет В.И. Зака. Омы — центральное понятие целого проекта. Омы — вечные трансмутационные монады отдельной мета-личности

ны (Вашим прозрением, Витя). И я прекрасно понимаю: Вы приходите мне на помощь, вызволяя из мрака, освобождая от преследующего меня фантома. Уже в этом (этическом ключе) Вы сотворили для меня нечто вроде якоря спасения. И, очнувшись от суеты сует, я останавливаю себя на себе самом. Кто я? Откуда я? Куда я иду?

…В данный момент я хотел бы отвлечь Вас (и себя), хотел бы кое-что сказать по поводу происхождения своей фамилии (Зак).

Один старый еврей, товарищ моего отца, упорно называл меня «святой». В детстве я полагал, что это его старческая причуда. Но в юности, просматривая «Еврейскую энциклопедию» Брокгауза и Эфрона, я наткнулся на статью о собственной фамилии. Энциклопедия растолковывала, что ЗАК — это аббревиатура, что само слово сложно-составное, многозначительное и восходит к очень далеким временам (до изобретения папируса). На камне высекали две буквы еврейского алфавита: заен (ז) и куф (ק), где каждая буква означала слово. Сочетание **ЗК** (произносилось это с соединительной гласной А, то есть ЗАК) — выражало важное для евреев понятие — «ПОТОМКИ СВЯТЫХ».

Ни больше — ни меньше!

Уже здесь, в Америке, углубившись в историческую литературу о евреях и общаясь с раввинами, я узнал о том, что средневековые марраны — формально крестившиеся евреи, но тайно продолжавшие верить в своего Бога и опять таки тайно молившиеся ЕМУ, нередко предавались инквизиторами ауто да фе, то есть заживо сжигались на костре (еретики!!) Были и такие евреи, что вообще отказывались принимать христианство. Их сжигали на костре с особым «пафосом». Оставшихся в живых детей казненных сердобольные марраны называли ЗАК, то есть «потомки святых». Есть и несколько отличающиеся переводы. Но суть всюду одна.

Витя, дорогой! Я пишу об этом, сопрягая все сказанное с Вашим портретом В. И. Зака[7]. Я всегда чувствовал, что как бы слышу

человека, животного или вещи. Целый проект носит игровой парадоксально метафизический характер.

[7] *Портрет В. И. Зака.* Здесь и дальше имеется в виду портрет В. И. Зака с выставки «Метампсихоз». Портрет в данном случае понятие условное и требует пояснения. Каждый портрет на этой выставке представляет собой ряд картинок, соединенных пространными подписями. Картинки самые разные — фотографии, вырезки из журналов, открытки, иллюстрации из старых книг. Подписи не только соединяют эти картинки

в себе голос веков, что сопричастен к какой-то глубинной тайне (и клятве!), которую — увы! — нарушаю. И сейчас я соединяю это с тем, что в наказание (нет, не за переход в другую Веру, а за служение Советскому Дьяволу) мой «полет духа» пресекается Величайшей силой извне, мой «полет духа» ограничивается, ибо мое естество изначально искажено трагическим ранением, виной которому — увы — я сам. И, глядя на свой портрет, созданный Вами, мой дорогой Витя Пивоваров, я снова прохожу через века, через историю не только свою, но и через историю своих предков, переживаю все перенесенное ими и мной, но в конечном итоге, «вырываясь» из вечной трагедии устремляюсь навстречу собственной Душе (пусть и на краю бездны!). И сейчас я черпаю новые силы и вдохновляюсь тем, что мои «музыкальные и исследовательские зеркала», отражаясь друг в друге «распаковывают экстатическое пространство чистой спонтанности».[8]

Как видите, «зак-мешок», то есть обычная, бытовая и широко распространенная «транскрипция» отнюдь не помешала, ибо Вы — автор портрета — являете собой совершенно особого, уникальнейшего человека, художника и философа, способного действительно пророчески чувствовать другого — в сопряжении его Души со стихией Времен — далекого Прошлого и нынешнего Времени, со стихией божественного соединения самого Духа со Временем.

Извечное противоречие чуждого (угнетающего личность) и своего, родного (что личность реанимирует) Вы блистательно раскрываете и на примере В. И. Зака. И восторгаясь Вами, дорогой Витя, я восклицаю повторяя Аристотеля: «Все хорошее — от удивления!»

…Практически я не в состоянии выразить собственное волнение, переполняющее меня сейчас. Очень многое приходится осмыслять заново. Вы всегда были для меня добрым Андерсеном.[9] Необычайным. Родным. И, может быть, одно из Ваших

в единое целое, но и создают особую динамику портрета. Иначе говоря, возникал метафорический образ портретируемого в динамике.

[8] Строки завершающие портрет В. И. Зака звучат так: «Эротические, музыкальные и исследовательские «зеркала», отражаясь друг в друге, «распаковывают» экстатическое пространство чистой спонтанности.»

[9] *Добрый Андерсен*. Здесь В. И. Зак имеет в виду мои иллюстрации к сказкам Г. Х. Андерсена.

чудесных свойств — свойств Вашего титанического таланта (гениальности!) — это умение напомнить ближнему о его Детстве. И я невольно переношусь в свое детство, к маме, к ее мелодиям. Это естественно монтируется с постоянными лейт-мотивами Виктора Пивоварова, ибо эти лейт-мотивы превратились и в мой мир, в мой собственный «визуальный ряд». И я вижу разноцветные воздушные шарики, в коих отражаются окна родного дома и тут же — лестница, ведущая в увлекающую Даль — к Небесам!

. . . . .

И вот сейчас настал, кажется, момент когда я должен исповедаться Вам до конца. Непостижимое заключается в том, что прежде чем в моих руках оказался Ваш каталог «Метампсихоза» и Пашина книга, я неотвязно думал… о своей …«отрезанной» ноге. Причина этой боли есть: мой родной брат Гриша, живущий в Хайфе, потерял ногу (гангрена). И, говоря с братом по телефону после операции я с ужасом пытался представить себе как можно жить… с деревяшкой.

Тут-то я и получил «Метампсихоз», сразу открыв страницу своего портрета.[10] Клянусь Вам, Витя, что я едва сохранил равновесие: одноногость уже была моей идеей-фикс. Разумеется, шоковое состояние быстро прошло, внешняя атрибутика сходства «улеглась», но тут я стал читать поэму «Видевший Ленина».[11] Какой это катализатор чувства Вашего портрета Владимира Ильича! Мне чудилось, что я и сам — один из «героев» (антигероев!) поэмы! И чтобы спасти себя, «я встал на якорь», снова открыл «Метампсихоз», чтобы сосредоточиться на последних Ваших кадрах, вызволяющих меня из беды!

Эти кадры (начиная с естествоиспытателя!) помогают мне работать над мелодикой. Да, дорогой Витя! Вы, как мой Доброжелатель (и гениальный художник) нашли методы выражения парадоксальной сущности, соединившейся в моем облике. Все это — истина. И Ваши переклички с Пашиной поэмой кажут-

---

[10] Портрет В.И. Зака на выставке «Метампсихоз» открывается фотографией большой морской чайки. Одной ноги у чайки нет и к ее обрубку привязана деревянная ложка.

[11] Поэма моего сына «Видевший Ленина» входит в книгу «Диета старика». Один из эпизодов поэмы описывает забавы писательской элиты в Переделкино. Герой поэмы писатель Понизов проигрывает в карты свою ногу. Знаменитые советские писатели отрезают ему ногу и хоронят ее на местном кладбище недалеко от могилы Б. Пастернака.

ся мне соотнесением общего (поэма) с частным (Ваш портрет В.И. Зака). Но все это — лишь одна деталь, отнюдь не самая важная деталь, того очевидного сходства между вами — отцом и сыном, о котором я хотел сказать. Конечно, я не готов еще к тому, чтобы анализировать проблему сходства. Могу только сказать, что и Павел Пепперштейн — значительное явление нашего столетия — явление, которое достойно самого тщательного изучения. Прочел я лишь несколько рассказов. Но уже ясно — Пашина книга — додекафония в литературе, где исчезает тоника в классическом понимании, где любой поворот мысли (термин, слово, звук) может перевести «центр тяжести» на себя, где возникает абсолютно новая бесконечная мелодия, принципом развития коей становится НЕОЖИДАННОСТЬ. Неповторимая прелесть этой мелодии — в тональной (смысловой) зыбкости, переключающей, мгновенно перестраивающей, переносящей нас из одного мира в другой. По сути стиль Пепперштейна — принципиально новый литературный симфонизм, наиболее близкий (из всего, что нам известно) именно музыке, музыкальной драматургии. С ее современной полистилистикой, идущей от Альфреда Шнитке (а в истоках своих — от Малера).

Я — в процессе чтения. И я пытаюсь понять глубинную сущность Пашиной книги. Это, конечно, большое событие в литературе. «Диета старика» для меня — лекарство от глухоты и слепоты, в которые часто погружается Душа. «Диета старика» — лекарство от старости. Теперь, когда жизнь (и страсть) позади, можно довольствоваться гениальной формулой: «Слова старость и страсть состоят из одних и тех же букв… Все зависит, как всегда, от мелочи. Пара букв переброшена из одной части слова в другую, и вот уже все накренилось и разъехалось…»[12]

Надежда лишь на то, что накренилось и разъехалось все еще не окончательно. Впрочем, жаловаться — значит скатываться к пошлости. Теперь у меня мощные моторы для движения моей «Мелодики» — Пашина книга и Ваши удивительные каталоги, мой дорогой Витя. Я только начинаю их впитывать в себя. Спасибо за все. Великое спасибо! Ко мне присоединяются и Алик, и Маечка, и Лев Наумович. (Им я временно передал Пашину книгу. Первая реакция: величайшее изумление!)

---

[12] Цитата из рассказа «Бинокль и монокль» из книги П. Пепперштейна «Диета старика».

Самый сердечный привет Милене и детям, всей Вашей прекрасной семье.

Бесконечно любящий Вас
Володя Зак

New York, 25 сентября 2000 г.

Письмо Виктора Пивоварова Владимиру Заку:

Дорогой Володя!

Пишу тебе Туда. У меня есть подозрение, что письма, во всяком случае некоторые, Туда доходят. Если мне не изменяет память, прошло все-таки восемь лет, я тебе уже ответил на твое письмо еще тогда. Я, конечно, поблагодарил тебя за восторженные и совершенно незаслуженные мной комплименты, но на главное, что и тогда и сейчас поражает меня в твоем письме, и что касается тебя самого, я отреагировать не решился. Я чувствовал, что это очень больные точки и прикасаться к ним мне казалось невозможным. Но об этом чуть позже.

Сейчас о другом. Есть в наших безоблачных, исключительно теплых отношениях один эпизод, который не дает мне покоя, к которому я в своих воспоминаниях неотвязно возвращаюсь. Однажды, не помню уже когда и где, ты в порыве сердечной открытости предложил мне перейти на «ты». Нарушая все возможные правила приличия, я решительно отказался. Отказался по той простой причине, что не хотел ни в каком случае снижать тебя в своих глазах, я хотел, чтобы ты постоянно оставался на том высоком пьедестале безграничного уважения и преклонения, на котором ты для меня находился. Переход на «ты», как мне казалось, неминуемо снизит этот пьедестал, сократит ту «дистанцию преклонения», которая была для меня драгоценна.

При своей доброте ты, конечно, принял мой отказ, но меня самого все эти годы грызла совесть — не совершил ли я недопустимую бестактность. В любом случае, сейчас в этом письме я ее исправляю и чуть ниже я объясню почему.

Теперь перейду к главному. В своем письме ты пишешь:
Я всегда чувствовал, что как бы слышу в себе голос веков, что сопричастен к какой-то глубинной тайне (и клятве!), которую — увы! — нарушаю. И сейчас я соединяю это с тем, что в наказа-

ние (нет, не за переход в другую Веру, а за служение Советскому Дьяволу) мой «полет духа» пресекается Величайшей силой извне, мой «полет духа» ограничивается, ибо мое естество изначально искажено трагическим ранением, виной которому — увы — я сам.

Это очень сильное и очень трагическое признание. Здесь все — и изначальная отмеченность, интуитивно ощущаемая избранность, и падение с высоты Духа, и глубочайшая травма, связанная с чувством вины. Именно на эту центральную, и как мне представляется, наиболее важную часть твоего письма, я тогда в 2000 году не решился ответить.

Я понимаю, о чем ты пишешь. Могу сказать тебе, дорогой Володя, что и тогда и сейчас я воспринимал тебя как невинного. Никаких вещественных доказательств твоей невинности у меня нет. Жизнь подарила мне всего несколько встреч, обжигающих встреч, которые я с благодарностью храню в своей памяти. Я знаю, что ты, как ученый, занимался мелодикой. Но это, к сожалению, для меня область абсолютно недоступная. Я знаю, что ты много лет работал в Союзе композиторов. Я понятия не имею, что ты там делал, как ты там вообще оказался, мог ли сопротивляться «советскому дьяволу», о котором ты пишешь. Скорее всего не мог. Достаточно было на тебя посмотреть, ты же не был никакой борец. Ты выглядел, как седой, очень умный мальчик с вращающимися вытаращенными от постоянного удивления глазами. Я вообще не понимаю, как ты мог оказаться там, как мог находиться среди этих монстров! Ты же не был Давидом, способным снести голову Олоферну. Ты, правда, тоже был вооружен, и твое оружие было более мощное, чем праща Давида. Твоим оружием была твоя невинность и твое безмерное детское удивление. Это не избавляло тебя от глубочайшего чувства вины, потому что ты сам о себе не знал, что ты невинный. Это знал про тебя тот старый еврей, а ты не знал. Он правильно называл тебя святой. Ты и есть святой! Не в том смысле, как это понимают неофиты — не тот святой, которому молятся, поклоняются, просят у него разные вещи, а святой — в смысле изначальной невинности.

Теперь ты понимаешь, почему я перешел на «ты»? К святому же невозможно обращаться на «Вы». Можешь себе представить — Глубокоуважаемый Святой Франциск! Вы не могли бы... и т.д. Абсурд! Нонсенс!

Ты остался в детстве, остался невинный и, видимо, в этом было твое предназначение. Ты помнишь, в «Сладкой жизни» Феллини в самом конце среди разврата и опустошенности появляется девочка. Феллини никого не осуждает, он не судья, не моралист, Вот, мол, все вы погрязли в грехе и разврате. Но вдруг появляется девочка с чистыми глазами и ее появление сразу окрашивает все вокруг происходящее. Всего лишь окрашивает — бросает другой свет! Вот так и я понимаю твое призвание. Кто-то же должен был в этой совковой толпе, в которой ты оказался, в которую ты был заброшен, стоять с вытаращенными глазами!

И еще одно, как мне кажется, твое предназначение. Не случайно, ты приводишь слова Аристотеля — Все хорошее от удивления! Только в твоем случае было бы необходимо вставить еще одно слово в это замечательное изречение — Все хорошее от восторженного удивления! Эти слова ты мог бы написать на своем щите и это, я думаю, (я уверен), твое главное предназначение — умение восторгаться, умение приподнять явление жизни или искусства из его повседневности, это искусство экстаза и катарсиса, столь редкое в нашей общей заземленности и приземленности.

Нет, дорогой милый Володя, не грызи себя, что ты в чем-то виновен, что мало сделал, или не так сделал. Для всех нас ты сделал очень много — ты был среди нас, ты светился, тысячу раз был прав старый еврей, ты постоянно излучал удивление (от чего все хорошее!), ты постоянно находился в состоянии восторга и экстаза, чем помогал нам вместе с тобой прикоснуться к Возвышенному.

Правда с этой восторженностью ты иногда перегибал палку. Был грех, что говорить. Вот и в письме ко мне ты осыпаешь меня и Пашу немыслимыми эпитетами. Грех небольшой, конечно, и я его вижу не столько в плоскости этической, сколько в плоскости эстетической. Самые сильные звуки, самые яркие краски, надо приберегать для особых случаев, всегда оставлять запас. Ты это знаешь лучше, чем я, но я понимаю, ты увлекался и тебя заносило.

Я закончу свое письмо, дорогой Володя, также как ты:
Великое спасибо!
Бесконечно любящий тебя

Виктор Пивоваров
Прага, 5 октября 2008 г.

Галина Тюрина

Опустела без него Москва…

Неужели только мне Владимир Ильич Зак доверил свое самое первое, самое раннее младенческое воспоминание о себе? В таком возрасте редко кто себя помнит, он однако же рассказывал об этом так, что сомнений в достоверности услышанного не возникало.

Я расскажу об этом, но все по порядку.

О Владимире Ильиче Заке говорили, как о втором Райкине, великом артисте-комике, виртуозе-пародисте! Рассказывали, что своими пародиями на друзей и коллег Владимир Ильич Зак доводил солидных людей до слез сквозь приступы безудержного смеха.

При первом удобном случае спросила у моего непосредственного руководителя Тихона Николаевича Хренникова: «А правда ли, что Вы однажды полчаса проговорили по телефону с воображаемым Мурадели, которого искусно изображал Владимир Ильич Зак?»

Хренников со свойственным ему добродушием и непосредственной реакцией воскликнул: «Это было что-то невероятное! Входит в кабинет Таисия Николаевна (секретарь-референт — *Г. Т.*) и привычным голосом говорит: Тихон Николаевич, Вам звонит Вано Ильич, возьмите трубочку». Ну, я взял и услышал голос Вано — с характерными для него акцентом и небольшими паузами. И говорил он со мной как обычно — в дружеском тоне, без всяких субординаций. О текучке, о планах на ближайшие дни, о предстоящих концертах. Я до последней секунды никакой подмены не заметил. Расстались как обычно, дружелюбно простились. И вдруг распахивается дверь, входит та же Таисия Николаевна и тащит за собой упирающегося Зака: «Тихон Николаевич, простите нас, мы Вас разыграли…». Поскольку это был мастерский розыгрыш, я от души рассмеялся и попросил Владимира Ильича доказать, что это было именно так. Он мгновенно преобразился и начал говорить голосом Вано. Тут я просто покатился со смеху. Я такого еще не видел. Я лично знал таких выдающихся мастеров пародийного жанра, как Аркадий Райкин, Юрий Филимонов, Виктор Чистяков. Были и другие высокопрофессиональные пародисты-эстрадники, но перевоплощаться до такой степени, как мне продемонстрировал Володя Зак, никто не умел. Поверь мне, если бы он стал артистом, ему бы не было равных».

Он не стал артистом. Я помню его солидным и уважаемым теоретиком-музыковедом, который мог выступить экспромтом на рабочем заседании в Союзе композиторов или в Институте искусствознания и убедительно доказать (или оспорить) любой заявленный тезис с немалым запасом ученых аргументов. Один такой случай врезался в память.

1988-й год. В Доме композиторов идет заседание музыковедческой комиссии, посвященное проблемам современного бытования фольклора. В президиуме — члены комиссии музыковеды Софья Михайловна Зив, Алла Владимировна Григорьева, Владимир Ильич Зак. Женщины преимущественно молчали, зато Зак работал за троих. Больше: он работал за всех, так как после каждого выступающего брал слово и вдохновенно комментировал или дополнял докладчика. Глубокое знание предмета и умение увлеченно дискутировать покоряли. Чувствовалось, что Владимиру Ильичу крайне интересно размышлять вслух на предлагаемые темы.

Еще один музыкальный момент с уклоном в фольклор. 1987-й год, Москва, Концертный зал имени П. И. Чайковского, музыкальный фестиваль «Московская осень». Сидим с ним в партере — он на один ряд выше меня. Слушаем симфоническую поэму Родиона Щедрина «Стихира», премьерное исполнение. Замечательная музыка, с глубоким и причудливым погружением в корневую систему русского средневековья, с ярко выраженными аллюзиями на знаменный распев. По окончании пьесы сверху раздается негромкий отчетливый голос Зака: «Вся история русской музыки прошла перед нами». Как это характерно для него: своим оперативным обобщением он вывел меня из музыковедческих размышлений о частностях — о тембральных красках, о претворении хоровой фактуры в инструментальную и т.д. Не будучи фольклористом, но обладая ярко выраженной эстетической отзывчивостью на явления искусства, он воспринял это явление в его эмоциональной целостности и тут же откликнулся на него. Подумалось: откуда он знает всю историю, ведь ее древнерусский период, представленный жанром стихиры, по-настоящему только сейчас начали изучать. Зак откуда-то знал. Он много всего знал.

Сокровенный сюжет из самых ранних воспоминаний Владимира Ильича связан с мамой. Ему было около двух лет. Они жили на Таганке, в старом плотно населенном доме. Теплым летним вечером мама посадила его на подоконник у приоткрытого окна. Одной рукой придерживая сына, другой она бросала крошки голубям, которые кружили у окна большой стаей. Схватив кусочек, птицы вспархивали и отлетали на некоторое расстояние, чтобы, прицелившись, подлететь снова к подоконнику. Когда голуби взлетали, маленький Володя радостно взмахивал ручонками, подражая птицам, и весело смеялся. Кормление голубей забавляло и радовало его.

Вдруг что-то отвлекло (или кто-то позвал) маму, и она опрометью выбежала из комнаты. Из-за открывшейся двери возник сквозняк, который настежь распахнул окно и спугнул голубей. Они кружили над окном, не решаясь приблизиться к ребенку, а он отчаянно махал им ручками, звал к себе и, не ведая опасности, двигался к внешнему краю подоконника.

«Я был на самом краю подоконника, когда в комнату вернулась мама и увидела, в каком я нахожусь положении. Угадайте, как она себя повела!»

Я не угадала, потому что самообладание Володиной мамы мне, увы, не свойственно. Ребенок на краю гибели — что делает встревоженная мать? Я бы, наверное, закричала диким голосом и кинулась бы… А его мама нашла в себе силы улыбнуться и с этой улыбкой медленно, ступая как можно тише, стала приближаться к ребенку, ласковым голосом и легкими движениями рук подзывая его к себе — лишь бы не вздрогнул, не испугался, не дернулся в сторону открытого окна. Когда ребенок оказался в ее руках, она долго ходила по комнате, прижав его к груди и что-то нежно напевала. Кажется, он вскоре заснул, но случай этот запомнил навсегда. Лишь во взрослом состоянии, уже имея собственного сына Алика, он осознал весь ужас тогдашнего происшествия и оценил психологически безошибочную тактику действий молодой женщины — своей необыкновенной мамы.

Когда мы говорили с Владимиром Ильичом об этом — не помню, но в моей памяти, как в компьютере, завис этот погруженный внутрь себя, своего прошлого удивленно-восхищенный взгляд Зака, с грустной нежностью обращенный к матери...

Как ни силилась представить Володю Зака двухлетним малышом — виделся только взрослый Зак с высоко поднятой белоснежной головой благородного барса, с четко очерченными черными бровями и большими бархатными глазами-сливами. Таким и сейчас он видится мне, сквозь его неожиданный отъезд из Москвы, которым лично меня он глубоко огорчил.

Незадолго до его смерти неожиданно дошла весть о нем в характерном для него контексте. Некий американский кинорежиссер-документалист привез в Москву свой фильм о Т. Н. Хренникове. Естественно, весь Союз композиторов сбежался на просмотр. В фильме есть кадры с В. И. Заком, порадовавшие отсутствием примет старения у Владимира Ильича. Перед показом режиссер помянул его «ироническим» словом: оказывается, Владимир Ильич энергично возражал против некоторых сценарных идей и даже целых эпизодов, на что автор фильма заметил: «Вы навязываете мне цензуру, Владимир Ильич. Должен Вам заметить, что в нашей стране ее никогда не было и быть не может». И это посмел сказать далекий от музыки режиссер, прежде не знавший Хренникова, высочайшему профессионалу — музыковеду Заку, хорошо знавшему Тихона Николаевича!

Зачем он уехал!?

P. S. Он любил и ценил (как специалист) популярную песню композитора Александры Пахмутовой и поэта Николая Добронравова «Нежность», посвященную французскому писателю Антуану де Сент-Экзюпери, которая начинается так: «Опустела без тебя земля...». Вспоминая Владимира Ильича Зака, я захотела перефразировать эту строчку и сделать ее названием своего мемуара: «Опустела без тебя Москва...». Простите мне, Владимир Ильич, эту невольную поэтическую фамильярность!

Ирина Головинская

Где Володя, там и праздник!

Вспоминать Володю Зака необыкновенно трудно и легко одновременно. Легко — потому что все мое детство было освещено его умением сделать праздник буквально на пустом месте, заговорив не своим голосом, с интонацией, свойственной какому-то общему знакомому. Так смеяться — до колик, до полусмерти, можно, конечно, только в детстве. Потом не получается. Но и автором этих шуток до слез мог быть только один-единственный человек — Зак.

Трудность же в том, что невозможно пером передать его неповторимые интонации, выражение лица, как будто застывшее в ожидании реакции благодарных слушателей, боявшихся пропустить хоть слово из его блистательных пародий. Как передать его умение мгновенно преображаться — нет, становиться героем собственных скетчей? Как передать его манеру петь, причем с одинаковым азартным блеском в глазах и бравурные мелодии с умопомрачительно смешными текстами, и печальные еврейские песни, и песни советских композиторов? О песне он знал все — изучал ее, анализировал, писал статьи и выпускал книжки. И, конечно, пел сам — именно так, как надо пел. И в каждую песню вкладывал свое незаурядное толкование.

Мне кажется, я его знала всю жизнь, с самого детства. Отец любил Володю Зака нежно, как младшего брата — он и был младше лет на семь. Володя казался особенно громокипящим, генерирующим веселье и искрометность рядом с молчаливым и как бы застегнутым на все пуговицы отцом, любившим в Володе, похоже, именно его неуемность и брызжущий артистизм.

Потом, когда я стала взрослой, мы долгие годы соседствовали в композиторском доме на Садово-Триумфальной, дружили семьями. Уезжая в Америку, они с Майей оставили нам на память пионерский горн и синие чашки, которые живы до сих пор. Романтический джентльменский набор.

Когда спустя целую жизнь я проведала Володю и его семью в Нью-Йорке, мне показалось, что он почти не изменился. Только чуть похудел и стал чуть тише. В этот вечер я как будто вернулась назад в прошлое, хотя мы не предавались печальным воспоминаниям — наоборот, делились планами на будущее, много смеялись и шутили. Мне показалось, что я как будто вернулась домой — туда, где меня всегда любят, понимают и ценят такой, какая я есть. Подобное ощущение всегда возникает рядом с великодушными и добрыми людьми.

Я его таким и запомнила, и так получилось, что уже навечно: с азартным блеском в глазах он сидит за фортепьяно и увлеченно рассказывает о структуре песни.

Лев Кацин

Светлой памяти Владимира Зака

Признаюсь, что, узнав о кончине Владимира Ильича Зака, я содрогнулся. Мне было трудно представить себе этот мир без моего дорогого друга. Так же, как трудно вообразить мир без солнца и света. Конечно, эта первая пришедшая ко мне мысль — иррациональна. Я просто отказывался принять горькую реальность. Однако, в этом иррациональном все же есть доля истины.

Для многих из нас Владимир Зак был неиссякаемым источником тепла и света. Общение с ним всегда несло непередаваемое чувство радости. Когда Владимир и его жена Маечка приходили к нам на уроки Торы, все невольно начинали улыбаться, и синагога наполнялась светом. Каждый раз присутствующие просили Владимира выступить, и я не помню, чтобы на протяжении полутора десятков лет он не одарил бы нас своим словом.

Владимир Зак на презентации своей книги в «Синай Академи»

Яркие выступления Владимира Зака о неиссякаемом еврейском оптимизме, выраженном в интонациях еврейской мелодии, являлись для нас источником вдохновения. Многие друзья и почитатели его искрометного таланта считали Владимира Зака непревзойденным оратором. Один из ведущих музыковедов мира, он обладал столь удивительным даром слова, что его речь, исходящая из сердца, была музыкой. И если каждому музыкальному звуку соответствует свой цвет, то слово Владимира Зака несло в себе все цвета радуги, которые, объединившись, проявлялись радостным белым светом.

Выступая однажды на Ханукальном концерте газеты «Еврейский Мир», Владимир сравнил миссию еврейского народа с чудом ханукальной свечи, а многие сидевшие в зале и завороженные его словом видели в нем самом это излучающее свет чудо.

Рассказывая о муже, Майя поделилась воспоминанием о том, как спросила однажды у Владимира: «Как мне общаться с моим "трудным" начальником?» «Постарайся найти в нем что-то хорошее!» — ответил Владимир. В этой, кажущейся на первый взгляд незначительной детали, скрывается великий секрет наполненной любовью к людям души Владимира Зака. Он не только излучал свет, но и искал свет в других. Его любовь к людям открывала в них все самое лучшее и, поворачиваясь

Крайний слева — сын Владимира Зака, Александр

к нему своей светлой стороной, они открывали и для себя свет и добро собственной души.

«Закончилась целая эпоха. Таких людей больше нет», — так охарактеризовал Александр уход своего отца. Мудрецы Талмуда назвали сына «коленом отца». Если сын продолжает дело отца, то он, подобно колену, как бы возвышает душу отца в духовных мирах. Потому мудрецы сказали, что «человек, у которого есть сын-праведник, как будто не умирает», ибо родители продолжают жить в душах и добрых делах своих детей.

Дорогой Александр, вы правы, закончилась целая эпоха, ибо людей, подобных вашему отцу, нет. Но есть вы! И это знаменует начало новой эпохи, ибо вы являетесь достойным продолжением своего отца.

Пусть эта мысль станет утешением для вашей семьи, а Всевышний даст вам силы и благословит всех вас отныне только радостями!

Эдуард Хороший

Один из самых близких мне людей

Начинать, конечно, всегда надо с начала, но вот его я не помню. Когда я родился, Вовке было уже полтора года, и мы наверняка часто встречались, так как были двоюродными братьями, а семья наша, «мишпоха», была очень дружной. Дед и бабка имели пятерых близких по возрасту детей. Все они из Яновичей Витебской области двинулись в Москву, где окончив кто учебу, кто воинскую службу всячески помогали друг другу. Какой-то период они все вместе жили с родителями в крохотной квартирке в Наставническом переулке. Обзаводились семьями, рожали детей, потом, постепенно расселялись. По рассказам, в этой дикой тесноте жили весело.

Проходили годы. И в 1935 году мои отец и мать решились первыми в семье вступить в дачно-строительный кооператив «Шарикоподшипник» (станция «Загорянская», Северная железная дорога). Мое детство счастливо проходило на природе. А семья Евгении Самойловны, матери Вовки, сначала ездила отдыхать куда-то в Духовщину, а потом снимала комнату на лето у наших соседей. Через пару лет, уже перед войной[1] они построили домик в соседнем посёлке.

Первые мои воспоминания о Вовке связаны с нашим очень большим участком. Когда Вовка оказывался у нас, мы с ним уходили в глубину участка, я притаскивал туда громадную самодельную сделанную отцом тачку, и мы садились на нее. Но Вовка не мог усидеть. Он вскакивал и в лицах, мастерски пересказывал мне потрясшую его очередную книгу. Помню: «Три Мушкетера» А. Дюма. Особенно много времени уделялось «Леди Винтер», Миледи. Я был благодарным слушателем, да мне и льстило внимание старшего. И слушать Вову было очень интересно — он был прирождённый рассказчик и артист, безумно талантливый, вос-

---

[1] Великая Отечественная война началась 22 го июня, 1941 г.

торженный. Это был театр одного актёра, и мне кажется, что в этом жанре лучшего я не видел и не слышал. Передо мной (одним слушателем!) развёртывалось нечто грандиозное, как я сейчас понимаю. Потом я не раз перечитывал эту книгу и многое в ней освещалось моим первым впечатлением.

Началась война. Отец мой ушел в ополчение после третьего июля. Вовкина мама (старшая сестра моего отца), крупный научный работник, была с семейством (мужем, тремя детьми и своими родителями) эвакуирована в Краснокамск. Ей удалось и нашу семью — мать, меня, и мою трехлетнюю сестрёнку Розу вывезти туда же. Там, в Краснокамске, начался, как-бы, второй период нашей дружбы. В школах мы учились разных. Володя даже был каким-то пионерским деятелем.

А в свободное время мы ухитрялись встречаться и долго бродить по городу и окрестностям. Вовка всё время что-то рассказывал...

Уже в 1943-м году мы благодаря опять-же тёте Жене (Вовиной маме), цивилизованно вернулись в Москву. Всё было омрачено тем, что мой отец 18-го декабря 1942-го года погиб на фронте (мне не сразу сказали). Многие родственники уговаривали нас продать дачу. Я, двенадцатилетний мальчишка, изо всех сил воспротивился этому. Меня поддерживала мысль, что в трёх километрах — близкая родня и друг. Я ходил к нему пешком, позже ездил на велосипеде. У Вовки на даче был центр молодёжной жизни Валентиновки[2] — волейбол, походы на речку, грибы... А вот по грибы маршрут был почти всегда один — из Валентиновки в Загорянку (к нам на дачу), короткий отдых, и, уже вместе со мной, довольно далеко в лес, за деревню Оболдино. Там, широкими и длинными полосами вдоль питьевого водоканала, к Москве шли заповедные, почти девственные леса. Дубовые рощи чередовались с гигантскими сосновыми, еловыми — это была так называемая Подмосковная «тайга». В более поздние годы мне приходилось бывать в Приангарье, в горном Алтае, и скажу, что ещё в 40 е–50 е годы Подмосковная тайга была не менее величественной, и, местами, дикой. Это были для нас, особенно для меня и Вовки, незабываемые впечатления...

Когда Вовка окончил Консерваторию (наверное, это был 1952-й год), и его никуда не брали на работу, он почувствовал

---

[2] Станция Валентиновка (под Москвой, Северная железная дорога)

КРАСНОКАМСКАЯ ЗВЕЗДА

ДОЛГ ПИОНЕРОВ

С собрания пионерского актива Краснокамска

Театр был переполнен детьми. Сюда собрались пионеры краснокамских школ, чтобы подвести итоги летней работы и наметить мероприятия на ближайшее будущее.

Секретарь горкома комсомола тов. Ильина отметила в своем докладе, что во время великой отечественной войны краснокамские пионеры проявляют себя, как подлинные патриоты нашей любимой родины. 400 пионеров-школьников работали летом и осенью в колхозах. В уборке урожая принимали участие 600 учащихся. Ганя Гайнутдинова и Нэля Воржева вдвоем выполняли на полевых работах до шести норм взрослых колхозников. Прекрасно работали Коля Бояршинов, Коля Аликин, Черняев и многие другие ребята, которые старались, чтобы их усилия принесли колхозам больше пользы. Учащиеся старших классов работали на производстве.

Пионеры школы № 1, организовав фургон для сбора металлического лома, собрали и сдали государству 7.000 килограммов металла. Немало поработали ребята по сбору ягод, грибов и лекарственных растений. С начала учебного года пионеры готовят и отправляют бойцам Действующей Красной Армии подарки и теплые вещи.

Выступившие на слете пионеры Нюра Мухачева, Юра Синицын, Роза Кучерова, Витя Вагин, Лева Звездов и другие говорили о том, что и учебу и работу нужно построить на военный лад, подчинить ее интересам фронта,—учиться только на «хорошо» и «отлично», помогать отстающим товарищам, приобретать военные навыки и помогать старшим.

Убедительно и ярко обрисовал в своем выступлении задачи пионеров вожатый второго отряда школы № 1 Володя Зак:

—Мы ни на одну минуту не должны забывать о том, что наша родина ведет великую отечественную войну с проклятым фашизмом. Наша первая задача сейчас заключается в том, чтобы освободить родителей, учителей и классных руководителей от излишней заботы о нас. Мы, пионеры, сами должны ковать военную дисциплину, хорошо учиться. Многие из нас стремятся стать летчиками, танкистами, связистами, разведчиками, но для этого нужно хорошо знать физику, математику, историю, географию, химию и другие науки. Учитель—наш командир, и слово учителя сейчас, в дни войны, обязательно, как слово командира. Учебное задание мы должны выполнять беспрекословно, как выполняют приказ бойцы Красной Армии. Мы должны также проявить заботу о семьях красноармейцев, создать десятки тимуровских команд. В нашей школе уже создано три тимуровских команды, которые ежедневно готовят подарки бойцам, собирают металлолом, цветной металл, шефствуют над семьями красноармейцев. Наши старшие братья и отцы защищают родину от кровавого фашизма, а мы, пионеры, обещаем, что также выполним свой долг с честью.

В принятой на слете резолюции пионеры взяли на себя обязательство учиться только на «хорошо» и «отлично», широко проводить военное обучение, организовать команды по изучению противовоздушной обороны, санитарного дела, изучать топографию, автодело, связь и т. д., развернуть работу кружков, создать тимуровские команды, проводить сбор теплых вещей и подарков для бойцов, а также вести решительную борьбу с разгильдяями, болтунами и нарушителями дисциплины.

Вырезка из газеты «Краснокамская Звезда» (9 октября, 1941 г.) со статьёй, цитирующей Вовкино выступление.

себя ненужным, растерянным, и я пригласил его приехать на мои зимние каникулы в Ленинград[3]. Время мы провели незабываемое. Это был «пир духа». Ходили по музеям, просто часами бродили по дивной красоты городу, встречались с моими друзьями, молодыми художниками. Должен признать — Вовка великолепно знал и понимал изобразительное искусство. В Эрмитаже, в Русском музее, я был поражен его знаниями. Он знал даже многое из того, что тогда не выставлялось. Ну а я водил Вовку по залам, показывал любимые места, откуда всё виделось лучше то в одно, то в другое время, при разной освещённости. Всё это относилось не только к музеям, но и к городу (он меня также в разные годы знакомил с любимыми местами на Таганке, в старой Москве, где они жили).

Через годы, и даже увы, потом через расстояния, он мне не раз говорил, что эти недели в Ленинграде, у любящих его людей (моей мамы, сестры, отчима), буквально спасли его. Он ожил эмоционально и даже физически окреп в бесконечных прогулках… А годы тогда были страшные — ожидание беды. Их не так-то просто было пережить…

…Наши общения с возрастом менялись, но всегда было чувство близости духовной…

…Июнь-июль 1960 года выдались в Москве и Подмосковье необычайно жаркими. Не помню почему, но в эти месяцы я жил один в Загорянке. Однажды ночью я проснулся от странных повторяющихся звуков. В ночной тишине раздавались резкие удары по шиферной крыше. Скажу правду, я немного испугался, главное — от непонятного… Минут через десять я набрался мужества, взял топор, стоящий у печки, зажег зачем-то в кухне свет и резко открыл дверь на улицу. Во тьме я оказался яркоосвещенным. И сразу услышал возглас от калитки: «Эдька, брось топор, это я, Вовка!» Оказывается, возвращаясь из Москвы поздно, он решил сразу идти ко мне ночевать, но калитка оказалась запертой на замок, а лезть через забор в темноте он не решился и будил меня, кидая камни и комки земли в крышу смутно видимого дома. Мы посмеялись, долго разговаривали… Этот эпизод послужил основой для одного из многих его очень красочных «устных» рассказов, блестящим мастером коих он был. Рассказы всегда получались живее и красочнее самих событий, а я выглядел героем,

---

[3] Ныне Санкт-Петербург. Э. Хороший жил там с 1947 по 1962 гг.

вышедшим с топором на неизвестных врагов... Темы рассказов иногда повторялись, но казалось, что ты слышишь новую историю: все другое — слова, потрясающее владение этими словами, голосом, интонацией... Артистизм наивысшего уровня... А какой это был высокий профессионал! Не просто музыковед и композитор, но глубокий знаток изобразительного и других видов искусства. Теперь всё пережитое с ним воспринимается как радостно-яркое.

...Когда я женился, в Загорянке Вову очень радостно встречали не только друг и брат, моя мама и сестра, но и моя жена и дочка. Это была радость у всех невыразимая — дождь идёт или только кончился — и вдруг открывается калитка, входит Вовка, ведя одной рукой велосипед, а другой приветствуя нас, с трудом сохраняя серьёзное выражение. Это был праздник, «пир духа», жизнь как-бы веселела, забывались моментально все мелочи не всегда лёгкого тогда быта. Мне кажется, мой пример прибавил и ему самому решительности, и в Валентиновке появилась еще одна молодая семья — Вовка и Майечка. По моему твёрдому мнению, это был не просто брак по любви, но и по интересам. Майечка колоссально много сделала для становления этого талантливейшего и добрейшего человека, чья готовность откликнуться на любое событие в жизни обожавшей его «мишпохи» иногда даже отрывала его от важных дел. Майечка оказалась его истинной подругой, помогала осуществлять его многочисленные творческие замыслы, и родила ему прекрасного сына...

...В Москве Вовка обычно приезжал ко мне с четвертинкой водки и простой закуской в день гибели моего отца (18 декабря), или в день Победы (9 мая). Из Америки он также звонил мне в эти дни. Написал я ему как-то отчаянное письмо (так тяжело складывалась моя жизнь в Израиле) и вскоре получил ответ, укрепивший во мне что-то вроде силы духа и мужества. Он удивительно глубоко понимал проблемы близкого человека.

...Скажу честно, мне обо всём этом трудно вспоминать и писать — слёзы до сих пор подступают, когда вспоминаю этого чудесного человека и многое-многое, пережитое совместно в юности и зрелости. И даже тогда, когда нас разделяли тысячи километров, я всегда ощущал существование близкого друга...

Анна Хорошая

Мой дорогой Вовочка

Однажды Вовка спросил меня: «Когда я буду старым, ты тоже будешь называть меня Вовкой?». Да, мы звали его Вовкой, а теперь мне хочется называть его Вовочкой.

Гостеприимная семья Заков жила в Москве на улице Володарского, и мы, совсем юные родные и друзья (мне было лет четырнадцать) часто собирались у них. Это были праздники, потому что Вовочка дарил нам свои таланты с детства.

Он рассказывал, вернее, показывал разные смешные истории. Про подслеповатую тетку, которая наливала молоко в перевернутую вверх дном банку и не могла понять, почему у нее мокрые ноги. Про еврейку из глубокой провинции, которая пришла на вокзал, села и ждала, когда она доедет до места, так как думала, что вокзал сам везет. Про рассеянного профессора, который не мог понять, почему он хромает, а сам шел одной ногой по тротуару, а другой по мостовой. Это были маленькие спектакли — шедевры, и мы хохотали от души.

Мы много пели. И часто играли в разные интеллектуальные игры, инициатором и придумщиком которых всегда был Вовочка.

В течение всей моей взрослой жизни он был для меня отзывчивым, заботливым другом и мудрым советчиком.

Именно Вовочка и его брат Гриша впервые раскрыли мне глаза, рассказав правду о 1937 годе, о рабской рабочей силе лагерей, из которых мой отец вернулся только в 1954 году.

Когда у меня заболевал мой маленький сын, я всегда обращалась к Вовочке, и он привозил мне замечательных докторов. А когда мой маленький сын вырос и женился, я подчас ревновала его и не знала как себя вести. Вовочка сказал: «Невестка всегда права, а если не права, ты все равно должна быть на ее стороне».

В октябре 1995 года я впервые посетила Нью-Йорк и гостила 4 дня у Вовы с Маечкой. Мы много гуляли по улицам Нью-Йорка.

Когда Вовочка мне рассказывал о городе, его экспрессия была так велика, что незнакомые люди облипали его как ракушки. Они подходили к нему и разговаривали с ним, и мне казалось, что я нахожусь не в городе — гиганте, а в маленьком провинциальном городке, где все знакомы друг с другом. На самой верхотуре World Trade Center мы встретили знакомого журналиста. Он сказал, обращаясь ко мне: «Вы знаете, это не Вова говорит словами Б-га, это Б-г говорит его словами».

Я и сейчас мысленно беседую с Вовкой. И если что-то волнует меня, то я представляю его реакцию.

Ничего более яркого в моей жизни не было.

Эмма Хорошая

Мои воспоминания

Вовка Зак — мой двоюродный брат. Именно Вовка, а не Вова, Володя или Владимир. Так мы все его звали в нашей большой семье. Мой отец и его мама — родные брат и сестра.

Всех двоюродных братьев и сестёр у меня со стороны отца было 10 человек. Все мы родились и жили до 1990 года в Москве. Примерно половина из них были на 4–8 лет старше меня, а половина по возрасту, такие как я. Моя родная сестра Аня была в группе старших. В этой группе она была единственной девочкой, к тому же красивой, и все братья были в неё немножко влюблены. Вовка часто в течение своей жизни называл её в шутку «своей первой женой».

Летом мы с сестрой иногда жили на даче у Вовки в Валентиновке (конечно, не у Вовки, а у его родителей). У него и Гриши (его родного брата) была большая дачная компания. На их участке размещалась настоящая волейбольная площадка.

Старшие играли в волейбол, влюблялись, а мы с Кларой, (родной сестрой Вовки) за ними подглядывали. Маленькая соседская девчушка пяти лет на вопрос: «Как ты относишься к Вове?» опустив кокетливо глаза отвечала: «Стыдно сказать». Думаю, что так могли бы ответить многие девушки и женщины, которые встречались на его жизненном пути.

Много позже, когда Вовка был уже женат, мы собрались у меня компанией на какой-то праздник. Я выпустила стенгазету под названием: «Выходят в свет новые книги» и каждому гостю придумала книгу с подходящим названием. У Вовкиной жены Майи Корсунской вышла в свет книга «Пять лет с Владимиром Ильичом». Вовка, прочитав это название, тут же преобразился в Ленина и весь вечер провёл в его роли. Как он умел блестяще имитировать, знал каждый, кто был с ним знаком. Вовка тут же нашёл в компании Левушку Троцкого (гостя звали Лёва) и Кобу (гостя звали Иосиф). В тот вечер все в полном смысле слова лежали под столами, а у одного гостя при падении от смеха даже сломался стул. «Больше не можем!» — кричали мы ему, но он продолжал свою роль. Что-нибудь разыгрывать или кого-либо изображать Вовка всегда любил.

Один раз на майские праздники я сделала два стола: один — только водка и вобла, а другой — обычный, с закусками. Вовка тут же сел за стол с воблой и провозгласил: «Маевка», и весь вечер мы говорили и пели очень тихо, так как мы были подпольной организацией.

Какая была радость, когда Вовка садился за фортепиано, и мы пели песни, и он при этом часто импровизировал. Так, в песне со словами «шел Джонни на свиданье к Мэри Финч...», в припеве: «Все в жизни случай, себя не мучай, сожми кулак, держись прямей и напевай судьбе своей поборемся еще, О, кей», Вовка заменил «О, кей» на идишское слово «азохунвей» (что означает «Прямо-таки»). А какие замечательные были вечера, когда Вовка посвящал нас в свои музыкальные открытия.

Мы жили на улице Горького (ныне Тверской), а Вовка работал в Союзе композиторов, который практически находился в десяти минутах ходьбы от нас. Вовка часто врывался к нам без всякого предупреждения, и это было всегда праздником.

*Кто стучится в дверь ко мне
С толстым портфелем в руке,
Вот так-так, Вот так-так,
К нам пришел Вовка Зак.*

*Он ворвался в дом как ветер,
Средь ромашек красный мак,
Он принес к нам в дом веселье,
Славься, славься Вовка Зак.*

*Если в доме были ссоры
Пересуды и раздоры,
Если в вас летела ваза
Все забудете вы разом.*

*Это так, это так,
К нам пришел Вовка Зак.*

Первую отдельную однокомнатную кооперативную квартиру Вовка купил на проспекте Мира и собрал друзей на новоселье. В квартире был совмещенный санузел, рояль, который занимал полквартиры, стол и диван.

*Участники сегодняшнего пира
Собрались на проспекте Мира,
Поздравить своего кумира,
Что есть теперь своя квартира,
(хоть «совмещенная сортира»),
И пожелать ему вершин Памира,
И денег, сколько у банкира.
Восславим нашего кумира!*

Вовка был и остается нашим кумиром.
Расскажу, как неудачно я хотела посватать Вовку. Вскоре после того, как я вышла замуж, я решила познакомить Вовку с дочкой своего сотрудника. Как раз у нас был культпоход от работы в кино. Вовка зашел к нам, и мы пошли к кинотеатру «Форум» я, мой муж и Вовка. Туда же пришел и мой сотрудник с дочерью. Вовка стал сразу рассказывать всякие интересные и смешные истории. На следующий день сотрудник говорит: «Вообще парень ей понравился, но он не сказал ни одного слова». «Как? — удивленно спросила я, — он же все время рассказывал и вы смеялись». «А... — сказал сотрудник, — а мы думали, что это твой муж, нам и в голову не могло прийти, что это «жених» может вести такую беседу».
Вовка женился, когда ему было 35 лет, но:

*Не ругали его, что не женится,
Думали, нет на земле для него женщины,
Может быть, с Марса или Венеры
Привезет к нам на землю премьеру...*

В жены Вовка выбрал себе Майю Корсунскую.

*Нет, не с Марса и Венеры,
С солнца он достал премьеру,
И как снег последний таял
Он в лучах весенних Майи.*

Когда собиралась вся наша большая семья — мишпоха, мы вместе со старшим поколением все время немножко играли. Мой отец был Председателем мишпохи. Вовка был бессменным заместителем Председателя. У нас был Главный поэт мишпохи, Главный художник мишпохи, свой бухгалтер и своя ревизионная комиссия. Мы выдавали ордена, издавали указы, а перед каким-нибудь большим мероприятием, например, свадьба, собирался оргкомитет. И вся эта атмосфера создавалась, конечно, Вовкой.

Вовка не был хорошим партнером для танцев. Помню, как он рассказывал, что вальс учил его танцевать один военный. «Раз…, два…, три…» — говорил Вовка и делал два длинных шага вперед и один в сторону, приставляя по-солдатски ногу. На одной свадьбе в нашей мишпохе, сценарий которой был разработан Вовкой и прошел очень удачно, он вдруг подлетел ко мне, схватил и буквально внес меня в танцующую толпу.

Ты помнишь, брат, как в ресторане,
С названьем вроде «Украина»,
С тобой мы танец танцевали
В неукротимой страсти львиной.

То не любовной страсть была,
Иное у нее звучанье,
Нам не нужны с тобой слова,
И в этом радость пониманья.

Я помню, все быстрей, быстрей
Играл оркестр, не умолкая,
И ноги, словно у коней
Неслись, усталости не зная.

Вот смолкла музыка моя,
И мы стоим вдвоем обнявшись,
По одному не устоять
После такой нелепой встряски.

И я хочу, чтобы всегда,
Когда стоять бывает трудно,
Ты вспомнил, брат: как в ресторане

*С названьем вроде «Украина»,
С тобой мы танец танцевали
В неукротимой страсти львиной.*

Вовка первый из нас поехал в командировку в Америку. Возвратившись, он написал большую статью в Литературную газету под названием: «Развенчать стереотип врага»[1], что для того времени было новым и смелым взглядом. Дома о своем впечатлении об Америке он рассказывал с большим юмором. Мне запомнились разные истории: о кранах, которые невозможно открыть, а надо только поднести руки, чтобы полилась вода, о туалетах, в которых вода сливается автоматически при открытии двери. Эти диковинки были тогда нам неизвестны, и Вовка изображал свою полную растерянность в современных американских бытовых условиях. В это время Вовка занимал высокий пост в Союзе композиторов СССР, был доктором искусствоведческих наук, летал в разные страны и делал доклады на разных языках, но никогда Вовка в общении с нами не менялся.

Когда Вовка уезжал в эмиграцию в Америку, я подарила ему маленький бочоночек с водкой. В первую же нашу встречу в Нью-Йорке Вовка, надев китель американского военного, торжественно на подносе вынес мне бочонок. А я ему подарила новую сувенирную бутылку с надписью «Водка Зак». И каждый раз, когда я приезжала, мы распивали предыдущую, а новую ставили на хранение. Когда я приехала в первый раз, и Вовка повез меня на площадь Линкольна, то, несмотря на всю его эмоциональную восторженность, я чувствовала грусть по Москве.

*Мы были с Вовкой на площади искусств,
Он с темпераментностью чувств
Доказывал изысканность строений:
«Смотри, какой прекрасный фон!
А асимметрия колонн!
Мне хочется писать роман,
Когда смотрю я на фонтан!
А струи? — Падают в воде
Совсем не хуже… чем в Москве!?..»*

---

[1] В газете статья появилась под названием: «Без предубеждения». Литературная Газета №49, 4 Декабря, 1987 г., стр. 17.

Последний раз мы виделись в Нью-Йорке в 2005 году. Мы — я, мой муж (приехали из Израиля) и моя сестра Аня (приехала из Сан-Диего) сняли квартиру недалеко от Вовкиного дома. Какие это были встречи. Мы растворялись друг в друге и были счастливы.

Памяти брата

Я знаю — ты на крыльях улетел,
Я знаю — в высоту за небесами,
Но не договорил ты, не допел,
Ты улетел, не попрощавшись с нами.
Быть может, ты и там творишь,
Быть может, есть эмоциям там место,
Быть может, ты с друзьями говоришь,
И наше сожаленье неуместно.
Но в этом мире для меня дыра,
Дыры озоновой страшнее.
Свяжи миры! Махни издалека,
И станет на душе немножечко светлее.

Римма Ходаковская

Моему незабвенному Вовке

Десятилетья — как листки календаря.
И годы к нам протягивают руки,
И вечное: «Что зря, а что не зря?»,
И шелестят слова, и долетают звуки.
Без этих звуков я сажусь на мель,
И жизнь — лишь череда сиюминутных мигов,
Они взрывают сумрачный туннель
Виденьями картин, улыбок, ликов.
И в перекличке слышу я тебя,
Ликующий, восторженный, вне-мерный!
Тоскую я, в бессилии любя,
О, звуков тех король бессменный!

Приложение

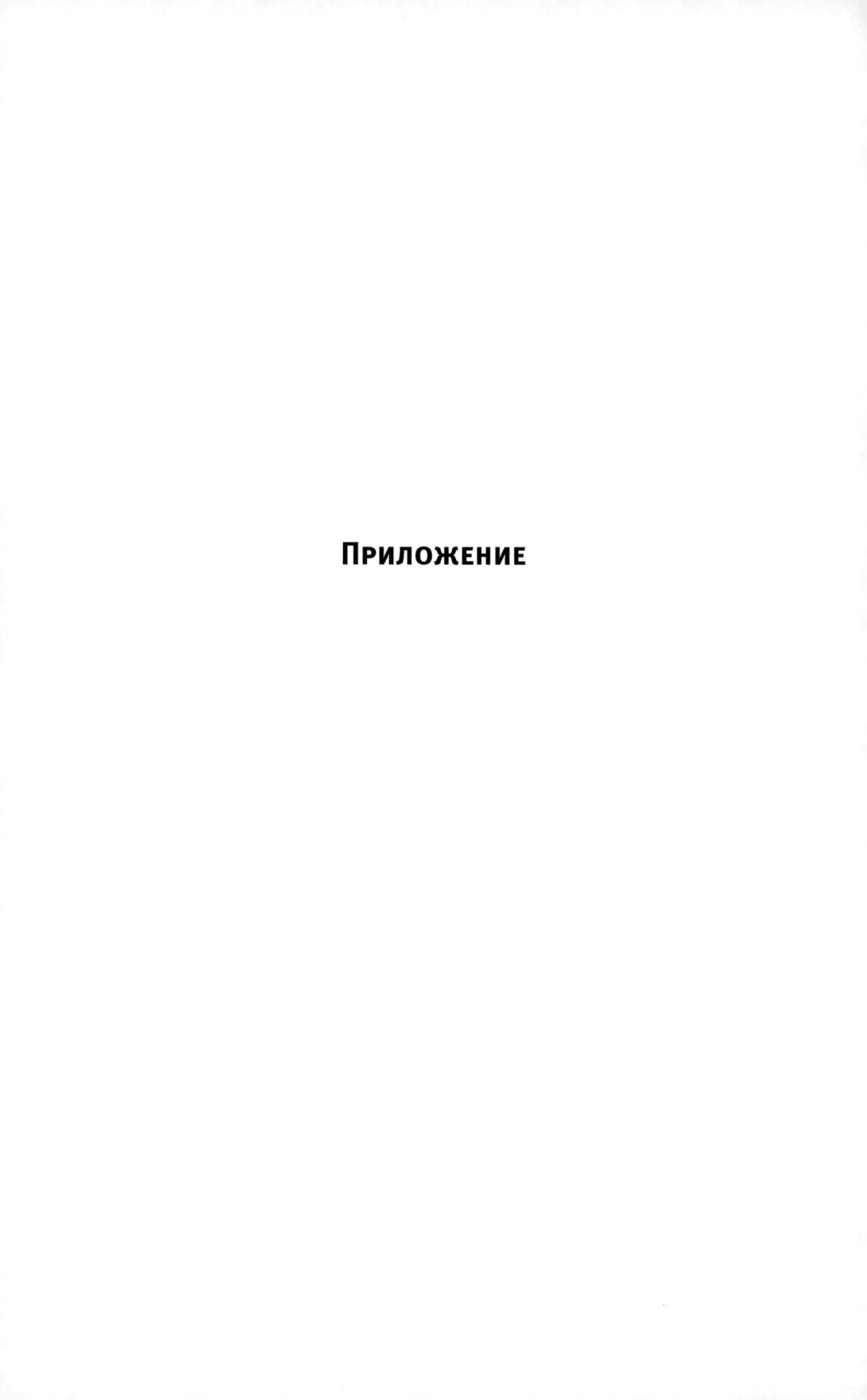

*Владимир Зак,
доктор искусствоведения*

ШОСТАКОВИЧ И ДЕТИ?

Я ставлю этот вопросительный знак не потому, что тема может вызвать протест, но сразу же хочу настроить читателя на то, что разговор будет вовсе не детским: во-первых, речь пойдет не о музыкальной антологии Шостаковича для детей, а коснется лишь отдельных его тем и сочинений (во имя уточнения важных стилистических основ композиторского почерка), во-вторых, нас будет интересовать само понятие детского у Шостаковича. Оно сильно отличается от общепринятого, ибо природа русского гения всеохватна. Даже в небольших пьесах. И детское оказывается лишь крохотной частью целостного портрета жизни. Оно как бы незаметно вкрапляется в повествование. И, порой, композитор напоминает нам о том, что человек, лишенный непосредственности, становится посредственностью. Однако, сложность социальной действительности зашифровывает эту непосредственность, делает ее немыслимой, и детскость уходит на второй план, укрывается в тени. Другими словами, чаще всего у Шостаковича «детское» — вовсе за кадром. Оно лишь в кавычках. Оно как бы подразумевается, но прячется в глубине запутанного лабиринта бытия homo sapiens. «Стиль детских грез», «стиль памяти», «мемориальный стиль» — все они вызваны стремлением утвердить в искусстве непреходящие человеческие ценности»[1], но сами эти стили у Шостаковича — внутри глобального космического пространства, за пределами конкретного времени. Думается, что каждый, кто помнит «Бессмертие», где композитор цитирует свою мелодию (сочиненную в детском возрасте), ощущает ту бесконечность мироздания, о которой говорят нам Микельанжело

---

[1] И. Золотовицкая «О некоторых новых тенденциях в современной симфонии». «Музыкальный современник»., Москва., «Композитор»., 1987., стр. 172

вместе с Шостаковичем (посвящено композитором Ирине Антоновне Шостакович).

Ощущая взгляд Шостаковича из «космического одиночества»,[2] наиболее прозорливые современники всегда разделяли композиторское видение сегодняшнего дня.

Особая пронзительность музыки великого симфониста в том, что он — философ и публицист, не уходит от кричащих противоречий века, и, как правило, «Ура» не заменяет на «Хайль»[3]

Искренне сочувствуя ленинским идеям в начале советского пути, Шостакович быстро замечает то, что не может его не смутить: «Октябрьскую революцию я встретил… на улице, причем тогда кто-то (оказавшийся, как писали в газетах, бывшим городовым) застрелил у меня на глазах маленького мальчика. Этот трагический эпизод сильно врезался мне в память, и, сочиняя посвящение Октябрю, я это с особой ясностью вспомнил и посвятил ему эпизод перед вступлением хора».[4]

Да, перед хором Второй симфонии (на парадно-декларативный текст поэта А. Безыменского) — устрашающий разбег оркестровой массы с резким «выстрелом» ударных. Наверное, автор «Посвящения Октябрю» думал и о том, что моменты чисто изобразительные «дойдут» даже до детей. И если когда-то американский критик грубо обвинил Шостаковича в игре в поддавки только за то, что его симфоническая музыка понятна детям, то сегодня ясно и ребенку: американский критик заблуждался.[5] Так называемая игра в поддавки (как она трактуется снобами) на самом

---

[2] Данным определением Вадим Могильницкий характеризует исполнение Восьмой симфонии Шостаковича Евгением Мравинским (Вадим Могильницкий «Святослав Рихтер». Издательство «Урал»., 2000 г., стр. 200)

[3] Принимая, а точнее — строго ревизуя, остро сатирический спектакль «Голый король» Е.Шварца, поставленный режиссером Олегом Ефремовым в театре «Современник» (конец пятидесятых годов), комиссия Министерства культуры СССР, от которой зависело «быть или не быть», постановила: в реплику Первого министра («во дворце его Величества рот открывать можно только для того, чтобы крикнуть «Ура»…) должна быть внесена поправка: «Ура» исключить, а вместо него вставить «Хайль».

[4] Д.Д.Шостакович — Д.Р.Рогаль-Левицкому. 22 сентября 1927 г. В сборнике: Дмитрий Шостакович в письмах и документах. Издание Государственного Центрального Музея музыкальной культуры имени М.И.Глинки. Москва, 2000 г.,стр.186.

[5] Thomson Virgil. The Musical Scene. New York, 1945.

деле — магия привлекательности самого искусства. **Настоящая игра в поддавки** не опускается до пошлости, не идет на поводу у примитива, но мастерски «поддается» желаниям homo sapiens, даже если перед художником — ребенок. Следовательно, игра в поддавки — это, прежде всего, **уважение к традиции**. К стародавней традиции народов. Без такого уважения, ощущаемого на слух, ребенок, скорее всего, музыку отвергнет, ибо она не станет для него привлекательной, будет лишена магии. «Родная речь для ребенка — воздух, которым дышит его душа наравне с душой всего народа», — сказал самый преданный друг детей Януш Корчак.[6] А лучший детский поэт столетия — Корней Иванович Чуковский недаром констатировал «полное совпадение детского языкового мышления с народным».[7] И это, как говорится, роднит юношу со старцем.

Магический кристалл Первой симфонии — ее Главная партия — мерцает вечным огнем, идущим откуда-то изнутри, из сердца музыки. Где оно, это сердце «шутливого марша», как его аттестовал сам Шостакович.[8] Оно ведь живо и непрестанно бьется в метро-ритме. А метро-ритм, как и в стихосложении, согласовывает музыкальные ассонансы.

«О муза плача», — обращается Марина Цветаева к Анне Ахматовой. И наш слух сразу фиксирует обвораживающее и трогательное **У-А** — «детский плач» акцентируемых гласных, составляющих поэтический символ «музы плача».

Волшебство мельчайших «рифм» звучания... Оно зиждется на самом прочном фундаменте тысячелетней давности. И Шостакович следует закону традиции: часто, очень часто он избирает одну и ту же базу — древнейший звукоряд, который обожают дети. Он называется **пентатоникой**. О приверженности детей к пентатонике знали все педагоги, среди коих выдающийся венгерский мастер Золтан Кодаи. Многие «сочинения» детей, едва научившихся сидеть у рояля, словно скоординированы невидимым режиссером. Это последовательный перебор черных клавиш. Музыка наивности! Или просто-напросто пентатоника. Как изумительна она у Шостаковича в его «шутливом марше». Дей-

---

[6] Януш Корчак. Как любить ребенка. Москва, «Дом»., 1990., стр. 231.

[7] К.И.Чуковский. От двух до пяти. М.: Худ. лит., 1965

[8] Д. Шостакович. Аннотация к исполнению Первой симфонии. В сборнике: Дмитрий Шостакович в письмах и документах. С. 482

ствительно шутливом. Игривом. И, словно бы, воздушном: как будто юный путник по-своему продолжает «Прогулку», которую когда-то начал Мусоргский в «Картинках с выставки». Только походка современного непоседы совсем уж иная. Он налегке и выглядит необычайно элегантно.

Обратите внимание на интенсивность пентатоники Шостаковича (нотный пример № 1В) в отличие от пентатоники Мусоргского в той же «Прогулке». (№ 1А) Это абсолютно новое «открытие старого»! Можно, конечно, предугадать недоуменный вопрос: если у Мусоргского в «Прогулке» пентатоника — на самом виду, то где же пентатоника у Шостаковича, вся мелодия которого испещрена явными хроматизмами? Да, это в самом деле, естественный вопрос. Но не будем торопиться, а напротив: сосредоточимся на музыке. Перед нами — марш Шостаковича с его четкой повторностью, регулярностью метро-ритмических ячеек, где сцепления ударений образуют вполне определенную и ясно ощутимую систему акцентов и выкриков.

Вот они, музыкальные ассонансы! Вот они «рифмы» согласования «гласных»! И пусть эта система не самостоятельна, но она относительно автономна, ибо движение от акцента к акценту (на одинаковой временной основе) непроизвольно, то есть независимо от нашего сознания, выделяет метрические икты, как некий внутренний контрапункт мелодии. А в контрапункте (квинтэссенция!) — своя красочная ткань, а точнее — ее основа. Мы называем это удивительное явление **Линией Скрытого Лада** (сокращенно ЛСЛ).[9]

---

[9] Подробнее об этом: В. Зак. *О закономерностях песенной мелодики*. Москва., Советский композитор., 1990 г. А также в статьях: «Asaf'ev's theory of intonation and the analysis of popular song», in Popular Music, vol. 2, Cambridge (Cambridge University Press) 1982; «Il meraviglioso mondo del' intonazione populare», Milano 1983; «What is popular music?», Goteburg 1985; «o melodike Josepha Haydna», in Joseph Haydn a Hudba Jeno Doby, Bratislava, 1982; «Броскость лада в песенной интонации» (Проблемы музыкальной науки №6, 1985), «Об устойчивых интонационных комплексах» в книге: *Асафьев и советская музыкальная культура*. М., «Композитор», 1986, «Важный ориентир стиля» (О мелодике Чайковского), «Советская музыка» №6, 1990; «Die Hoffnung Bleibt», in «Jewish and Anti-Semitic Elements of Russian Musical Culture», Berlin, Verlag Ernst Kuhn, 2003

Нотный пример № 1

М. Мусоргский. «Картинки с Выставки». Прогулка.

Д. Шостакович. Симфония № 1

Д. Шостакович. Гавот

Что же следует из сказанного и теперь уже услышанного?

Изящество нежных хроматических интонаций (очень современных!) «нанизывается» на хорошо знакомую и любимую нами с детства пентатонику — ее полный звукоряд: as-f-es-c-b-as. И, как это бывает во многих образцах фольклора, пентатонный ряд акцентов эффектно «разбивается» заключительным мотивом, выполняя тем самым функцию колористического указателя (фигурально говоря — светофора, переключающего свет у порога финальной структуры). В теме симфонии Шостаковича — это «зажигающийся» звук ре-бекар — первый хроматизм ЛСЛ Главной партии.

Таким образом, тончайшая ювелирность современной хроматики прекрасно уживается с древней ангемитоникой ЛСЛ — спутницей вековечной традиции музыкального искусства. Типичный Шостакович.

Если прав был Аристотель, убеждавший наших предков в том, что «все хорошее от удивления», то, наверное, мудрый греческий философ выражал этим афоризмом самое существо детского мировосприятия. И есть ли что-либо более естественное на свете, чем восклицание, вызванное удивлением?! Разве Шостакович не подслушал эти восклицания у детей, организуя музыкальную форму своего «шутливого марша» по «схеме», где однофакторная система акцентов, каковой является пентатоника, «взрывается» полутоном в конце предложения! Воскликнуть, завершая мысль — не это ли симптомология восторга, искреннего изумления миром. Дети подтверждают сказанное «устами» Шостаковича, ибо в его популярнейшем среди маленьких пианистов «Гавоте» из «Альбома для детей» все, о чем шла речь, демонстрируется с очевидной наглядностью, только на этот раз без усложненной хроматики (см. пример № 1 C). Все восклицания ЛСЛ, идущие подряд — пентатонические, в пределах звукоряда c-d-f-g-a, а вершинное — самое «экзальтированное»: h, открывающее заключительную фразу — не что иное, как «психологическая сшибка» — смена привычного колорита ЛСЛ во имя яркости нового «речевого возгласа». Такого удивленного... Не дети ли — первые авторы подобной формы? И не от них ли улыбка «шутливого марша» в Первой симфонии, Главная тема которой овеяна нежностью и верой творца в Человечность, верой, идущей от сердца художника. Верой...

Но что же происходит дальше? Помните ансамбль валторн с неугомонным барабаном в «Первомайской» симфонии? Это уже 1929 год. Вроде бы Шостакович живописует то, что его «ослепляет» (см. пример №2):

Парад. Идут колонны пионеров. Стройные? Подтянутые? Чеканящие твердый шаг по брусчатке мостовой?

...Не замечает ли Шостакович, что все это отдает конформистским душком? Это ведь нарочитое пародирование! И пионерское шествие приобретает в симфонии черты «демонические»! «Горнист» словно помешан на неотвязных выкликаниях квинты. Торжествуют «сошедшие с рельс» фанфары. Барабан бьет не только в уши. Барабан бьет по самой идее Свободы Личности. С каждым тактом «бодрый», «оптимистический» мажор Шостаковича приводит нас... в оцепенение. И стоит, наверное, заглянуть поглубже в причины такого эмоционального возбуждения.

В начале XX века разные композиторские школы осознали роль цитатного материала, уподобляемого «музыкальному эспе-

Нотный пример № 2

Д. Шостакович. Симфония № 3

ранто». Формула Пушкина «бывают странные сближенья» стала необычайно актуальной. Симптоматично, например, какую мысль высказал коллега Шостаковича — композитор В. Щербачев: «Для реального воплощения замысла возможны самые широкие, иногда неожиданные ассоциации и параллели. Ищите их у Брамса и Регера! Смотрите у Малера и Стравинского, у Моцарта и Скарлатти! Гибридизация элементов далеко отстоящих стилей может дать самые неожиданные результаты, если она подсказана чутким интеллектом и точным слухом.»[10] Шостакович цитирует в пионерском марше Третьей симфонии вовсе не мотивы обычного горна, ибо они специально поданы Художником в кривом зеркале. Есть ли в таком случае что-либо от детского в этой музыке? Да, есть. И это, если так можно выразиться — обобщенная цитата детства. Самая обобщенная, каковой является мажорная пентатоника Линии Скрытого Лада. По существу, любая пентатоника — цитата далекой древности. Но она, как и в «шутливом марше» Первой симфонии, ораторствует у Шостаковича на акцентах и выкриках! Здесь, в пионерском марше «Первомайской» даже из-

---

[10] Цитируется по книге В. Богданов-Березовский. Дороги искусства. Ленинград, 1971. Стр. 36

брана (интуитивно вычислена композитором) особая структура, свойственная и детскому фольклору разных европейских народов, и профессиональному творчеству, вбирающему в себя черты детской души, ее волеизъявления.

Нотный пример № 3
Детская Португальская песня «Bóia, bóia, binha»

В. Моцарт: «Маленькая пряха».

Бетховен (Тирольская песня), Чайковский («Весна» на стихи Плещеева), Стивен Фостер (знаменитая в Америке «Сюзанна») как бы вторят на разных континентах этой типично детской конструкции. По-своему вторит ей и Шостакович.

Нотный пример № 4
Шостакович. Звукоряд ЛСЛ пионерского марша 3^{ей} симфонии (в динамике).

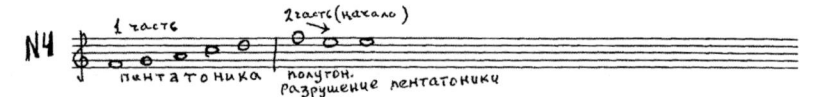

Конечно же, форма взаимодействия пентатонной ЛСЛ с ее крушителем–полутоном выбрана (почувствована) Шостаковичем по аналогии с множеством детских песенок и пьес, витавших в атмосфере. И, между прочим, его, Шостаковича До-мажорный марш из «Детского альбома» строится на той же детской композиции. Но шокирующей слух неожиданностью явилось именно нарочитое выхолащивание нежности из детского мира в пионерском марше «Первомайской», полный отказ от той Доброты, что так пленительна в любом детском искусстве. Шостакович услышал это столкновение реальности с детьми именно в призывах наступающего конформизма. Шостакович как бы солидаризировался с Гербертом Уэллсом, заметившим, что в наше время человеческая история все более и более становится соревнованием между воспитанием и катастрофой.[11] Шостакович сделал нас свидетелями превращения детей в колонны послушных механизмов! В дрессированных поборников лозунгов! Это, безусловно, уже <u>сомневающийся</u> Шостакович: сомневающийся в выборе объекта изображения да и его трактовки. Это начало духовного кризиса, определившего первый художественный результат в аттестации человека-робота (робота-ребенка)!! Нет ничего подобного в современной Шостаковичу «железной музыке» Запада (типа «Пасифик-231» Артура Оннегера) или в урбанистических опытах советских коллег (типа «Симфонии гудков» А. Авраамова). Шостакович увидел пионеров такими, какими Сергей Прокофьев (классик советской детской музыки) их не видел никогда и нигде — ни в «Пете и Волке», ни в его Детских песнях, ни в «Зимнем костре», ни в оратории «На страже мира», ни в Седьмой симфонии.

«Песнь о лесах», где леса сажают пионеры — лишь отписка Шостаковича, оброк подневольного, над головой коего занесен меч. И потому «Песнь о лесах» также не попадает в серьезную шкалу деяний **искреннего** Шостаковича, начинавшего уже в конце 20-х прозревать на какой далекий полюс занесла его изменница-фортуна. Несомненно: верный вывод делает современный московский исследователь Левон Акопян, отмечающий что « в стилизации пионерского марша (из Третьей симфонии-В. З.) отчетливо просматривается прототип самых зловещих страниц

---

[11] H. G. Wells, *The Outline of History, Being a Plan of Life and Mankind*, London, 1920, p. 608

Седьмой и Восьмой симфоний».[12] Показательное высказывание. Уверен, что сила воздействия пионерского марша «Первомайской» как раз в том, что облик детства оборачивается антидетством, когда ребенка превращают в послушную «кому-то» машину. И художник объективно выражает реальность окружающей его действительности.

Довольно жить законом
Данным Адамом и Евой!
Клячу истории загоним.
Левой!
Левой!
Левой! [13]

Третья симфония — только начало процессов **перерождения образов детства** в творчестве Шостаковича.

---

[12] Левон Акопян. «Отверженные детища Шостаковича: опусы 12,14,20». В сборнике: *Шостакович. Между мгновением и вечностью. Документы. Материалы. Статьи*. Редактор-составитель Л. Г. Ковнацкая. Издательство «Композитор»., Санкт-Петербург, 2000 г., стр. 238.

[13] В. Маяковский. Левый марш. В книге: В. Маяковский. Избранные произведения в двух томах. Том 1. Издательство Художественной литературы. Москва, 1953, стр. 64. К Третьей симфонии Шостаковича написал политизированные слова комсомольский поэт Семен Кирсанов, но, бесспорно, приведенная цитата Маяковского гораздо объемнее высвечивает дух эпохи, в которую создавалась партитура Шостаковича. О значении перекрещивания, взаимообъяснения музыки и литературы (одна из вечных тем эстетики) оригинально размышляет известный американский музыковед Stephen Blum: «In Defense of Close Reading and Close Listening» («Current musicology», №53, p.41–54). К сравнительному стилистическому анализу структур музыки, прозы и поэзии, прямо не соприкасающихся в творчестве композиторов и литераторов, но реально (порой неосознанно) пересекающихся в сознании творцов, а затем и почитателей их творений прибегает известный исследователь профессор М. Арановский, сопоставляющий, например, стили Шостаковича и М. Зощенко (М. Арановский. «Высокое» и «низкое» в поэтике Шостаковича» в книге: Элитарное и массовое в русской художественной культуре. М, 1996). Мы полагаем: когда за дирижерский пульт становятся такие титаны, как Мстислав Ростропович, Геннадий Рождественский, Валерий Гергиев, Юрий Башмет, Владимир Ашкенази, Даниэль Баренбойм, Курт Мазур, Лорин Маазель то каждый интерпретатор Шостаковича, наверное, оснащается литературными «аналогами». Разумеется, что у того или иного крупного дирижера они свои, индивидуальные, быть может, даже достаточно субъективные. Но не это ли помогает обнаружению разных граней партитуры композитора, раскрытию тех потаенных смыслов, которые, быть может, даже расширяют первоначальные замыслы самого художника-творца.

«От всей души ненавижу шагистику. Раз, два, левой — правой», — признается старшему другу Шостакович[14]. Ненавижу шагистику… Оно и понятно: когда-то, на заре творчества, маленький еще Митя Шостакович, под впечатлением чудесной «Русалочки» Ганса Христиана Андерсена, хочет создать балет. Но «внешние события» (так квалифицирует Шостакович войну)[15] толкают ребенка к сочинению пьесы «Солдат» (1914 год), а социалистическая революция предопределяет марши памяти ее жертв. Финал Четвертой симфонии, которую композитор не решается показывать современникам четверть века, — это уже Похоронный марш революционной идее, если угодно, — полный крах былого пионерского энтузиазма.

Все сказанное прямо и непосредственно сопряжено с понятием музыкальной антиутопии, введенным в современную гуманитарную науку известным российским музыковедом Марком Арановским.[16] Антиутопия в литературе и музыке — отражение жизненных реалий. И, если нормальные дети в нормальном обществе постоянно задают вопросы (коим нет числа!), то в стране, воплотившей антиутопию в реальность, действует иной закон, сформулированный еще в 1920 году русским писателем Евгением Замятиным: «Homo sapiens — только тогда человек в полном смысле этого слова, когда в его грамматике совершенно нет вопросительных знаков…»[17]

Парадокс заключался в том, что нараставшее количество курьезов и кошмаров в истории СССР не увеличивало, а как раз уменьшало количество вопросов, сведя их, в конечном счете, к нулю. Каждый жил «по Замятину»: без вопросов. И раздваивался пополам. Даже ребенок знал, что дома можно говорить одно, в детском саду совсем другое. «Я» и «Анти-Я» вплотную коснулось детей.

---

[14] Д. Д. Шостакович — Б. Л. Яворскому. 29 июля 1926 г. *Дмитрий Шостакович в письмах и документах*. Москва, 2000. стр. 70.

[15] Там же, стр. 476.

[16] М. Арановский. *Музыкальные антиутопии Шостаковича*. В книге: Русская музыка и XX век, Москва., 1997., стр. 213–251. В дальнейшем изложении нашей статьи будет использована и терминология автора «Музыкальных антиутопий Шостаковича».

[17] Евгений Замятин. Роман «Мы». Цитируется по изданию: Художественная литература. Москва, 1989, стр. 85.

Знаете ли вы о том, дорогой читатель, что такое культ Павлика Морозова? Это значит культ предательства, культ доносительства. Предательства кого? Собственных родителей! Если вы, ребенок, услышите в своей семье хоть одно слово против социализма, срочно бегите в секретный офис Государственной Безопасности и скажите, что ваши родители — «враги народа», или, как пародировал это Замятин, «враги счастья». И ваших родителей арестуют. А вы будете гордиться этим. Так поступал Павлик Морозов. Пример для любого пионера. Павлику Морозову поставили памятник, о Павлике Морозове слагали стихи, песни, поэмы. Павлик олицетворял новую «этику» детей. Но разве она могла быть оторвана от этики всего социума? Не зря ведь Марк Шагал написал в своей книге: «Теперь, во времена РСФСР, я громко кричу: « разве вы не замечаете, что мы уже вступили на помост бойни и вот-вот включат ток?»[18] А Иосиф Бродский, обобщая историю своей страны, воскликнет: «Помните? Как человек, расстреляв очередную партию приговоренных, вернется с этой «работы» домой и будет с женой собираться в театр. Он еще с ней насчет завивки поскандалит! И никаких угрызений совести, никакой достоевщины!»[19] Не это ли вывернутая наизнанку тональность Пятой симфонии Шостаковича, официально названной «становлением личности»! В условиях подавления личности — хотелось бы добавить (1937 — апогей ежовщины). Мои американские друзья — христиане и евреи, сопоставляя «гамлетовскую» тему размышлений в Пятой симфонии (Главную партию) с ее звучанием в разработке («дьявольский марш») тут же назвали Каина и Авеля — имена первых библейских детей — братьев, где один убивает другого. Выявление адской сущности готовилось в недрах Четвертой симфонии — предшествовавшей драмы:

---

[18] Марк Шагал. «Моя жизнь» Санкт-Петербург, издательство «Азбука», 2000, стр. 350.

[19] Соломон Волков. *О Цветаевой: диалог с Иосифом Бродским*. Москва, издание Независимой газеты,1998, стр. 49.

Нотный пример № 5

Шостакович. Четвертая симфония.

Шостакович. Пятая симфония.

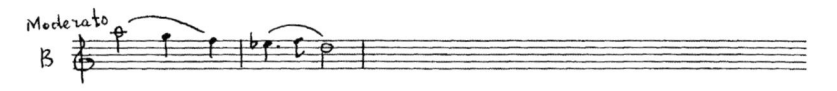

Обдающий ледяным холодом целотонщины «вальс» Четвертой симфонии — прямой предшественник грозной шостаковичевской темы Пятой. И даже на короткой дистанции (одна лишь фраза!) ЛСЛ сгущает колорит «целотонного пугала». И это очень существенно для слушательского восприятия, в частности, и неподготовленного — детского.

…Попробуйте громко сыграть маленьким детям целотонную гамму и спросить: «кто это — птичка, кошка или Баба-Яга?» Можно гарантировать, что голосовать будут за Бабу-Ягу. Это уже на уровне безусловного рефлекса. И, в какой-то степени — это результат общения (пусть самого минимального) с классической музыкой. После «Руслана и Людмилы» все дети чувствуют «враждебность целотонной гаммы Черномора» — злого волшебника, придуманного Пушкиным и «заклейменного позором» Глинкой. Одиннадцатилетний Шостакович восторженно принял оперу отца русской классики![20] Одним из ключевых номеров оперы является ария Руслана:

Нотный пример № 6

М. Глинка. «Руслан и Людмила».

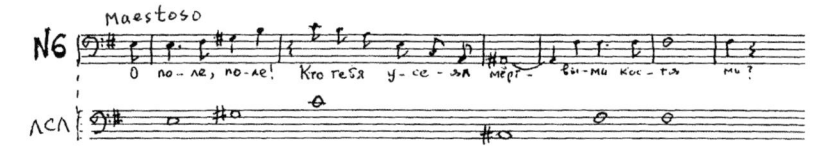

---

[20] См. ответы Д. Шостаковича на «Анкету по психологии творческого процесса», составленную Р.И. Грубером. *Дмитрий Шостакович в письмах и документах.* Москва, 2000, стр. 47.

В суровом речитативе «О, поле, поле, кто тебя усеял мертвыми костями?» ощущается нечто загадочное, даже пугающее. Акценты и выкрики на звуках: e-gis-c-ais-fis объясняют это. Линия скрытого лада заставляет слух ощутить аромат целотонности. И этого достаточно, чтобы возникла необходимая ассоциация, сталкивающая образ Руслана с враждебными ему силами, с тем же злым волшебником Черномором. Интригующий вопрос «кто тебя усеял мертвыми костями?» получает как бы тайный ответ из недр мелодии, из ее Линии Скрытого Лада. Психологический подтекст реализуется!

«Если не идеализировать султана Шахриара, — сказал мне один американский школьник, — то ведь, по правде говоря, он то и есть убийца-террорист, казнивший множество женщин». Приговор школьника очевиден... И хотя функция прекрасной арабской сказки из «Тысячи и одной ночи» — показать преобразующую силу искусства, а, значит, и смягчить крутой нрав царя-самодура, Римский-Корсаков в экспозиции «Шехерезады» рисует восточного властителя как бы злодеем. И маленькие дети, между прочим, с удовольствием внимая «Шехерезаде», говорят о царе Шахриаре — «плохой», ибо музыкальный язык Римского-Корсакова точно фокусирует образ жестокого деспота:

Нотный пример № 7

В чем же ключ разгадки образа? Целотонная цепочка: e-d-c-ais в Линии Скрытого Лада красноречиво «суфлирует» истину. У Мусоргского — функция целотонности выполняет роль сильного драматического катализатора, особенно в «Борисе Годунове». И Шостакович, наследуя богатейшую русскую традицию, доводит ее до своего стилистического максимума (см. Пример №8):

Конечно же, знаменитое Фа-диез в До-мажорной теме Главной партии — вовсе не лидийская краска, а именно **традиционный для русского искусства знак целотонности**. Но в каком интонационном **контексте**?!

Нотный пример № 8

Шостакович. Седьмая симфония.

Героическая тема Шостаковича имеет несомненное сходство с мелодикой **революционной песенности**. Речь идет вовсе не о цитатах: в Седьмой они отсутствуют. Однако... Русский композитор находится в атмосфере неотделимой от его времени. Мы вернемся к этой проблеме, а сейчас заметим: Бетховен никогда не цитировал французскую «Марсельезу», но мы чувствуем ее «присутствие» у немецкого композитора. Иногда достаточно очевидное (героическая лирика Второй части Пятой симфонии), иногда косвенное, когда наш слух улавливает нечто знаковое для данного стиля, но сознание наше не фиксирует, не анализирует, «не раскладывает по полочкам» то, что кажется знаковым:

Нотный пример № 9

Да, мы вспомнили сейчас знаменитый «медный глас» Бетховена, соединенный им с «ритмом судьбы» (мотив «А»). Между тем, «медный глас» — словно перевернутая фраза «Марсельезы» (мотив «В»).[21] Повидимому, подобного рода ассонансы — неосознанная

---

[21] Во французском оригинале Руже де Лиля мелодия «Марсельезы» имеет затакт именно из трех восьмых (совпадение с «темой судьбы» Бетховена).

художниками координация абсолютно нового, своего и — прочно сохранившегося в памяти «чужого», но, в конечном итоге, ставшего своим. Социально-психологические механизмы этих процессов еще очень мало изучены. Но стремиться к их постижению необходимо: во имя уточнения фактов, касающихся музыкальной науки, а, в конечном счете, понимания истины самой музыки. Известный английский исследователь Дэвид Фэннинг хорошо показал сколь многолики До-мажорные мотивы в творчестве Шостаковича, с какими неожиданными перекрестками смыслов, порой весьма завуалированных, встречается наше ухо в этой «лучезарной» тональности.[22] И сейчас нам важно до конца уразуметь на чем зиждется вышеприведенная тема Шостаковича, какие жанровые флюиды оплодотворяют ее. Мы имеем все основания утверждать, что русская революционная мелодика, накрепко сопряженная с инонациональными истоками (французскими, немецкими, польскими и др.) непосредственно повлияла на стилистику нового детского жанра — пионерской песни. И сказанное отразилось на интонационном строе Главной партии Седьмой симфонии Шостаковича. В Советской России (в ее первые десятилетия) не было, пожалуй, человека (дети — не исключение), который бы не знал «Марсельезы» — в ее различных русских модификациях, вплоть до «Марсельезы крестьянской». Не было человека, который не пел бы овеянную романтическим чувством песню «Взвейтесь кострами, синие ночи». Это — первая пионерская песня 1920 года.[23] Отсюда, между прочим, у советского слушателя перекидывалась арка к французской опере, к солдатскому маршу из «Фауста» Шарля Гуно, где отчетливо обнаруживались меты французского гимна. Для непредубежденного слушателя Главная партия Седьмой симфонии Шостаковича — это сложнейший ассоциативный ряд, напоминающий о том, что первая пионерская песня «Взвейтесь кострами, синие ночи» — детище все той же «Марсельезы», что начальный мотив мелодии «старшей» становится Линией Скрытого Лада мелодии «младшей», что та же фанфара «Марсельезы» — крестница «Фауста», передавшего по наследству советской Пионерской и свои черты характера, и, что, наконец, шостаковичевская

---

[22] Дэвид Фэннинг. «Современный мастер до-мажора». В сборнике «Между мгновением и вечностью», Москва, 2000.

[23] Впоследствии автор музыки первой пионерской песни С.Дешкин был репрессирован и много лет находился в советских концлагерях.

тема во многих ее импульсах исходит из того же интонационного мира, из того же круга явлений, из того же «устного музыкально-интонационного словаря эпохи».[24]

Нотный пример № 10 [25]

[Нотный пример: «Рабочая Марсельеза»; «Взвейтесь кострами» (пионерская); Л С Л пионерской; Ш. Гуно «Фауст» — Tempo di marcia; В. Седой «Играй, мой баян»; В. Седой «Песня бойцов» — Сурово]

Как же понять столь странное на первый взгляд столкновение двух интонационных миров: с одной стороны — революционной песенности, с другой — целотонной сферы? Как трактовать совмещение этих диаметрально противоположных полюсов? Не давая прямого ответа на поставленные вопросы, выскажу лишь свою гипотезу.

---

[24] Заглавный мотив «Марсельезы» хорошо адаптировался в русском фольклоре. К примеру: в напеве «Не вейтеся чайки над морем» (в песенном дебюте), в революционном марше «Слезами залит мир безбрежный» (мотив «Марсельезы» в конце марша), в партизанской-дальневосточной «По долинам и по взгорьям» (вхождение «Марсельезы» в сердцевину русской песни, в ее вторую, мажорную фразу). Партизанская-дальневосточная «По долинам» — уникальный пример фольклора гражданской войны, где мелодия сочеталась (контаминировалась) со словами против «белых», но еще до того бытовал вариант той же мелодии со стихами против «красных» («Марш Дроздовского полка», созданный в 1918 году.) Таким образом, «Марсельеза» (внутри этих песен) была оружием и красных революционеров, и тех, так называемых белых, кто пытался спасти «святую Русь, погибающую под ярмом». Разумеется, что и это очередной трагический акт жизненного театра абсурда, — театра, стоившего России очень дорого. Легко понять интерес Шостаковича к подобного рода интонациям.

[25] Примеры массовых песен В.Соловьева-Седого (начало нападения Гитлера на Россию) — свидетельство героической интонации, вариирующей «мотив Марсельезы» в русской лирике.

Эпоха–Композитор–Интонационный мир. Эта триада едина. Думается, что конфронтация героической диатоники с традиционными показателями «целотонного негатива» — следствие того состояния (лучше бы сказать непримиримого конфликта духа), которое овладело Шостаковичем с середины 30-х годов. Целотонность тематизма Седьмой симфонии Шостаковича — вовсе не механическое изобретение, и уж, конечно же, не следование за «целотонностью» Дебюсси или Равеля. Это, конечно, продолжение русской классической традиции, давно апробированной «общественным ухом» (Асафьев). Здесь противопоставление диатоничности и целотонности — важнейший **драматургический принцип конфронтации позитива с негативом**.[26] Это тем более очевидно для той сферы, которую Шостакович избрал в качестве основной — диатоника революционных, а, может быть, и пионерских мотивов, которые, кажется, никогда, ни у кого и нигде настолько откровенно и дерзко (прямо-таки «в лоб»!) не сталкивались с целотонностью. И впрямь парадоксально: мы только-только начинаем внимать Главной партии как живому свидетелю радости-энтузиазма, но, не успев опомниться, наталкиваемся на «мощный столб», сворачивающий нас с намечавшейся дороги. Суть трансформируемой эмоции, конечно же, не только в том, что знаменитое Фа-диез — самый протяженный и, вроде бы, «чужой» звук темы, обозначающий что вдруг, нежданно-негаданно внедрилась целотонность. Само понятие целотонности у Шостаковича наделено своеобразным дуализмом, где последовательность целых тонов и диатоника имеют необычный характер смешений, балансируя по «острию ножа» в ту или иную сторону (тема специального исследования). Новатор XX века далеко уже отстоит от того же Глинки хотя бы потому, что отдельные элементы целотонной цепочки выглядят у него как индивидуальные портреты, окрашенные современной функциональной палитрой. Тот же фа-диез Главной партии, как метко замечает Арановский — «не вводный тон к V, а устой, разумеется, чисто контекстуальный, а не системный».[27] И в данном контексте устой, совершающий ладо-интонационный «переворот». Пусть и временный. В самом деле: если первая фраза шостаковичевской темы — как бы вариант заглавного мотива «Марсельезы», фаустовского

---

[26] Шостакович не приемлет стилистику А.Н.Скрябина, у которого целотонность — любование огнем или космосом.

[27] М.Арановский. «Русская музыка и XX век». стр.221–222.

марша или пионерской «Взвейтесь кострами» (и бал вершит красавица-диатоника!), то неожиданное «вступление во власть» вершины фа-диез в тот же миг перекрашивает предыдущие акценты e-d-c, превращая их в «сателлитов» фа-диез, в послушных его «вассалов». «Предательство» бывших диатонических элементов, принявших лик целотонности — «законный акт», установленный «конституцией» мелодического процесса, когда все последующее в мелодии меняет облик всего предшествующего! Фа-диез, как контекстуальный устой, крепко «держит власть» в установленных границах. Это тритоновое царство целотонности: от фа-диез вниз — к до. И незыблемость этих границ декларирована слаженным двухголосием «пограничников»: фа-диез как верховный несмолкающий приказ и до, как обязательное многократное «ура!» труб вкупе с литаврами (см. Пример № 8). И хотя фа-диез в дальнейшем движении темы переводится в соль, сам этот переход — тихий, безударный, как бы мимолетно проскальзывающий на слуху. А между тем, в акцентном ряду продолжает раскручиваться нить целотонности. В масштабах первого предложения темы эта нить акцентов приобретает волнистый профиль: c-d-e-c-fis-e-d. Не потому ли нам, слушателям, так отчетливо запечатлевается (по контрасту!) конфликтующее h — акцент-вершина ЛСЛ начального тезиса симфонии. Она включает принципиально новые ладо-метрические резервы мажора, теперь уже как бы «отрицающего» все предшествующие накопления акцентов, ибо отныне это уже торжество могучего полутона, «восставшего» против целотонности на кульминации ЛСЛ (в данной мелодической структуре).

Парадоксальность интонационного дебюта Седьмой симфонии в том, что целотонная ЛСЛ умышленно ограничена тритоновым диапазоном, в то время как разветвленная сеть фанфарных мотивов, идущих от «Марсельезы» и ее «двойников» захватывает огромный простор песенной стихии (в масштабах дуодецимы). И отсюда — ощущение переменчивости, некоей «дисгармонии» внутри гармонического целого. Отдельные фанфары диатоники тоже уникальны. Даже сама тоника обострена прочным септимовым сцеплением (ход ЛСЛ от кульминации на VII к приме: h^1-c^1). И при всем этом — ясность прямых или косвенных намеков на ту же «Марсельезу», фаустовский марш или русскую пионерскую. Если угодно, эта шостаковичевская манера высказывания на основе сочетания вроде бы несочетаемого придает характеру особую многогранность: в кажущуюся «легкость» и «свободу дыхания» мажорной героической темы вкрапляется нечто «из другого мира», что, безусловно, связано с тритоном целотоновости.[28] И это не единичное столкновение:

Нотный пример № 11

Шостакович. Седьмая симфония.

---

[28] Тезис-шеститакт Седьмой симфонии разомкнут октавой вопрошающей доминанты (g^1 — g), и сильно динамизирован структурой наплыва, когда окончание первого предложения (шестой такт) является, вместе с тем, и началом предложения второго — схожего и тоже разомкнутого доминантой. Подобная структура многократных вопросов-стретто, которыми оперирует Шостакович и в дальнейшем, заимствована из современного кинематографа (совмещение крупных планов) и воспринимается слухом как «спрессованная речь» — типично шостаковическая устремленность. Асимметричный одиннадцатитакт (начало симфонии) как бы сбивает ровный пульс повествования. По сути, такая сбивчивость структуры — как бы оборотная сторона «шатания лада». Заметим, между прочим, что в детском творчестве сегодня мы нередко наблюдаем отклонения от квадратности, удивляемся смелой полиметрии или картинам-перевертышам, когда океан, «переворачиваясь», превращается в небеса. Ремарка о детском творчестве — очередное напоминание о том, что русский композитор даже в самых концептуальных своих партитурах исходит из структуральных моделей, имеющих какие-то аналоги в прочно усвоенной системе мышления современного человека. Дети — индикаторы новизны языка и его самые строгие ревизоры. Кстати, не являют ли собой детские пейзажи-перевертыши (океан, превращаемый в небеса) реализацию «вторжения» одной стихии в другую? Возвращаясь к Шостаковичу заметим: композиция из двух предложений одиннадцатитакта начального периода симфонии — это ярко выраженный пример «вторжения» в центре интонационного действия. И так как в развитии Главной темы, на драматургической ее вершине, есть прямая «цитата» «темы нашествия», (тт 6–7 после цифры 3 по партитуре) то последующее «вторжение нашествия» (в эпизоде разработки сонатного Allegro) как бы укрупняет принцип, запрограммированный уже в недрах Главной партии. Феноменальную трактовку этого дал мой знакомый семиклассник: «Джин, с которым мы познакомились вначале через бутылочное стекло, все же вырвался из бутылки и показал на что он способен».

Разумеется, что в глубоком размышлении флейты (предваряющем побочную тему) мы слышим не только акцентные опоры, объединяющие целотонность. Мы замечаем, что тихое начало печального соло-речитатива — это своего рода «оминоренная копия» того самого «громкого целотонного мотива» (обрамленного тритоном), что отпечатался для нас в ЛСЛ Главной партии (сравните начало последнего примера с №8).

Вывод налицо: флюиды целотонной сферы, идущие от классических образцов, перелетают в героический тематизм Шостаковича. И эта двойственность, сводимая Гением воедино — проявление двойственности «Я», которому неизменно и настойчиво противостоит «Анти-Я». Отсюда, наверное, единение контрастов, совершенно немыслимых в других стилях, кроме шостаковичевского. Для стиля Седьмой симфонии вполне приемлемо одновременное сочетание широкого разлива минорной диатоники, ее пентатонной ЛСЛ (в прелестной мелодии флейты-пикколо) и контрапункта «застывающей» целотонности у первых скрипок: Es-f-g-a-h. Это своего рода «ансамбль призраков», держащийся на хрупкой, иллюзорной гармонии (цифры 16–17 по партитуре).

Внимательный слушатель, быть может, возразит: «гармония вуалирует целотонность!» Да, это так. Тот же внимательный, наверное, скептически добавит: «целые тона только в одном голосе партитуры, да и те скоро скрываются в тень». И это так. Но еще более внимательный воскликнет, повторяя афоризм знаменитого русского художника Брюллова: «искусство начинается с чуть-чуть!» И даже один верхний голос, чуть-чуть задержавший на целых тонах профиль мелодии, уже меняет ее изображение. Разве это не составная часть колористической шкалы Мастера?! Вообще: наш слух поражается диалогам и перекличкам биологически несовместимого. Почему? Если «Я» и «Анти-Я» — в постоянном поединке, то можно понять почему конечные мотивы побочной темы, живописующие ночной ноктюрн, взяты из того же арсенала, что и первые мотивы «темы нашествия». Переход из одного состояния в совершенно противоположное совершается столь же просто и незаметно, как переход из «Я» в «Анти-Я» (сравните нотный пример №12 с началом нотного примера №14).

Нотный пример № 12

Умиротворяющая мажорная пентатоника... Такая близкая нам... И, конечно же, нашим маленьким детям, до самозабвения верящим природе, всем ее проявлениям. Мажорная пентатоника потому и оплодотворила в европейской музыке тысячи «песен леса», «песен лугов и полей», «песен солнца и луны».[29] Шостакович, чувствуя это, показал нам как бывает, когда композитор хочет высмеять тех, для кого солнце и луна ничего не значат. Это верный признак того, что дети таких «героев» презирают:

Нотный пример № 13

«Леди Макбет Мценского уезда»

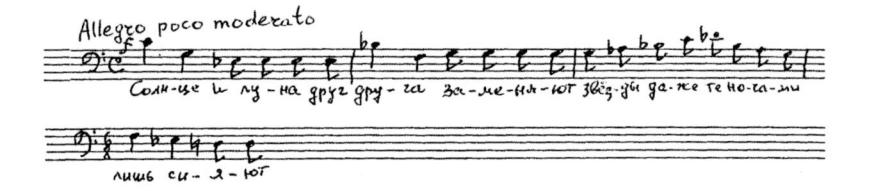

Пентатоника солнца и луны переводится в нарочито-туповатую статику говорящего минора.[30] И усложняется саркасти-

---

[29] Мы останавливаемся, как это очевидно, лишь на европейской традиции, не затрагивая многие пентатонные зоны Востока. Однако связь пентатоники с природой хорошо ощущалась и в древне-восточных цивилизациях. Известный профессор Московской консерватории Ю. Н. Холопов указывает, что «в трактате древнекитайского мудреца Мэн-цзы (IV век до нашей эры) говорится о происхождении пяти ступеней пентатоники, из которых первая символизировала раскаты грома («мудрые люди, слушая раскаты грома, определяли первый тон»), а остальные шум колеблемого ветром дерева, треск огня горящих дров, журчание воды в ручье». Ю. Холопов. *Гармония*. Москва., «Музыка», 1988, стр.188.

[30] Из мажора в минор когда-то перевел «мотив рассвета» Густав Малер в своей Первой симфонии. Это был мотив, известный всем мальчуганам Европы — старинный канон «Bruder Jakob, Schläfst du noch?». И пентатоника вместо прозрачной и улыбчивой стала подстать траурному маршу «в манере Калло». Наверное, Шостакович хорошо помнил эти «похороны охотника» Малера. Что-то от малеровских «похорон» — и в характере полицейских из «Леди Макбет».

ческой интонационной гримасой. Полиция? Читай: и милиция! Читай: все насильники земли глупейшей! Мастер делает этот глубокомысленный речитатив псевдо-песенным, ибо по традиции массовых жанров раскалывает пентатонику в «точке золотого сечения» (шестая доля восьми-сложного построения), да еще выделяет при этом в ЛСЛ свою облюбованную уменьшенную «октаву дискомфорта» (Ре-бемоль[2] — Ре-бекар[1]).

«Тема нашествия» вроде бы гораздо проще и внешне гораздо «чище». Попробуем воспринять эту тему (одну лишь только тему, без вариаций) беспристрастным ухом, ничего и никогда не слышавшем раньше о фашизме.

Поначалу это вовсе не пародия, не сарказм, не издевка. Колорит темы — солнечный восход: тихая пентатоника на кварто-квинтовых «позывных». Можно было бы даже подумать, что это — пастушеские рожки, если бы не чуждый этому военный барабан, отбивающий дробь, да и какое-то «потустороннее» звучание вкрадчивых струнных.

Логика целостного построения темы? Очень оригинальна! Заметьте: «позывные» — не примитивная квадратность, ибо песенный дебют «рожечников» из трех фраз. Есть ли внутриинтонационный конфликт? Еще бы! Он заострен как кинжал: кварто-квинтовой пентатонике противостоит поступенность нисходящих диатонических гамм, где ЛСЛ дважды (и очень рельефно!) выгравировывает контрастный полутон. Действительно: As^1–g^1 в данном мелодическом контексте — сочетание очень заметное (хоть и на расстоянии), ибо это отделенные паузами концовки аналогичных фраз, а далее вершины смежных мотивов, опять-таки крепко спаянных ЛСЛ:

Нотный пример № 14

Это период из трех предложений с дополнением, завершающийся «репризой» кварто-квинтовых позывных. Наредкость стройная и индивидуализированная композиция!

Откуда же возникает ощущение ужаса, передаваемого музыкой? Не буду повторять общеизвестных истин о машинности, механичности и грандиозности потрясающей фрески, нарисованной средствами инструментального вариирования. Скажу о другом и это будет касаться самой концепции симфонического полотна, необычной, даже уникальной *мотивации* ужаса.

…В Америке любят смотреть фильм с участием Элизабет Тейлор «Кто боится Вирджинии Вульф». Там есть любопытный эпизод, где «благообразная» хозяйка дома (ее играет Элизабет Тейлор) принимает своих гостей, уютно расположившихся на шикарном диване. И вдруг хозяйкин муж, удалившись на одну минуточку, возвращается в гостиную... с остервенелым видом и с ружьем, нацеленным на гостей и на саму хозяйку. Естественно, возникает паника. И, недолго думая, хозяин стреляет из ружья, но из дула его устрашающего орудия… раскрывается разноцветный зонтик. Это была шутка, о которой не знал никто, кроме хозяина. Результат? Гости и жена — все счастливы и одобряют остроумную выходку хозяина дома.

«Вот мне бы ружье, — задумчиво поделился своей мечтой семилетний школьник, посмотревший фильм. Мне бы совсем детское ружье, игрушечное, из папье-маше. Я бы вот так прицелился в директора школы, с улыбкой бы прицелился, он бы, конечно, увидел, что ружье игрушечное, стал бы на меня кричать или смеяться, а я бы взял и выстрелил. Ружье-то у меня только на вид игрушечное, а на самом-то деле — настоящее!»

Вот вам и интерпретация «темы нашествия»! Ни один музыковед в мире (в том числе, конечно же, пишущий эти строки) не был бы в состоянии так растолковать суть шостаковичевского шедевра. Случайное высказывание ребенка совпало с концепцией серьезнейшей эпохальной партитуры? В очень важных очертаниях это так, ибо ни о чем не подозревая, ребенок высказал главное, самое характерное для агрессивной психологии homo sapiens. Ее давно уже почувствовал композитор и определил ее двойственность. Конечно же, наивное начало «темы нашествия» — ружье из папье-маше, комуфляж угрозы, разрастающийся до экзекуции невиданных масштабов. Другими словами, игрушечки, пусть и немного странные, укрупняются в орудия жесточайшей пытки:

Нотный пример № 15

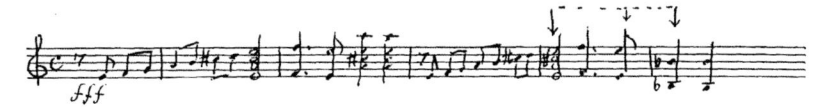

Разве мы не чувствуем здесь окончательной разгадки того кто был и кто есть перед нами? Разве не видим, что волк полностью сорвал с себя овечью шкуру, в которую рядился? Разве не понимаем, что «невинность» (воплощенная пентатоникой) развенчана. И как характерно в этой связи появление типично шостаковичевского «тритона насилия» ЛСЛ на *fff*, а вместе с тем, и ощущение глубоко затаенной целотонности: пять целых тонов подряд в гамме, ведущей к тритоновому выкрику. Вот он подлинный лик разбушевавшегося варвара!

Сейчас в СМИ Европы и Америки разрастается бурная дискуссия: как будет выглядеть Гитлер в телевизионном сериале, посвященном детству Адольфа (съемки уже начаты американской телекомпанией Си-Би Эс). Острейшие дебаты ведутся о том, что сама идея априорно тянет на коммерческую тривиализацию зла и неизбежную (пусть и частичную) реабилитацию фюрера, поскольку сюжет замешан на такой деликатной категории, как детство. И даже столь модный нынче Нострадамус не мог бы угадать в невинном младенце, лежащем в колыбели, величайшего в истории злодея. Разве что в жанре ретроспективной «фэнтези». Это говорит журналист сейчас, когда гитлеризм многие воспринимают на уровне китча.[31]

Шостакович, однако, не нуждался в ретроспекции: действительность превосходила любые «фэнтези». И Русский Гений воплотил эту действительность, в которой образ детства (как бы детства!) — уникальнейший в мировой музыкальной литературе — оказался важнейшим динамизатором трагического повествования.

Когда-то близкий друг семьи Дмитрия Дмитриевича, Левон Атовмьян заметил, что сын композитора, в то время совсем еще ребенок, помог отцу определить творческую идею.[32] Маленький

---

[31] Владимир Соловьев. «Когда Гитлер был маленький…» Газета «Панорама» (Лос-Анджелес), 30 октября–5 ноября, 2002 г.

[32] Л. Атовмьян. *Из воспоминаний*. Журнал «Советская музыка» № 4, 1997., стр. 67.

Максим пытался подбирать на фортепиано что-то понравившееся ему. Это «что-то» вытекало из детского восприятия очень далекого от ребят объекта — «Веселой вдовы» Легара. И, трансформировавшись не только под пальцами талантливого мальчика, но и, разумеется, кардинально перестроившись в партитуре композитора, «Вдова» неожиданно обернулась «нашествием». Собственно, от «Веселой вдовы» мало что осталось. Очень мало. Нас в этой истории интересует то, что первым импульсом для темы послужила вовсе не «Вдова», а что-то идущее от детского воображения. Случайно ли в «теме нашествия» столько атрибутов структурирования детской музыки? И, если повтор вообще, как справедливо замечает М. Арановский, «создает не тавтологию, а продолжение мысли»[33], то повтор в детской музыке — основной принцип самоутверждения ребенка. Имеются в виду повторы на самых разных уровнях: куплетов, предложений, фраз, мотивов и даже отдельных звуков — то, что необычайно характерно для детской музыки разных народов мира. В частности, ритм с подтверждением акцента, после чего следует пауза осмысления, заимствованная от детских считалок и прибауток. И, наверное, вслед за Мусоргским, перенесшим этот народный ритм в сферу повелительных интонаций (приказы пристава в Первой картине «Бориса Годунова»), Шостакович по-своему аттестовал этим ритмом полицейских (см. Нотный пример № 13) и, в конце концов, «тему нашествия».

Есть, однако, и другие, самые глубинные параллели, связывающие «тему нашествия» с детским искусством — параллели акустические, непосредственно влияющие на образование музыкальной лексики. Прислушайтесь к До-мажорному маршу Шостаковича из детского фортепианного цикла и вы убедитесь, что кварто-квинтовые трихорды очень выразительны. А ведь из акустики известно, что первые обертоны (октава, то есть своего рода повтор звука, а также квинта и кварта) наиболее близки человеческой речи, которую дети любят объединять с пением. И разве эта музыкально-речевая основа не оплодотворила песенную «тему нашествия»? Ведь вся она словно бы соткана из трихордов с квартовой или квинтовой начинкой. И если вы еще раз послушаете тот же марш Шостаковича из детского альбома, то не сможете не заметить: ангемитонная кварто-квинтовость первой ча-

---

[33] М. Арановский. *Музыкальный текст. Структура и свойства.* Москва, «Композитор», 1998, стр. 85

сти резко отграничивается от второй нисходящей гаммой, внедряющей полутона. В «теме нашествия» роль симметричных гамм аналогична. И сколь бы ни были своеобразны в своей индивидуальной неповторимости сличаемые «объекты», они, безусловно, имеют общее поле соприкосновения.

Известный русский артист театра и кино Игорь Ильинский писал, что первая мелодия, которую он услышал из уст своего маленького сына была «тема нашествия».[34]

Владимир Фрумкин[35] рассказывал мне, что его коллега и земляк, известный ленинградский композитор и педагог Вадим Салманов, общаясь с детьми из колонии для малолетних преступников, видел и слышал такую картину в общественной столовой: дети-колонисты устроили стихийный концерт. Четко выстукивая металлическими ложками знакомый ритм «темы нашествия» (как бы имитируя партию барабана), ребята дружно интонировали популярный мотив симфонии, подчеркивая глаголы, действие, требование:

Нотный пример № 16

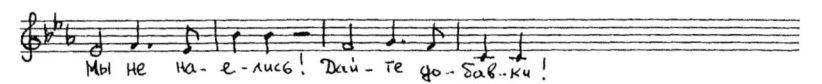

Как видим, парадоксальнейшим фактором реального бытия «темы нашествия» является именно то, что тему эту очень охотно и очень часто поют дети. Поют, естественно, фрагментарно — то основную мелодию, то приспосабливают под песню контрапункт темы (квартовый трихорд остинато). Прикованность детского слуха к теме нашествия нельзя объяснить только лишь удобным для интонирования вокальным диапазоном, неизменной и очень ясной диатоникой, а также выразительной ритмической повторностью, врезающейся в память. Причина популярности этой «анти-песни» в песенном обличье лежит в том симфонизме, который дает простор художественной фантазии современного

---

[34] Игорь Ильинский. *Шостаковичу 60!* (подборка поздравлений), в журнале «Советская музыка» № 9, 1966, стр. 14.

[35] Владимир Фрумкин — известный музыковед, бывший ленинградец, автор книги «От Гайдна до Шостаковича». С начала 70-х годов живет в США и пользуется большой популярностью как ведущий радиостанции «Голос Америки». Факты, о которых говорится в данной статье, сообщены автору в беседе с музыковедом 23 сентября 2002 года.

ребенка. «Тема нашествия» для детей — целый театр, в котором из хороших и добрых они превращаются в «дурных и опасных». Под эту музыку они играют в героев и в бандитов. Мне, преподававшему в Московской музыкальной школе имени В. В. Стасова в течение 20 лет, было очень интересно наблюдать как дети, под воздействием прослушиваемой в граммзаписи «темы нашествия», выражали свои эмоции цветными рисунками. Начало цикла (флейтовая вариация) — ярко красное солнце. С вступлением грозной меди, когда лад стискивается политональными перечениями, детский рисунок перекрашивается: красный диск жирно затушевывается черным фломастером, и от черного солнца во все стороны исходят мрачные черные лучи. Лучшей символики трудно себе представить! На другом рисунке изображение какого-то симпатичного гномика превращалось в страшное чудовище. «Автопортрет» — еще один образец детского творчества. «Это я, — говорил мальчик, — как только началась «тема нашествия», — это я проснулся и выхожу во двор играть с ребятами». Однако, вскоре, безмятежную картинку мальчик разорвал в клочья. «Я не успею нарисовать по-новому, — смутился ребенок, — но я теперь знаю — это саблезубые тигры».

Разумеется: самое существенное во всем этом — процесс переосмысления. Дети слышат в начале «темы нашествия» свое, близкое им, детское, а потом переиначивают сами себя. Плюс меняют на минус. Значит все-таки в определенный момент и дети улавливают переход из «Я» в «Анти-Я».

Были ли когда-нибудь в музыкальном искусстве примеры такого полного перерождения детского в звериный оскал? Трансформировались ли когда-либо детские интонации в мотивы палачей? Ведь речь-то идет о вариациях одного, того же самого материала! Ни Барток, ни Бриттен, ни Орф, ни Прокофьев не создавали таких «двуликих плакатов», где дети узнавали бы себя, а потом себя бы категорически отрицали. Подобная мистификация, неслыханная в искусстве — откровение Шостаковича, его персональное открытие, характеризующее безумный и абсурдный мир.

Когда сегодня мы читаем гениальные сказки романтика Гофмана, столь органично сплетавшего мрачную фантастику с реальностью, когда знакомимся с его куклами-автоматами или с людьми, превращенными в механических палачей, мы гораздо лучше осознаем роковое значение филистерства в нашей истории. Бедствие нашего века, пережившего фашизм в самых разных его проявлениях, именно в психологии обывателя, в его образе — как раз то, что так хорошо почувствовал в «теме нашествия» Мравинский, превосходный интерпретатор музыки Шостаковича. И, безусловно, права музыковед Алла Богданова, когда сличая ранние балеты, а также оперы «Нос» и «Леди Макбет» с трагическими образами зрелого периода творчества Шостаковича, подчеркивает: «Тема обличения фашизма выросла из ранних сатир на мещанство, и эта связь доказывает, как глубоко понимает композитор проблему обывательщины».[36] А задолго до рождения «темы нашествия» прозорливый Генрих Гейне отлично разглядел в филистерах из сказок Гофмана причину страданий, «которые терпят люди под гнетом больших и малых тиранов».

«Наказание — это награда», — с мрачной иронией произнес Олдос Хаксли. «Мир — это война!» — обобщил Джорж Оруэл. Но увы! Когда подобные сентенции антиутопий — сама жизнь, то, прежде всего, во тьме навсегда исчезают те, кого мы любим. Для Шостаковича, потерявшего многих верных друзей, близких, родных, соавторов, с которыми работал и делился самым сокровенным[37], содрогаться от кошмара можно было и до начала гитлеровского нашествия на Россию. Это очень существенно! В истории музыки вряд ли можно найти нечто подобное тому, что переживал Шостакович — Великий трагик, патриот Октябрьской революции и самый ранимый свидетель всего происходящего. Нужно ли до-

---

[36] А. Богданова. *Оперы и балеты Шостаковича*. Москва., издательство Советский композитор., 1979

[37] «Репрессии 1937 года коснулись и семьи Шостаковича: арестовали мужа его старшей сестры Марии, сама она была сослана в Среднюю Азию, а теща Дмитрия Дмитриевича, Софья Михайловна Варзар, отправлена в исправительно-трудовой лагерь под Караганду». (*Дмитрий Шостакович в письмах и документах*. Издание Музея Музыкальной культуры имени М. И. Глинки., Москва, 2000 г., стр. 153.) См. также: Laurel E. Fay. *Shostakovich. A Life*. Oxford, 2000. Перед войной, в катакомбах ГУЛАГ'а, вместе с миллионами других невинных людей погибли талантливые друзья, и соавторы композитора — писатель-либреттист Адриан Пиотровский, музыковед Николай Жиляев, маршал Михаил Тухачевский, гениальнейший режиссер (так называл Всеволода Эмильевича Мейерхольда сам Шостакович). После ареста Мейерхольда в 1939 году в его квартиру ворвались вандалы режима и растерзали жену режиссера Зинаиду Райх — знаменитую женщину России и большого доброжелателя семьи Шостаковича (см. свидетельство приемного сына Мейерхольда — Константина Есенина — в книге: С. Хентова. *В мире Шостаковича*. Москва., «Композитор»., 1996., стр. 135–143.

казывать, что презирая нацизм-гитлеризм чуткий художник всей душой своей защищал советского солдата-фронтовика, подвиг которого был для композитора священным. Аксиома! Но странно и даже нелепо думать, что он, Шостакович, в мгновенье ока мог забыть-перечеркнуть, напрочь вытравить из памяти тех «довоенных», перед которыми преклонялся, кого чтил и лелеял и кто был истерзан-изничтожен не в логове врага, а у себя дома?! Деление души творящего музыку Гения на боль сегодняшнюю и боль-беду вчерашнюю — абсолютнейшая ирреальность. И высшая ступень трагизма, выраженного в «Ленинградской» симфонии, отнюдь не в противостоянии русских и немцев, а в чудовищной расправе тоталитарного режима с человеческой личностью: режима чужого, немецко-фашистского, но и (что совсем уж нестерпимо) своего, тиранического. Это и есть «тональность Шостаковича» с ее подлинным масштабом воплощения ужаса.

«Я не сочинял так называемую батальную музыку. Мне хотелось передать содержание страшных событий», — слова самого композитора.[38] И в этой связи вспомним «Сечу при Керженце», где Римский-Корсаков изображает схватку русских с татарами, вспомним увертюру Чайковского «1812 год», живописующую столкновение русских с французами, вспомним, наконец, «Ледовое побоище» из «Александра Невского» Прокофьева (сражение русских с крестоносцами). Ни одна музыкальная панорама ратной битвы не сопоставима с «темой нашествия»: в отличие от традиционных батальных сцен, где инонациональному (тому же татарскому у Римского-Корсакова, французскому у Чайковского, немецкому у Прокофьева) обязательно противопоставляется ярко выраженное русское, Шостакович отказывается от антитезы внутри «темы нашествия», обходится без «межнационального» конфликта, ибо его цель совсем иная: показать наступление инквизиции на Человека, выразить протест против инквизиторов! И метод обличения (типично шостаковичевский!) — это перерастание варварского в его результат: опустошение, тяжелейший стресс, невообразимое человеческое горе. И глубина сострадания.

Да, Шостакович отказывается от антитезы внутри «темы нашествия». И каково бы ни было преклонение автора этих строк перед музыкантами, придерживающимися противоположной

---

[38] Наталья Эскина. Самарский этюд. В книге: *Шостакович. Между мгновением и вечностью*. Стр. 422.

точки зрения (среди них, корифеев, — Леонард Бернстайн![39]) я остаюсь скептиком и разделяю позицию Марины Дмитриевны Сабининой: «начальный ход «темы нашествия» звучит все более свирепо и энергично».[40] И то, что порой трактуется как антитеза, то есть «мотив отпора» — очередной сгусток маршевой энергии, эволюция знакомой нам «детской секвенции» из «темы нашествия» (секвенции нисходящей, секундовой, из двух звеньев состоящей). Сравним ее с так называемой «темой отпора» и мы должны будем убедиться, что «отпор» — вариант «нашествия», только поданный с большей интенсивностью (в частности, благодаря сжатию ритмо-структуры, повышению «медной» гегемонии: три трубы, четыре валторны, три тромбона!):

Нотный пример № 17

Последний пример из приведенных выше принимает эстафету новой тональности (после ладо-гармонического «взрыва» Es-dur — d-moll). Но, рисующие свои «музыкальные картины» дети, словно бы страшатся этого «взрыва»: желтые, зеленые, синие фломастеры отстраняются! Предпочтение снова черному цвету, хотя дети — поклонники красочности, и, что в данном случае для них не безразлично, свидетели тонально-ярких секвенций. Особенно любят ребята секвенции гаммообразные. Из «кусочков» гамм (как у Шостаковича). Естественно: «у каждой гаммы, — как сказал прекрасный теоретик В.А. Цуккерман, — где-то между ключевыми знаками запрятаны ростки певучести...»[41] Конечно,

---

[39] Леонард Бернстайн. *Музыка — всем*. Москва, изд-во Советский композитор., 1978.

[40] М. Сабинина. *Шостакович — симфонист*. Москва, Советский композитор., стр. 179.

[41] Цуккерман В. *Выразительные средства лирики Чайковского*. Москва, «Музыка», 1971 г. стр. 21.

дети не понимают всей многомерности «темы нашествия», также как они не осознают, например, как много концентрирует в себе «гамма Мефистофеля» из кантаты А. Шнитке «История доктора Иоганна Фауста» (основанная на точной, как бы самой примитивной секвенции мини-структур). Для юных слушателей это танго-забава, где Мефистофеля поет женщина! Очевидно и то, что дети, пришедшие на балет «Пер-Гюнт» того же Шнитке, не поймут до конца «семь Аспектов будущей личности», когда в постановке талантливого немецкого хореографа Джона Ноймаера, на балетной сцене одновременно танцуют двойники Пер-Гюнта, символизирующие Душевность, Детскость, Полетность, Эротику, Смелость, Агрессию, Сомнение. Но, тем не менее, что-то сущностное дети все же улавливают. Они ищут и находят для себя какие-то «секвенции» в самой драматургической логике, какое-то подобие искусства с жизнью. И они ощущают, что танго шнитковского «Фауста» противостоит хоралу. Они понимают, что Пер-Гюнт растерян, расстроен, и потому становится как бы «много Пер-Гюнтов» — два, три или больше. Это, между прочим, «драматургические секвенции», пусть не прямо, но так или иначе идущие от Шостаковича, от его сложнейшей «расчетверенности». Во всем. И даже мелодические секвенции (в узком смысле слова) — спутники и участники конфликта. В «теме нашествия» — конфликта начала и продолжения, начала и кульминации, начала и конца. Изначальная ступень очень привлекает детей пониманием «своих» интонаций и, конечно же, «своих» секвенций. Детская секвенция в первом или втором проведении «темы нашествия», с едва доносящимся издалека барабанчиком, или «пасторальной» флейточкой чем-то напоминает фрагменты песенок, бытующих и у немцев, и у французов, и у нас, россиян. Россияне, конечно, помнят песни-гаммы-секвенции: «Наконец настали стужи, во дворе замерзли лужи», «Как под горкой, под горой», «Василек». Эти и другие «гаммочки» — из разряда универсалий детского художественного сознания. У всех европейских народов почти совпадающие. Но приходит момент, когда Шостакович лишает свою тему даже простой секвенции, оставляя лишь тупой «параноический повтор» (трихорд плюс гамма). Умышленная примитивизация, оголение темы, доведение ее мелодического облика до «скелета» — художественный прием необычайной силы эмоционального воздействия, ибо теперь это уже фанатичный ор вооруженного безумца, дорвавшегося до своей цели. И не случайно, проницательный исследователь творчества Шостаковича Александр Наумович Должанский называет это ми-мажорное проведение «темы нашествия» (после цифры 50) **кульминационным**, отмечая его «торжествующе-победный характер»[42]. Потому-то так ясно освещается сама идея шостаковичевской музыки: бесчинство инквизиции и подавление хрупкой личности — две стороны одной и той же медали. Ладо-интонационная драматургия подтверждает сказанное. Если начало Главной партии мажорной экспозиции своими целотонно-тритоновыми вкраплениями уже предвещает нечто драматически интригующее (см. пример №8), если печальное размышление флейты (перед Побочной партией) напоминает о знакомом тритоновом мотиве, но теперь уже в миноре: c-d-es-f-fis (см. пример №11), то и на пьедестале интонационного действия (реприза сонатного Allegro вместе с ее предиктом — цифра 52 и пол-такта до нее) слышится тот же мотив, но в истинно симфонической динамизации невыразимой скорби (c-d-es-f-fis). Естественно, что в мелодию Главной партии минорной репризы органично врастают интонации с «ритмом насилия» (четырехтакт после цифры 53). И не это ли новое (коренное!) преобразование детских интонаций, перелитых в непостижимый сплав из былой, но ушедшей нежности? Кажется, что у Шостаковича сплелось все горестное, что пытались когда-либо выразить композиторы прошлого — от детской музыки Баха и Моцарта до «Песен об умерших детях» Малера. И в этом сплетении Линия Скрытого Лада выделяет минорную терцию (цифра 53 по партитуре) — именно ту первичную ячейку «жалобы», ее лейт-мотив, который обнаружил в детских устах американский дирижер Леопольд Стоковский.[43] Только теперь «жалоба» обернулась стоном самой судьбы. Потому и сблизилась с «темой рока» из Andante Пятой симфонии Чайковского. Шостакович воплотил и непомерную боль человеческой души, и жгучий пафос протеста против насилия. Для многих из нас такая амбивалентность гораздо сильнее и значительнее «темы рока», ибо предельная жесткость звучания реквиема-плача «Ленинградской» — это наша реальная судьба...

---

[42] А.Должанский. «О композиции Первой части Седьмой симфонии Шостаковича» в сборнике «Черты стиля Шостаковича (составитель Л.Бергер), Москва., 1962., стр. 48.

[43] Леопольд Стоковский. «Музыка для всех нас». Москва., изд-во Советский композитор, 1963.

Лучше любых литературных романов, достовернее кинохроники расскажет о нас людям Будущего музыка Шостаковича, в которой и детские мотивы выписаны фресками устрашающего века.

* * *

Все знают: множество «отголосков», «откликов», автоцитат на Седьмую симфонию — и в последующих партитурах Шостаковича. Музыковедческой литературы об этом немало. Мы же хотим сейчас продолжить краткий, весьма фрагментарный экскурс по одной лишь проблеме: детские темы, как «оборотни» (термин М. Друскина).

Желая спасти Девятую симфонию от нападок властей, очень недовольных полным отсутствием в ней гимничности-дифирамбичности, друзья Шостаковича хотели официально назвать его детище «Детской симфонией» (1945). И, между прочим, нижегородский музыковед Валерий Сыров считает, что «марш под дудочку из Седьмой симфонии превратился в Девятой в пляс под дудочку».[44] Хорошо сказано. Да, это в самом деле карнавал масок, где «тема нашествия» перевернулась, перекантовалась, переоделась в современный «детский костюмчик», сшитый из старой мажорной пентатоники. Здесь — своя и очень убедительная символика «мирного благоденствия», где явно господствует булгаковская чертовщина. Но все — под флагом «детскости», ибо внешний слой интонаций как бы списан с детской считалки. Однако же, наяву — это почерк публициста, хлесткого карикатуриста, тесно соприкасающийся с самыми обличительными полотнами композитора (не только «темой нашествия»). И, если мы вспомним в данный момент характеристику полиции в «Леди Макбет» (см. нотный пример №13) и сопоставим это с темой Побочной партии Девятой симфонии, то убедимся, что при всей контрастности сличаемого комическое и трагикомическое — неразделимы, что театральность и в теме оперы, и в теме симфонии имеет одну основу — бичующий гротеск. Интонационная драматургия сходна: вначале — чистая пентатоника, а затем — колючая (мстительная!) хроматика — изысканное средство пародирования, искажения, «осмеяния пентатоники». На таком саркастическом диалоге

---

[44] Валерий Сыров. Шостакович и музыка быта. В книге: Шостакович между мгновением и вечностью., стр. 648

построено действие и в опере, и в симфонии, только в «Леди Макбет» многое от Мусоргского, а в «Детской» Шостаковича проглядывает «модерное преломление» Йозефа Гайдна.

Под эгидой детского — новое контрдействие, связанное с «малышовой» песней. Всего лишь деталь, но интересная. Речь о Десятой симфонии (1953), быть может, самой трагической у Шостаковича. И уводит она нас, как выясняется, к периоду искренней веры композитора в свершившуюся революцию — к двадцатым годам. Но теперь, в 53-м…? Об этом «но» и речь.

В 20-х годах Шостакович, конечно же, был в курсе того, чем жила городская улица, какими соками она питалась («Посвящение Октябрю», «Первомайская»). Именно в то время, на устах тысяч и тысяч школьников была, обошедшая всю страну, песня Михаила Рафаиловича Раухвергера «Мы — веселые ребята» (1925). Песня для октябрят.[45] Песня, овеянная светлой ребячьей радостью. С грустью и, быть может, даже с какой-то досадой спросил у меня однажды после концерта Раухвергер: « А Вы слышали, что сделал с моей песней Шостакович? «Мы, веселые ребята» пошли на войну и сильно ранены. Сплошные стоны…».

Я не мог понять о чем говорил мне мастер детской песни. О чем?? И только здесь, в Америке, слушая очередной раз Десятую симфонию, я поразился: может быть автор «веселых ребят» имел в виду эпизод, где былое детское веселье расплавлено накалом остро драматического скерцо?

Нотный пример № 18

Песня М. Раухвергера:

«Ах вы, сени, мои сени,
Сени новые мои…»

---

[45] Октябрятами в СССР называли младших школьников, готовившихся в будущем стать пионерами. Но песня Раухвергера очень нравилась и пионерам, распевавшим ее повседневно.

Когда-то эту русскую народную песню с удовольствием пели дети. Не случайно: мелодия чрезвычайно легка для интонирования, да и поэтическое содержание не утруждает поющего. Каков же шостаковичевский подход к этой теме? Доведя ее неприхотливые мотивы до интонаций циничного глумления, придав им характер пьяного разгула, Шостакович удивительно «встраивает сени» в сцену погрома из «Бабьего Яра» (в развитии известного эпизода: «мне кажется, я мальчик в Белостоке»). Так, в Тринадцатой — самой «политической симфонии», как ее назвал Евгений Евтушенко — соавтор Шостаковича и автор незабываемых публицистических стихов, детская мелодия стала участницей одного из потрясающих драматических эпизодов в истории симфонического искусства. И это снова типичный Шостакович, преображающий наивное в свою противоположность.

И — последний анализ. Теперь уже о так называемом «магазине игрушек».

Магазином игрушек советские люди называли Первую часть Пятнадцатой симфонии. Прощальная симфония Шостаковича с миром и «магазин игрушек»? Конечно же, это еще один «щит», последний «щит» от возможного удара, термин-прикрытие: от философии музыки, от ее сущности. На самом деле это снова карнавал масок. Марш из «Вильгельма Телля» Дж. Россини в партитуре Шостаковича — удивительное «сведение счетов» со всеми.

Кукольность… Марионеточность… Напоминание о том, что нами дергали за ниточки, что сами мы ходили по веревочке, что были мы и оловянными солдатиками, переставляемыми «сильной рукой» куда угодно. Помните? Сталин давно уже сделал из нас винтиков. Так и назвал нас: «винтики». А в антиутопии Евгения Замятина сказано откровеннее: « я — микроб».[46]

Что чувствовал композитор, подводя итоги истории страны, в которой жил всю жизнь? Что чувствовал, выбирая «чужую» тему для своей последней симфонии? Можно сказать наверняка: Шостакович интуитивно проник в микроскопическую среду этой «чужой» темы. И, если угодно, сквозь микроскоп всего пережитого, разглядел «микробов», вызвавших тяжелую болезнь эпохи. Нет, не только болезнь. Те же «микробы» были когда-то очень пользительны и возбуждали в людях энтузиазм, активизировали энергию, закаляли волю. Они оказались очень живу-

---

[46] Евгений Замятин. Роман «Мы», стр. 89

чими. Потому-то их можно было найти в разных «музыкальных организмах»:

Нотный пример № 19

Д. Россини: «Вильгельм Телль».

Какая удивительная «игра акцентов»! Их вершины, словно бы намеченные пунктиром, обозначают «мотив Марсельезы». Он словно поверх всей мелодии. Он парит над ней как в эфире. Много, очень много передается этой «игрой», определяющей жизнь мелодии, ее исторические истоки, ее эмоциональную действенность сегодня.

Вообще, «игра акцентов», то есть реальная функция Линии Скрытого Лада — тема особая. В рамках данной статьи скажем кратко лишь о русской музыке: от Бортнянского и Глинки до Стравинского и Прокофьева, Хренникова и Кабалевского, Шнитке и Щедрина, Губайдулиной и Канчели, Слонимского и Тищенко, Эшпая и Петрова, Свиридова и Гаврилина, Денисова и Леденева значение «игры акцентов», их причудливого турнира, всегда имеет огромное значение. Шостакович доказал, что перестановка акцента, отказ от акцента и замена его внеакцентной единицей — обычный метод модификации материала, заимствованный, кстати, из фольклора (вспомним нотный пример №8). В Десятой симфонии тема-монограмма DSCH четырежды (по числу элементов) меняет главную опору: то на D, то на S, то на C, то на H. И этот «метрический кросс» Линии Скрытого Лада приводит к кардинальной жанровой трансформации внутри симфонического развития. Акценты в использовании тем Вагнера или Глинки индивидуальны в Пятнадцатой симфонии, ибо это вовсе не цитаты классиков-романтиков, а лишь намеки, некие аллюзии, соединяющие нас, слушателей, с другими эпохами. Тема Россини, фигурально говоря — наиболее «протяженная аллюзия». И «первая среди равных». Не потому ли, что Шостакович уловил в ней необходимый для него характер — не только в прямом последовании звуков, но и в выразительных сочетаниях акцентного ряда, определяющих тонкие, пусть и опосредованные ассоциации.[47]

«Все великие певцы, — справедливо писал Б. Асафьев, — ощущали в своем голосе каждый тон и его отношения к другим тонам... Это простое явление всегда упускалось из виду. А в нем-то и есть истинный ключ к пониманию всего в музыке, и особенно процессов композиторской работы».[48] Загадки коллажного механизма в русле одного стиля, когда композиторская работа охватывает всю музыкальную литературу разных эпох — захватывающая область исследования, которая когда-нибудь найдет истинный ключ к «пониманию всего в музыке».

Наведение мостов между разными стилями — базовое понятие современного музыкального искусства, в котором акцентный ряд (шире — Линия Скрытого Лада) играет цементирующую роль. Примеров, подтверждающих сказанное, — множество. Неотвязный, гипнотически действующий повтор звука в ЛСЛ «темы рока» Четвертой симфонии Чайковского — это проявление той общей концентрированности, суровой скованности, которую мы можем наблюдать и у Верди (речитатив Монтероне в «Риголетто»: «Навек тем старцем проклят я»), и у того же Шостаковича (в сцене гибели мальчика, перед хором в «Посвящении Октябрю»), где траурные трубы «не могут оторваться» от од-

---

[47] Шостакович нередко, лучше сказать почти всегда, делал ставку на активное слушательское воображение, лишь слегка подталкивая его, слушателя, к нахождению нужного знака в ассоциативном словаре. В специальном выпуске «Музыкальной академии» (1997, № 4), посвященном Шостаковичу, особенность творческого метода Мастера определена почти идентичными и весьма показательными аттестациями двух исследователей разных континентов — Европы и Америки: «шостаковичевская музыкальная тайнопись» (М. Арановский), «музыка Шостаковича... стала драгоценной тайной летописью страны» (Р. Тарускин). Совпадения, безусловно, отражают реалии иносказательного языка композитора. В том же издании Манашир Якубов дает интересную расшифровку очень тонкой поэтики «Антиформалистического райка» Шостаковича, — произведения, которое при первом ознакомлении многими слушателями воспринималось лишь как некий капустник. Сложность подтекста, требующая большого сосредоточения на объекте слышимого — необходимое требование, без выполнения коего понимание музыки Шостаковича практически невозможно.

[48] Б. Асафьев. Музыкальная форма как процесс. Ленинград., Государственное музыкальное издательство., 1971., стр. 227

ной звуковой точки.[49] И, если когда-то «Марсельеза» впивалась в сознание композиторов разных стран, то в процессах переинтонирования Линия Скрытого Лада так или иначе связывала этих композиторов с первоисточником. Потому-то мы улавливаем флюиды «Марсельезы» в марше из «Аиды» Верди, и хорошо слышим параллели с французским гимном в марше из «Фауста» Гуно. Что касается Россини, то он, увлеченный идеями национально-освободительного движения, прямо использовал воодушевляющую «Марсельезу» в хоровых эпизодах «Итальянки в Алжире», в патриотическом «Танкреде». И вряд ли его творческое воображение полностью освободилось от любимой им песни Руже де Лиля в дни, когда Маэстро создавал самую героическую свою оперу о смелом и отважном Вильгельме Телле (по старинной швейцарской легенде). Ведь в это время «Марсельеза» уже стала синонимом свободолюбия Европы. Естественно, что ее фанфарные сигналы ассимилировались в ЛСЛ озорного марша из «Вильгельма Телля». Мог ли Шостакович почувствовать, что в веселом шествии итальянского Маэстро живут флюиды той самой «Марсельезы», с которой русские революционеры хотели «построить новый мир»? Хотели вместе с Шостаковичем. По воле русского трагика «Россини» одаривает нас «радужным» маршем,

---

[49] Фольклор — родоначальник этой стойкой традиции углубления, настойчивого возвращения к исходному, как признаку заклинания от горя — несчастья. Крупный специалист в области народного творчества Изалий Земцовский отмечает, что «обрядовые песни… донесли до нас отдельные, подчас существенные черты языческой древности предков русского народа» (Торопецкие песни. Песни родины М. Мусоргского. Ленинград., 1967, стр. 5). Доктор искусствоведения Г. Головинский, комментируя наблюдения Земцовского и фольклориста Е. Разумовской, обобщает: «быть может не случайно поэтому до сих пор чрезвычайно распространены «за́говоры» (от змеи, от зуба, от сглазу, от грыжи, от жара и т. п.) — их произносят шепотом и скороговоркой на однообразной устойчивой ритмоинтонации. (Г. Головинский. «Мусоргский и фольклор». Москва, Музыка., 1994., стр. 21). Только в эпоху становления тонального (классического) мышления все это оформилось и в структуру ЛСЛ, подчеркивающую былое, древнейшее заклинание на одном тоне. Аналогичные процессы протекали и в области «музыкальных позывных»: от боевых сигналов первобытных людей, пользовавшихся рогами животных до трубных песен — призывов, в которых ЛСЛ, как правило, выдает генетические черты фанфарного жанра. На редкость выразительная «Марсельеза» и ее спутники откристаллизовали определенный, строго стабильный состав ЛСЛ, варьируемый в песнях разных народов по сей день. Марш Россини — образец такого варьирования.

приобретающим роль рефрена Первой части симфонии. Но всякий раз медные фанфары присекаются на полуслове едкой насмешкой. И «дудочное» (деревянная группа духовых) вместе с pizzicato струнных откровенно язвят над медью россиниевского марша — язвят не только «посвистыванием» и «пощипыванием» звука, но и испытанным ладо-колористическим средством, столь типичным для стиля Шостаковича (целотонная гаммка-гримаса e-d-c-b-as):

Нотный пример № 20

Шостакович. Пятнадцатая симфония.

Сатанинский вихрь сносит все на пути своем. И хорошо слышно: целотонность «вылезает», «выдается вперед». А наглые хроматизмы надругаются над крохами диатоники медного (и бедного) марша Россини.

Вот вам и ниточки, что уже порвались. Вот вам и куколки-солдатики, что уже не желают повиноваться… Но выглядят жалкими, неприкаянными, беспомощными.

Есть здесь и ладовая символика: от умилительной тетратоники Линии Скрытого Лада, что блестками акцентов рассыпалась в его марше из «Вильгельма Телля» (32 такта подряд!) Шостакович оставил один-единственный квинтовый трихорд (в ЛСЛ: h-e-fis): знак далекого прошлого, голос детства. Словно ожил андерсеновский мальчик, обнаруживший полный крах героизма: «король-то голый!» В этом и есть глубина иронического трагизма звучания. Другими словами: итальянская тема Россини с «французской акцентуацией» Руже де Лиля — все это для Шостаковича — тема разрушенной мечты России, и его собственной мечты.[50]

---

[50] «Марсельеза» — один из источников творений Шостаковича. И частично мы коснулись этого в данной статье. Но возникает вопрос: почему «Марсельезу» Шостакович не применял открыто, более «цитатно», как, например, русскую «Варшавянку» в Одиннадцатой симфонии? Ответить точно вряд ли кто-либо сможет. Но не исключена такая версия: Чайковский, которого высоко ценил Шостакович, придал «Марсельезе» символику откровенно враждебной силы (характеристика напо-

«Я — всего лишь микроб из замятинской антиутопии», — мог бы повторить сегодня каждый русский революционер. Бывший. Нечто в этом роде мне лично приходилось слышать, общаясь с россиянами здесь, в Америке. Преодолеть мрачное помогает, однако, Дмитрий Шостакович. Чем конкретно? Наверное, фундаментальнейшая проблема пересечения искусства с жизнью — это воплощение Надежды. В реальной действительности люди ее нередко теряют. Единственная категория человечества никогда не расстающаяся с надеждой — дети. И в каком-то смысле Шостакович словно бы у них «заимствует» это спасительное чувство. Но выражает его с позиций мудреца.

Замечательный русский писатель Михаил Михайлович Пришвин в очень тяжелые для советской интеллигенции времена ощущал себя «на кончике надежды», когда слушал фуги Дмитрия Шостаковича.[51] Это чувство остается и у соотечественников Пришвина. В Нью Йорке, сразу же после варварской атаки на «близнецов» и гибели тысяч (среди коих был и милый испанский мальчик из соседнего дома), мы, вместе с его родными, в переполненном зале Лютеранской церкви на Bennett Avenue внимали нашему русскому другу — молодому пианисту Максиму Аникушину — племяннику талантливого Ленинградского скульптора М. К. Аникушина, родственнику Марка Шагала и ученику Оксаны Яблонской. Максим Аникушин играл Шостаковича, играл с каким-то невероятным азартом, может быть потому, что сам бежал в толпе нью-йоркцев, спасаясь от преследовавшего смертоносного облака раскаленной пыли, что вот-вот готово было поглотить, сжечь преследуемых. И мы, слушатели пианиста, затаив дыхание слов-

---

леоновского нашествия на Россию в увертюре «1812 год»). Плакатно, впрямую переиначивать Чайковского в «музыкальном споре» Шостакович, видимо, не хотел. Показательно, что в музыке к фильму «Новый Вавилон» (1929 г.) — о событиях Парижской коммуны — молодой Шостакович изображает противников коммуны именно мотивом «Марсельезы», жанрово перевоплощая его то в вальс, то в галоп, то в канкан, в то время как главные герои фильма — коммунары — сопровождаются такими революционными песнями Франции как «Ça ira», «Корманьола» и др. Замечательный интерпретатор музыки Шостаковича российский дирижер Геннадий Рождественский скомпоновал сюиту «Нового Вавилона», и записал ее на диск, вошедший теперь в музыкальный обиход почитателей подлинного искусства.

[51] М. М. Пришвин. «Выхожу босой я на дорогу» (дневниковые записи). Музейный листок. Приложение к Российской Музыкальной газете. № 22, Май 2001 г., стр. 4

но видели случившееся наяву. Что будет завтра? Не повторится ли нападение вандалов? И в интонационном «сопротивлении», в натиске волевого напора Des-dur'ной шостаковичевской фуги мы все же распознали утешение: «нет-нет, мы еще «на кончике надежды». Именно так, как сказал Михаил Пришвин. И коль скоро в данной статье как-то анализировалась и партитура Седьмой симфонии, не лишним будет сейчас напомнить хорошо известное: в Финале симфонии, на цифре 207, воспроизводится Главная тема Первой части, и в ней можно узреть даже ясные нотки уверенности. Мрак будет повержен! Верх возьмет Справедливость! Нас потрясают и катарсисы симфоний — Восьмой, Тринадцатой, Пятнадцатой, многих квартетов Шостаковича, погружаясь в которые мы проникаемся целебностью духа и его чистотой. Поистине целомудренной…

Я вспоминаю давнюю московскую премьеру, на которой сын композитора — Максим Шостакович, тогда еще начинающий Артист, первым исполнил Последнюю симфонию отца. И казалось, что дирижер возвращает отцу ту любовь, с которой вырос в родном доме. Это была уникальная премьера, где Максим Шостакович убедил всех, в том числе и Великого автора симфонии, что музыка может «лететь во след лучу».

*Он только тем и луч,
Он только тем и свет,
Что шепотом могуч
И лепетом согрет.*

В этих строках Осипа Мандельштама смыкается зрелость человека с его детством. Так бывает и в прекрасных творениях Дмитрия Шостаковича.

Самый добрый сказочник XX века, незабвенный создатель «Маленького принца» Антуан де Сент Экзюпери в порыве отчаяния изрек незадолго до смерти: «я ненавижу свою эпоху». Шостакович, переживший отчаяние, вряд ли согласился бы с французским писателем. И хотя русский композитор не был сказочником, даже наоборот — беспощадным реалистом, он оставался для всех нас и неистовым романтиком.[52] Есть у него интерпретатор, наде-

---

[52] О романтизме Шостаковича есть интересные наблюдения в книге М. Сабининой «Шостакович-симфонист», в книге Л. Мазеля «Этюды

ленный этими же свойствами. Это его близкий друг — гениальный Мстислав Ростропович. Недосягаемая высота единения творчества композитора и ростроповичевских откровений в том, что буквально каждый тон музыки и его отношение к другим тонам реализуется не в контексте одного сочинения, а в контексте всей мировой культуры. Это феномен — феномен внушения истины. Отсюда и вечность творений, очеловечивающих homo sapiens, отсюда и связь времен — нынешнего с минувшим. Когда я внимаю шостаковичевским партитурам в трактовке Ростроповича, я вспоминаю свое военное детство и девятилетнего Иоську, заживо погребенного нацистами вместе с другими моими родственниками. Ростропович обладает уникальным качеством — реконструировать жизнь каждого из нас, восстанавливать подлинную историю. И в той стране, где находится Ростропович, обязательно повышается температура гуманистической значимости искусства, ибо он, как и Шостакович, верит в неодолимость Добра (пусть и в мире абсурда нашей несовершенной планеты).

Одиннадцатого сентября мы здесь, в Нью-Йорке, отмечали годовщину... Все знают какую. Премьера «Нью-Йоркской мессы» москвича Ефрема Подгайца, в интерпретации Русского Камерного хора Николая Качанова, стала событием в культурной жизни нашего города. А в России, ту же «Мессу» исполнил замечательный хор Бориса Тевлина: искренняя молитва по невинным жертвам дошла и до русских сердец.

Нашлись, однако, люди среди так называемых национал-большевиков, которые во все горло выкликали: «Нью-Йорк должен быть разрушен!»[53] Читаю об этом и слышу «тему нашествия». Неужели земляне не одумаются? Шостакович ведь сделал все, чтобы они... Не хочу продолжать.

о Шостаковиче», Москва, Советский композитор,1986. С этой проблемой связано и исследование Г. Григорьевой: «Стилевые проблемы русской советской музыки второй половины XX века». Москва, Советский композитор, 1989.

[53] *Мир отметил годовщину 09.11* Газета «Новое Русское Слово» от 12 сентября 2002 года, стр. 5.

Владимир Зак

Сюита для Фортепиано (1947 г.)

Еврейская песня

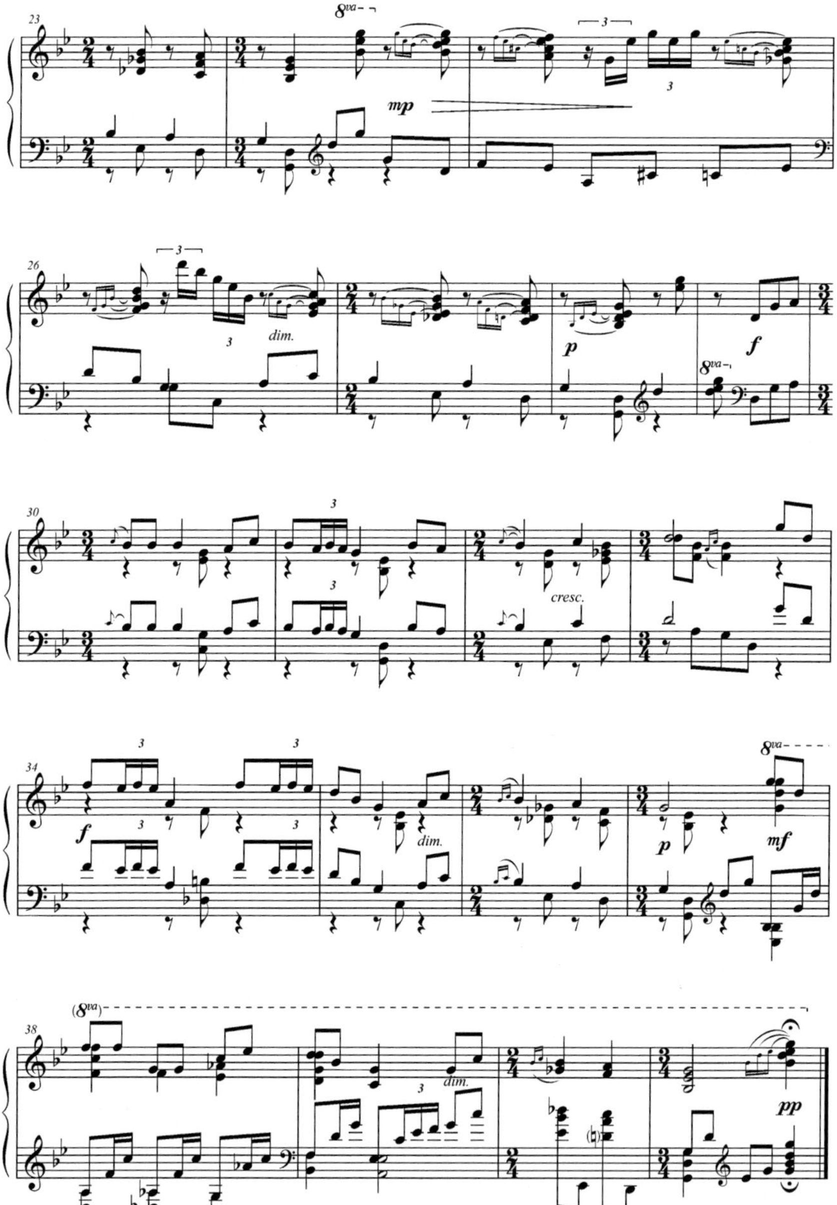
23
8va
mp
26
dim.
p
f
30
cresc.
34
mf
38
(8va)
pp

Еврейский танец

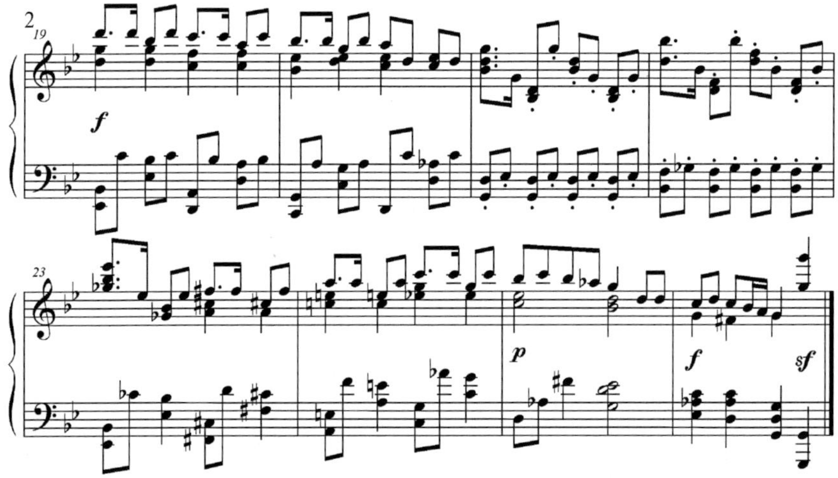
2
19
f
23
p
f
sf

Танец

(Allegro con brio)

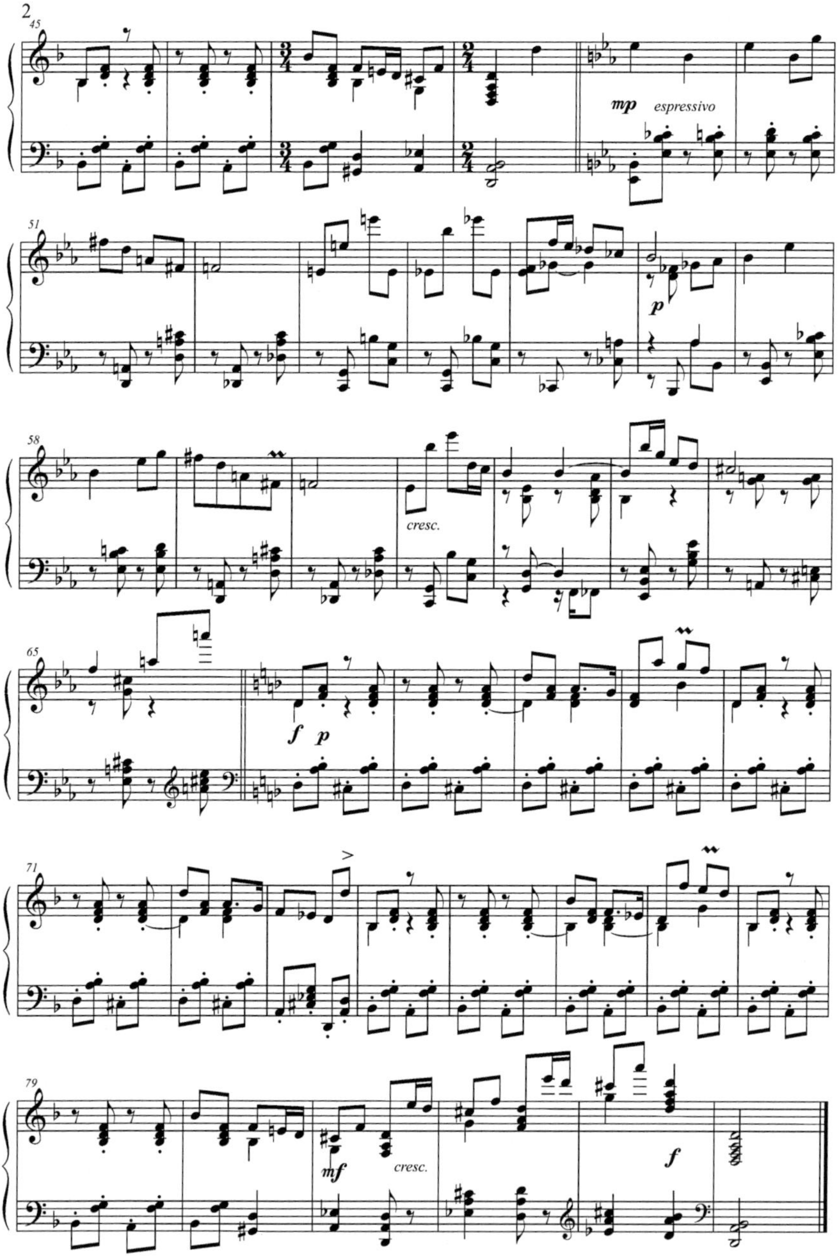
mp espressivo
p
cresc.
f p
mf
cresc.
f

Юмореска

(Allegretto)

35
(8va)
mf (dolce)
41
sf
sf
p
48
f
54
mf (dolce)
61
sf
sf
sf
p
sf
p
cresc. poco a poco
68
3
f

Марш

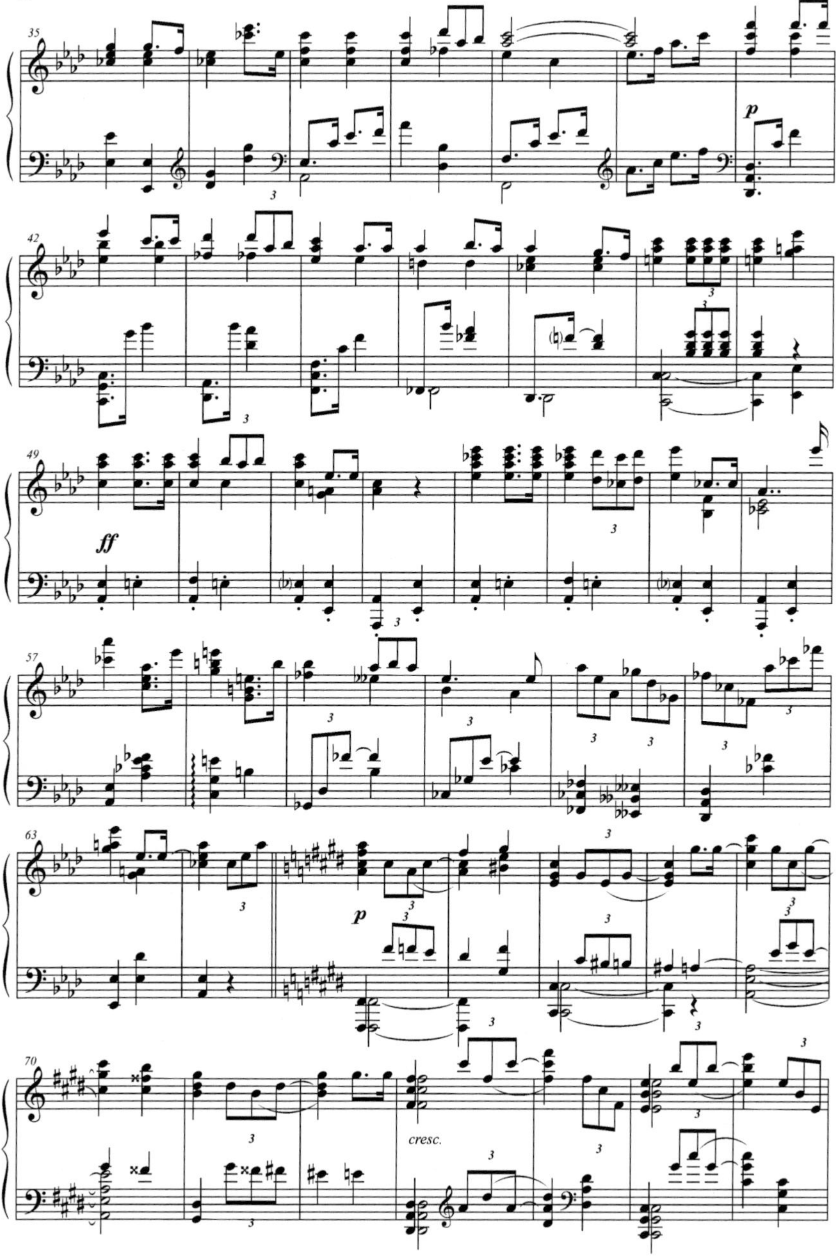
35
p
42
49
ff
57
63
p
70
cresc.

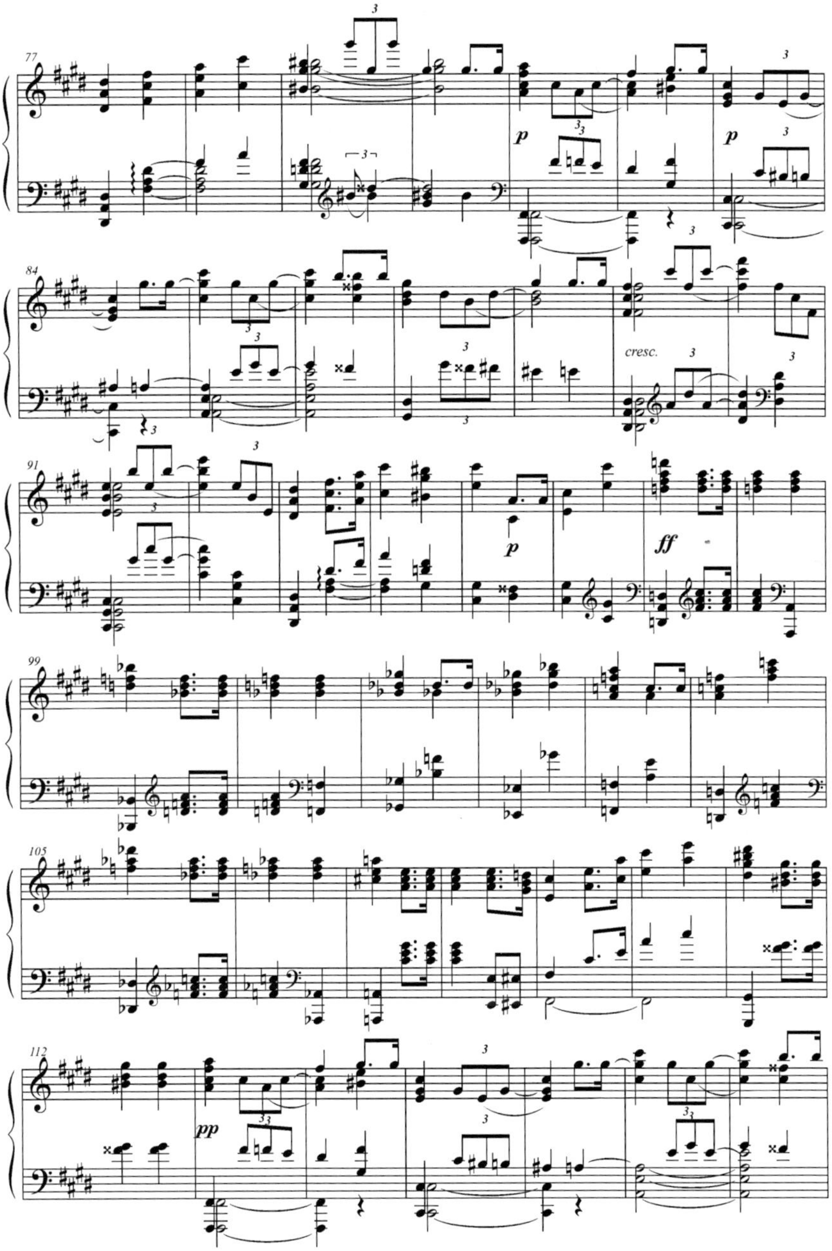
77
p
p
84
cresc.
91
p
ff
99
105
112
pp

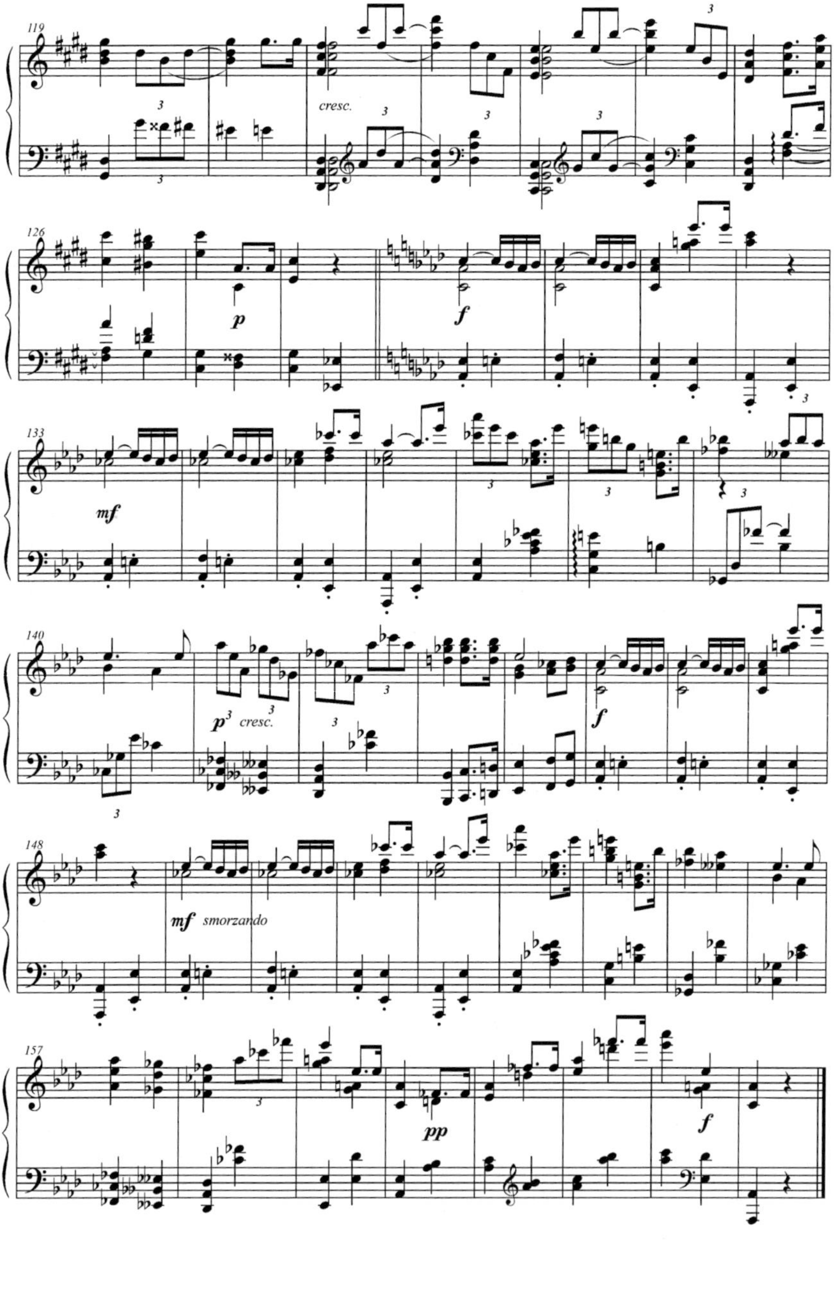
119
cresc.
126
p
f
133
mf
140
p
cresc.
f
148
mf smorzando
157
pp
f

Список основных работ В. И. Зака

КНИГИ

1. *Андрей Бабаев*. Монография. Советский композитор., М., 1968
2. *Матвей Блантер*. Монография. Советский композитор., М., 1971
3. *О мелодике массовой песни*. Монографическое исследование. Советский композитор, М., 1979
4. *О закономерностях песенной мелодики*. Монографическое исследование. Советский композитор., М., 1990
5. *Шостакович и евреи?* Монография. Киев, Нью Йорк, 1997

ТРУДЫ В СБОРНИКАХ

1. *Солдатская песня*. Вступительная статья к сборнику песен М. Блантера. Военное издательство Министерства обороны СССР. М., 1963
2. *Песни Яна Френкеля*. Статья в сборнике. Военное издательство Министерства обороны СССР. М., 1965
3. *Мераб Парцхаладзе*. Вступительная статья к сборнику М. Парцхаладзе. «Советский композитор», М., 1967
4. *Павел Аедоницкий*. Вступительная статья к сборнику песен П. Аедоницкого. «Музыка», М., 1967
5. *Песни Александра Флярковского*. Вступительная статья к сборнику. «Советский композитор», М., 1968
6. *Выдающийся мастер*. Вступительная статья к сборнику песен М. Блантера. «Советский композитор», М., 1968
7. *Леонид Афанасьев*. Вступительная статья к авторскому сборнику. «Советский композитор», М., 1969
8. *Песни Виктора Сибирского*. Вступительная статья к авторскому сборнику. «Советский композитор», М., 1970
9. *К. Хачатурян*. Вступительная статья к авторскому сборнику. «Советский композитор», М., 1970
10. *Грант Григорян*. Составление, редактирование, написание вступительной статьи сборника. «Советский композитор», М.,1971
11. *Борис Терентьев*. Вступительная статья к сборнику песен. «Советский композитор», М., 1971

12. *Болгария–СССР. Диалог о музыке* (сборник). Составление, редактирование, участие в написании первого раздела «Голоса симпозиума». «Советский композитор», М., 1972
13. *Опыт эстетического воспитания в Московском молодежном клубе.* В сборнике: VII Международный музыкальный конгресс. Культуры народов: традиции и современность. «Советский композитор», М., 1973
14. *О некоторых «секретах доходчивости» мелодики.* В сборнике: О музыке. Проблемы анализа. «Советский композитор», М., 1974
15. Вступительная статья к сборнику песен Ю. Саульского. «Советский композитор», М., 1974
16. *Мастер советской песни.* Вступительная статья к сборнику песен М. Блантера. «Советский композитор», М., 1974
17. *О характере интонации в массовой песне.* В сборнике: Песня и время. «Советский композитор», М., 1976
18. *Мастера советской песни.* Составление, редактирование, написание вступительной статьи сборника. «Советский композитор», М., 1977
19. *75-летие М. Блантера.* Вступительная статья к сборнику песен. «Советский композитор», М., 1978
20. *O Melodike Josepha Haydna.* Joseph Haydn A Hudba Jeho Doby. Referaty prednesene na muzikologickej konferencii v ramci BHS 1982., Hudobne tradicie Bratislavy a tvorcovia (zv.11) pp.166–172
21. *Asaf'ev's theory of intonation and the analysis of popular song.* Popular music 2.Theory and Method. Cambridge University Press, 1982. pp.91–111
22. *Das Ritenuto im «Friedenslied» von Dmitri Šostakovič.* Sozialistische musikkultur. Traditionen. Probleme. Perspektiven. Band2.Verlag Neue Musik., Berlin 1983, pp.278–300
23. *Удивительный артист.* Сборник: Вано Мурадели. Воспоминания и статьи. «Советский композитор», М., 1983 сс. 36–42
24. *Il meraviglioso mondo dell' intonazione popolare.* In «What is popular music?» Edizioni unicopli Milano., 1983, pp.151–169
25. *Фестиваль музыки Д. Шостаковича в ФРГ.* Информационный бюллетень СК СССР №9–10., М., 1984
26. *«Катюша».* Сборник: Советской Родине посвящается. «Советский композитор», М., 1985
27. *Броскость лада в песенной интонации (развивая идеи Б. Асафьева).* Сборник: Проблемы музыкальной науки. «Советский композитор», М., 1985
28. *The Wondrous World of Popular Intonation.* Popular Music Perspectives 2. IASPM Göteborg. Exeter. Ottawa. Reggio Emilia., 1985, pp.66–83

29. *Об устойчивых интонационных комплексах.* Сборник: Б. В. Асафьев и советская музыкальная культура. «Советский композитор», М., 1986, сс. 154–167
30. *Оптимистическая драма.* Сборник: Эдуард Хагагортян. «Советский композитор», М., 1987
31. *Действенность призывной интонации.* Сборник: Виктор Белый. «Советский композитор», М., 1987
32. *Общительный характер популярной интонации.* Сборник: Музыкальный современник. Вып. 6, «Советский композитор», М., 1987, сс. 281–301
33. *«Все хорошее — от удивления».* Сборник: Андрей Эшпай. «Советский композитор», М., 1988
34. *Воспитание молодого музыковеда и требования жизни.* Информационный бюллетень СК СССР №8–9., М., 1988
35. *Новое видение друг друга.* Информационный бюллетень СК СССР М., 1988
36. *Приблизить настоящую музыку к человеку.* Альманах: Музыка России Вып. 8, «Советский композитор», М., 1989 сс. 18–30
37. *О Викторе Абрамовиче Цуккермане.* Сборник: В. А. Цуккерман — музыкант, ученый, человек. Статьи, воспоминания, материалы. «Композитор», М., 1994, сс. 116–122, 265–267
38. *Евреи-иммигранты-музыковеды США.* Сборник: Евреи в культуре Русского Зарубежья. Том V. Составитель и издатель М. Пархомовский. Иерусалим, 1996, сс. 396–405
39. *Shostakovich's Idioms.* Shostakovich Reconsidered. Written and Edited by Allan B. Ho and Dmitry Feofanov. Toccata Press., 1998, pp.495–506
40. *Почему так прекрасна мелодия?* В сборнике: Анатолий Григорьевич Новиков. Статьи. Воспоминания. Материалы. Составитель И. Ромащук. «Советский композитор», М., 1998
41. *Он слышал весь мир (штрихи к портрету музыковеда).* Сборник: Гиви Орджоникидзе. Тбилиси., 1999, сс. 342–347
42. *Jüdisches und nicht-jüdisches bei Dmitri Schostakowitsch.* Dmitri Schostakowitsch und das jüdische musikalische Erbe (Schostakowitsch-Studien, Bd3). Verlag Ernst Kuhn-Berlin, 2001, pp.56–89
43. *Вторая юность, или просто…«Ойфн припечек».* Сборник: Друзья, прекрасен наш союз. Mir Collection., New York., 2002
44. *Die Hoffnung bleibt. «Samuel» Goldenberg und «Schmule».* Jüdisches und Antisemitisches in der russischen Musikkultur. Verlag Ernst Kuhn-Berlin., 2003, pp.265–295
45. *Улыбка друга.* Сборник: Г. Л. Головинский. Статьи. Воспоминания. «Композитор», М., 2005

46. *Нам не дано предугадать...* Поэтический сборник, Mir Collection., New York., 2006
47. *Слушайте Альфреда Шнитке!* Сборник: Времени голоса. Вып. 2., Mir Collection., New York., 2008, сс. 174–183

ЖУРНАЛЬНЫЕ ПУБЛИКАЦИИ

1. *Музыка в Сокольниках.* «Советская музыка» №8, 1953
2. *О музыке в кино.* «Советская музыка» №7, 1958
3. *Чрезвычайное происшествие.* «Советская музыка» №5, 1959
4. *В театре кукол.* «Советская музыка» №10, 1959
5. *На экране Георг Отс.* «Советская музыка» №11, 1959
6. *Огни сибирские.* «Музыкальная жизнь» №11, 1959
7. *Есть ли свой голос у молодых песенников?* «Советская музыка» №12, 1959
8. *Эстрадный оркестр.* «Советская музыка» №2, 1960
9. *Поет Борис Гмыря.* «Советская музыка» №3, 1960
10. *Оркестр легкой музыки.* «Советская музыка» №4, 1960
11. *Камерные сочинения москвичей.* «Советская музыка» №6, 1960
12. *Музыка в театре-студии «Современник».* «Советская музыка» №7, 1960
13. *На концерте эстрадного оркестра.* «Советская музыка» №9, 1960
14. *О легкой музыке.* «Советская музыка» №12, 1960
15. *Песни войны и мира (О творчестве А. Шнитке).* «Советская музыка» №3, 1961
16. *Репортаж с заседаний.* «Советская музыка» №5, 1961
17. *Мастер песенного плаката.* «Советская музыка» №8, 1961
18. *Пятнадцать минут до старта.* «Советская музыка» №10, 1961
19. *Французская эстрада в Москве.* «Советская музыка» №11, 1961
20. *Сатирикон: музыковеду — «однолюбу», В. Цуккерману, А. Шнитке.* «Советская музыка» №12, 1961
21. *Музыкальное ревю.* (Псевдоним — В. Ильин). «Советская музыка» №12, 1961
22. *Авторский концерт А. Флярковского.* «Советская музыка» №1, 1962
23. *Город смелых, город дружных (музыкальная жизнь Новосибирска).* «Советская музыка» №1, 1962
24. *Поэма о Братске.* «Музыкальная жизнь» №4, 1962

25. *Встречи с читателями города Куйбышева.* «Советская музыка» №6, 1963
26. *Крылатые песни (к 60-летию М. И. Блантера).* «Музыкальная жизнь» №6, 1963
27. *Дети слушают музыку (особенности музыкального восприятия).* «Советская музыка» №10, 1963
28. *Добрый и умный друг (о деятельности Н. И. Сац). Творческий портрет и музыкальный шарж.* «Советская музыка» №11, 1963
29. *Там, где учился Ленин (о Казанском университете)* «Советская музыка» №4, 1964
30. *Песни Александры Пахмутовой.* «Советская музыка» №3, 1965
31. *В Борьбе за жизнь (из военной летописи).* «Советская музыка» №5, 1965
32. *Александра Пахмутова.* «Пограничник» №24, 1966
33. *Симфонические оркестры Урала и Сибири.* «Советская музыка» №2, 1966
34. *Счастливого пути! (о спектаклях музыкального театра для юношества).* «Советская музыка» №9, 1966
35. *Играют С. Снитковский и Э. Иосиович.* «Советская музыка» №2, 1967
36. *Идет Безродный зять! (опера Т. Хренникова в театре Станиславского и Немировича-Данченко).* «Советская музыка» №6, 1967
37. *Прокофьев сначала! (о проблемах эстетического воспитания).* «Советская музыка» №9, 1967
38. *В эфире — советская музыка.* «РТ», Октябрь, 1967
39. *«Оптимистическая трагедия» А. Холминова.* «РТ», 7 ноября 1967
40. *Преданность музыкальному театру (о творчестве А. Спадавеккиа).* «Музыкальная жизнь» №14, 1967
41. *Вспоминают музыканты.* «Советская музыка» №2, 1968
42. *Поющие гитары.* «Музыкальная жизнь» №6, 1968
43. *Одна из лучших (о музыкальной школе им. В. Стасова).* «Советская музыка» №7, 1969
44. *Новая опера-сказка («Город мастеров»).* «Советская музыка» №2, 1970
45. *Поэма о детстве.* «Советская музыка» №10, 1970
46. *За дальнейшее развитие музыкальной критики.* «Советская музыка» №9, 1972
47. *С позиций высокой требовательности.* «Советская музыка» №1, 1973

48. *Нестареющие мелодии.* «Советская музыка» №4, 1973
49. *Для детей (о новых изданиях).* «Музыкальная жизнь» №19, 1973
50. *Завидная судьба.* «Советская эстрада и цирк» №2, 1973
51. *Радость делает человека сильнее.* «Советская музыка» №7, 1974
52. *Перспективы изучения творчества Шостаковича.* «Советская музыка» №12, 1976
53. *Выставка, посвященная Шостаковичу.* «Советская музыка» №12, 1976
54. *Отмечая 70-летие Д. Д. Шостаковича.* «Советская музыка» №2, 1977
55. *Ладовое действие в «песенном театре».* «Советская музыка» №4, 1979
56. *Счастливого пути, «Неистовый гасконец»! (о творчестве Кара Караева в области музыкального театра).* «Советская музыка» №5, 1979
57. *Детское творчество и фольклор.* «Болгарская музыка» №2, 1981
58. *Эстетическое воспитание — долг каждого из нас.* Болгарский журнал «Художественная самодеятельность» №2, 1981
59. *Встреча с кубинскими друзьями.* «Советская музыка» №10, 1982
60. *Интонационный мир советской песни.* «Советская музыка» №10, 1982
61. *Рассказы о песнях.* «Музыкальная жизнь» №16, 1982
62. *О симфонии.* «Музыкальная жизнь» №17, 1982
63. *Броскость ладовой палитры (этюд о песенной мелодике).* «Советская музыка» №6, 1983
64. *«Мотив мечты» в советской музыке.* «Советская музыка» №7, 1983
65. *Пристрастия композитора.* «Музыкальная жизнь» №22, 1983
66. *Сельский слушатель и музыка сегодня.* «Советская музыка» №23, 1983
67. *Музыкально-интонационный словарь эпохи и восприятие человека.* «Советская музыка» №12, 1983
68. *Мелодии, които не стареят (80 години М. И. Блантер).* «Българска музика» №8, 1983
69. *Размышления после конференции.* «Советская музыка» №5, 1984
70. *Во имя самых высоких идей времени.* «Советская музыка» №4, 1985

71. *Суровые интонации войны.* «Советская музыка» №5, 1985
72. *Весенние краски мира (о «Песне мира» Шостаковича).* «Советская музыка» №9, 1985
73. *Солнечное искусство друзей.* «Советская музыка» №10, 1985
74. *Прозреть и понять (опера на сцене детского театра).* «Театральная жизнь» №15, 1985
75. *Музыка и слушатель.* «Советская музыка» №1, 1986
76. *Источник неиссякаемого мужества.* «Советская музыка» №5, 1986
77. *Музыка и жизнь человека.* «Музыкальная жизнь» №20, 1986
78. *Музыка вокруг нас.* «Музыкальная жизнь» №22, 1986
79. *Выйти навстречу слушателю.* «Советская музыка» №4, 1987
80. *Человек — главная тема современного музыкознания.* «Болгарская музыка» №4, 1987
81. *Пульс революционных интонаций.* «Советская музыка» №11, 1987
82. *История и день сегодняшний.* «Советская музыка» №12, 1987
83. *Под критическим углом зрения.* «Советская музыка» №12, 1987
84. *Америка — вся на контрастах.* «Советская музыка» №3, 1988
85. *Поглядим в глаза друг другу.* «Культура и жизнь» №7, 1988
86. *Карлос Паласио — Большое событие.* «Советская музыка», №11, 1988
87. *О В.А. Цуккермане.* «Музыкальная жизнь» №6, 1989
88. *Важный ориентир стиля (о мелодике П.И. Чайковского).* «Советская музыка», июнь, 1990
89. *Випромінюючи таємниче світло.* Світовид, літературно-мистецький журнал, Київ–Нью Йорк, 1992
90. *Откровения В. М. Молотова.* «Menora» (Jewish Magazine in Russian) №30, 1999
91. *Еще об идеалах.* «Музыкальная Академия» №1, 1999
92. *Песни в солдатской шинели.* «Вестник Род Айленда» №5, 2000
93. *Нам пишут.* «Вестник Род Айленда» №8–9, 2000
94. *Remembering Shostakovich (Muradeli on «The One who does not like me»)* DSCH №13, July 2000
95. *Реабилитируемый… Шаляпин.* «Вестник» №16 (249), 2000
96. *Мой журнал — юбиляр!* «Музыкальная Академия» №1, 2003
97. *Дмитрий Шостакович и дети?* «Музыкальная Академия» №4, 2003
98. *О музыковедах не принято писать?* «Вестник» №23 (360), 2004
99. *Каждый из нас был как бы раздвоен…* «Вестник» №25 (362), 2004

100. *Интеллектуал советского правительства.* «Вестник», №12 (375), 2005, а также http://berkovich-zametki.com/, июнь, 2006
101. *Кудрявая, что ж ты не рада?* Интернет-журнал. Редактор Евгений Беркович. http://berkovich-zametki.com/, 6–13–2005
102. *«Тема нашествия» на Валааме.* Интернет-журнал. Редактор Евгений Беркович. http://berkovich-zametki.com/, 7–17–2005
103. *Самая музыкальная (о поэзии Бориса Кушнера).* http://berkovich-zametki.com/, 4–19–2006
104. *«Аккорду» — Виват!* «Аккорд», 2007

ГАЗЕТНЫЕ ПУБЛИКАЦИИ

1. *Музыка в парках.* «Вечерняя Москва», 28 июня 1960
2. *Шире дорогу песне.* «Вечерняя Москва», 30 августа 1961
3. *Музыка по радио.* «Вечерняя Москва», 9 февраля 1961
4. *«Я люблю, Архимед!»* (оперетта Н. Богословского в Одессе). «Известия», 9 июня 1962
5. *«Дитя и волшебство»* (опера М. Равеля). «Известия», 19 июля 1962
6. *Ноты за неделю.* «Неделя» №51, 16–22 декабря 1962
7. *Нужна музыкальная комедия.* «Заря Востока», апрель 1963 (г. Тбилиси)
8. *Музыка пришла к детям* (сказка «Петя и волк» С. Прокофьева). «Неделя» №41, 6–12 октября 1963
9. *Большой праздник искусства.* «Неделя» №46, 10–16 ноября 1963
10. *Звучит «Василий Теркин».* «Известия» №16, 18 января 1964
11. *Дети слушают Кабалевского.* «Известия» №123, 23 мая 1964
12. *Маленькие волшебники* (о болгарском хоре «Бодра смена»). «Неделя» №88, 13–19 сентября 1964
13. *Грампластинка и Детский театр.* «Неделя» №2, 3–9 января 1965
14. *«Александр Невский» Сергея Прокофьева.* «Неделя» №8, 14–20 февраля 1965
15. *Пусть всегда будет солнце!* (о вокальном цикле К. Молчанова «Песни Хиросимы»). «Комсомольская правда» №49, 28 февраля 1965
16. *Песня — история.* «Неделя» №21, 1965
17. *Однополчанам посвящается.* «Комсомольская правда» №243, 1965
18. *«Музыка, цвет и еще сто проблем».* «Советская культура», 29 ноября 1966

19. *Поющие «Три толстяка»* (об опере В. Рубина). «Неделя» №52, 17–23 декабря 1967
20. *Влюбленный в жизнь.* «Советская культура», 20 ноября 1969
21. *Пропагандист дагестанской музыки.* «Дагестанская правда», 13 мая 1970
22. *Наш двор.* «Московская правда», 13 ноября 1970
23. *Катюша и Биг-Биты.* «Советская культура», 15 мая 1973
24. *Советская песня и современность.* «Советская культура», 11 февраля 1975
25. *Оптимистическая тональность.* «Правда» №278, 5 октября 1975
26. *Музыка звала на подвиг.* «Краснокамская звезда», 9 мая 1975
27. *Дмитрий Яковлевич Покрасс.* «Правда», 23 декабря 1978
28. *По литературным местам.* «Ленинградская здравница», 17 августа 1978
29. *Первые концерты Пленума.* «Коммунисти» №245, 1981 (на грузинском языке, г. Тбилиси)
30. *Памяти друга (Г. Орджоникидзе).* «Литературная газета», 30 мая 1984
31. *Пойдем, малыш, на оперу.* «Комсомольская правда», 26 декабря 1984
32. *Искусство для народа.* «Знамя коммунизма», 7 мая 1986 (г. Ангарск)
33. *Страна музыка.* «Советская культура», 21 марта 1987
34. *Святая к музыке любовь.* «Комсомолец Кузбасса», 29 сентября 1987
35. *Слышать время.* «Советская культура», 20 октября 1987
36. *Без предубеждения.* «Литературная Россия», 4 декабря 1987
37. *О советском музыкознании.* Интервью американской газете штата Индиана, г. Блюмингтон, 14 октября 1987
38. *Симфония небоскребов.* «Музыкальная газета», январь 1990
39. *Вера Андреевна Васина-Гроссман.* «Музыкальная газета», сентябрь 1990
40. *Матвей Исаакович Блантер.* «Известия», 29 сентября 1990
41. *Не теряя надежды.* «Новое Русское слово» №28674, 8–9 июня 1991
42. *Излучая таинственный свет.* «Новое Русское слово» №28911, 13 марта 1992
43. *С Лондонским симфоническим.* «Еврейский мир» №5, июнь 26-июль 2, 1992
44. *Шостакович и евреи.* «Еврейский мир» №16, сентябрь 11–18, 1992
45. *Шостакович и евреи.* «Еврейский мир» №17, сентябрь 18–25, 1992

46. *Шостакович и евреи.* «Еврейский мир» №18, сентябрь 25–октябрь 2, 1992
47. *Шостакович и евреи.* «Еврейский мир» №19, октябрь 2–9, 1992
48. *Музыка напоминает.* «Новое Русское слово» №29139, 4 декабря 1992
49. *Музыка для глаз.* «Еврейский мир»№31, декабрь 25 1992 — январь 1, 1993
50. *«Идиомы Шостаковича».* «Еврейский мир» №6, май 7–14, 1993
51. *Она поймала синюю птицу (90 лет со дня рождения Наталии Сац).* «Еврейский мир» №27, октябрь1–8, 1993
52. *Обнимитесь, миллионы!* «Еврейский мир» №1, март 25-апрель 1, 1994
53. *Сердце артиста.* «Мир» (международная еженедельная газета) №500, 14–20 октября 1994
54. *Слушайте Альфреда Шнитке!* «Новое Русское Слово» №29753, 25 ноября 1994
55. *Бородинцы играют Шостаковича.* «Новое Русское Слово» №29765, 9 декабря 1994
56. *Обнять весь мир.* «Новое Русское Слово» №29931, 23 июня 1995
57. *Гражданский подвиг ученого.* «Мост» (международная еврейская газета) №30, 23 марта-5 апреля, 1995
58. *Открывая неизведанное.* «Новое Русское Слово» №30004, 23–24 сентября 1995
59. *Праздник музыкальной науки.* «Мост» (международная еврейская газета) №1 (53), январь-февраль 1996
60. *«Шостакович и евреи?»* В. Зак—Л. Кацин (интервью). «Еврейский мир» №41, 16 января 1998
61. *Этот вечный вопросительный знак..?* В. Зак—Б. Яковлев (интервью). «Русский базар»№9 (97), 2–8 марта 1998
62. *Американцы рукоплещут Елене Доф-Донской.* «Русский базар» №11 (99), 16–22 марта 1998
63. *«Русскую плясовую от еврейского фрейлеха китайской стеной никто не отделял»* В. Зак—Л. Заславский (интервью). «Новое Русское Слово» №30775, 18 марта 1998
64. *E. Dof-Donskaya.* «Yiddish Forward» №17 (180), April 17, 1998
65. *События уходящего года.* «Русский базар» №1 (141), 2–9 января 1999
66. *Письмо в редакцию.* «Русский базар» №5 (145), 30 января–5 февраля 1999
67. *Пиршество духа.* В. Зак—А. Лейбович (интервью). «Русский базар» №6 (146), 6–12 февраля 1999

68. *Виртуозы Израиля*. «Еврейский мир» №359, апрель 8, 1999
69. *Еще об идеалах*. «Еврейский мир» №396, декабрь 23, 1999
70. *Восхождение*. «Вечерний Нью Йорк» №948, декабрь 22–23, 1999
71. *Новое слово о музыке*. «Новое Русское Слово» №31398, 20 марта 2000
72. *Песня в солдатской шинели*. «Вечерний Нью Йорк» №1004, май 8–9, 2000
73. *Любовь и искусство*. «Новое Русское Слово» №31852, 3 сентября 2001
74. *Музыка сострадания*. «Вечерний Нью Йорк» №1203, октябрь 12–18, 2001
75. *Искусство быть молодым*. «Форвертс» №321, январь 18–24, 2002
76. *Диалог сердец*. «Новое Русское Слово» №32078, 24 мая 2002
77. *Контрасты одной судьбы*. «Российская музыкальная газета» (Музейный листок), ноябрь 2002
78. *О Сергее Прокофьеве (письмо с продолжением разговора)*. «Российская музыкальная газета» (Музейный листок), март 2003
79. *«Помолись нашему еврейскому Богу за русского Тихона»* В. Зак—Л. Заславский (интервью). «Форвертс» №395, июнь 20–26, 2003
80. *«С его музыкой не расстаемся»* В. Зак-Л. Заславский (интервью). «Панорама» №1160, июль 2–8, 2003
81. *Прокофьев обнимает мир*. «Российская музыкальная газета» (Музейный листок), ноябрь 2003
82. *Вопрос «на засыпку»*. «Форвертс» №424, январь 9–15, 2004
83. *И опять о «Надежде»* В. Зак—Л. Кацин (интервью). «Еврейский мир» №611, 5–11 февраля 2004
84. *«И все это — благодаря Яше»*. «Форвертс» №441, май 7–13, 2004
85. *Почему мы оказались в Америке?* «Форвертс» №448, июнь 25–июль 1, 2004
86. *Интервью в четырех монологах*. В. Зак—Ю. Цырин (интервью). «The Bukharian Times», №149, 17–23 декабря 2004
87. *Твори, дерзай, наш дорогой Изалий!* «The Bukharian Times» №210, 17–23 февраля 2006

ДРУГИЕ ПУБЛИКАЦИИ

1. *Симфоническая поэма «Нестан». Вступительная статья к партитуре М. Парцхаладзе.* «Советский композитор», М., 1969

2. *К детям, юношеству, молодежи! Статья для альбома грампластинок: «Кабалевский — детям».* Всесоюзная студия грамзаписи, М., 1975
3. *Статьи о творчестве советских композиторов и исполнителей (поет Елена Образцова, поет Эдуард Хиль, песни С. Каца и др.).* Всесоюзная студия грамзаписи «Мелодия», М., 1978
4. *Давид Кривицкий. Вступительная статья к клавиру оперы «Городок Жур-Жур».* «Советский композитор», М., 1983
5. *«Музыка смеется».* Статья. Всесоюзная студия грамзаписи «Мелодия», М., 1986

Статьи для ежегодника памятных музыкальных дат (1975–1990)
Статьи для музыкальной энциклопедии (1973–1982)
Статьи для Информационного бюллетеня СК СССР (1975–1990)
Составление серии брошюр «В помощь музыкальной самодеятельности и университетам культуры», выпущенных издательством «Советский композитор» (1959–1964)
Участие в работе над выпуском научно-публицистических сборников «Музыкальный современник» (в качестве члена редколлегии). Вып. 1 «Советский композитор», М., 1973; Вып. 2 «Советский композитор», М., 1977; Вып. 3 «Советский композитор», М., 1979; Вып. 4 «Советский композитор», М., 1983; Вып. 5 «Советский композитор», М., 1984; Вып. 6 «Советский композитор», М., 1987.
Участие в работе над выпуском сборника «Болгария — СССР. Диалог о музыке» (составление, редактирование, написание первого раздела). «Советский композитор», М., 1972
Участие в работе над выпуском сборников «Проблемы музыкальной науки» (в качестве составителя). Вып. 6 «Советский композитор», М., 1985; Вып. 7 «Советский композитор», М., 1987.
Рецензирование книг, выпущенных издательством «Советский композитор» (1968–1990). В их числе: Г. Цыпин «Портреты советских пианистов» 1982; Михаил Раухвергер «Статьи и воспоминания» — 1983; Григорий Гинзбург «Статьи, воспоминания, материалы» — 1984; А. Цукер «Микаэл Таривердиев» — 1985; Гавриил Попов «Из литературного наследия» — 1986; Леонид Коган «Воспоминания, письма, статьи, интервью» — 1987; А. Тищенко «Константин Листов» — 1987; Эдуард Хагагортян «Статьи, воспоминания» — 1987; В. А. Белый «Статьи, воспоминания, материалы» — 1987; Мария Гринберг «Статьи, воспоминания, материалы» — 1987; М. Тероганян «Леонид Афанасьев» — 1988; Эмиль Купер «Статьи,

воспоминания, материалы» — 1988; Г. Цыпин «Музыкант и его работа» — 1988; Е. Долинская «Евгений Птичкин» — 1990.

НАИБОЛЕЕ РАЗВЕРНУТЫЕ ВЫСТУПЛЕНИЯ

1. *О традициях и насущных задачах музыкальной критики.* Выступление на Всесоюзном Пленуме «О литературно-художественной критике» (Москва, апрель 1972). См. журнал «Советская музыка» №2, 1972, а также сборник «За действенную музыкальную критику» Составитель Г. Друбачевская. «Советский композитор», М., 1974
2. *О творчестве молодых.* Выступление за «круглым столом» редакции журнала «Советская музыка». См. журнал «Советская музыка» №1, 1973
3. *Опыт эстетического воспитания в Московском молодежном клубе.* Выступление на VII Международном музыкальном конгрессе. Краткое изложение в книге: «VII Международный музыкальный конгресс. Культуры народов: традиции и современность». М., 1973
4. *Гражданская песня, как средство воспитания молодежи.* Выступление на Советско-Чехословацком симпозиуме: «Рабочая и политическая песня в борьбе за мир и прогресс» (Москва, Союз композиторов СССР, 1975). См. журнал «Советская музыка» №4, 1976
5. *О характере интонации в массовой песне.* Выступление на Пленуме Союза композиторов СССР (Москва, февраль 1975). См. сборник: «Песня и время», «Советский композитор», М., 1976
6. *Перспективы изучения творчества Шостаковича.* Выступление на «Шостаковичевских чтениях» в Ленинграде (сентябрь,1976). Краткое изложение в журнале «Советская музыка» №12, 1976
7. *Выступления по итогам фестивалей «Московская осень» (1–6).* Освещались в ряде статей газет и журналов («Советская музыка», «Музыкальная жизнь», «Вечерняя Москва», «Московская правда» и др.)
8. *Музыка и жизнь.* Выступление на Всесоюзной теоретической конференции (Москва, декабрь 1980). Краткое изложение в: «Информационный центр по проблемам культуры и искусства», М., 1981
9. *Детское творчество и фольклор.* Доклад на конференции Европейской региональной группы Международного музы-

кального совета (г. София, декабрь 1980). Краткое изложение: журнал «Болгарская музыка» №2, 1981

10. *Интонационный мир советской песни.* Доклад на советско-кубинском симпозиуме в Москве. См. журнал «Советская музыка» №10, 1982

11. *Национальное и интернациональное в советской музыке.* Выступление на конференции «Музыка и слушатель» в г. Днепропетровске. Краткое изложение в журнале «Советская музыка» №10, 1982

12. *О мелодике Иозефа Гайдна.* Выступление на Международном симпозиуме в г. Братислава. См. сборник материалов симпозиума «Иозеф Гайдн и его время» (На чешском языке), г. Братислава, 1982

13. *«Мотив мечты» в советской музыке.* Доклад на Московском симпозиуме социалистических стран: «Роль учения Карла Маркса в развитии музыкальной науки». Краткое изложение в журнале «Советская музыка» №3, 1983

14. *Творчество композиторов республик Средней Азии и Казахстана и задачи музыкознания и музыкальной критики.* Выступление в г. Алма-Ата (Казахстан), июнь 1983. См. «Информационный бюллетень СК СССР»№1, М., 1984

15. *Сельский слушатель и музыка сегодня.* Доклад на творческом совещании работников культуры г. Кирова и Кировской области. Краткое изложение в журнале «Музыкальная жизнь» №23, 1983, а также: «Информационный бюллетень СК СССР» М., 1984; «Информационный бюллетень СК СССР» №4, М., 1985; сборник «Между съездами» (1979–1985), «Советский композитор», М., 1985

16. *Взаимодействие музыкознания и критики в процессе анализа советского музыкального творчества.* Выступление на Всесоюзном (21-м) семинаре (г. Москва, 1983). См. сборник «Между съездами» (1979–1985), «Советский композитор», М., 1985

17. *Музыкально-интонационный словарь эпохи и восприятие человека.* Выступление на советско-итальянском симпозиуме «Роль музыки в жизни человека» (Москва, 1983). См. журнал «Советская музыка» №12, 1983

18. *Удивительный мир популярной интонации.* Доклад на Международной конференции «Что такое популярная музыка?» (г. Реджио-Эмилия, Италия, сентябрь 1983). См. сборник материалов конференции «Что такое популярная музыка?» (на итальянском языке). Издательство «Музыка реалта», 1984. Перепечатано на английском языке в Швеции, издание университета г. Гетеборга, 1985

19. *Самостоятельно развивать традиции! (О творчестве молодежи).* Выступление на Всесоюзном Пленуме СК СССР (г. Горький, декабрь 1983). Краткое изложение в журнале «Советская музыка» №3, 1984
20. Выступления с докладами в г. Варшаве и г. Радоме (ПНР) перед активом польских музыкантов, участников самодеятельности, в связи с подготовкой 20 фестиваля в Зеленой Гуре. См. «Информационный бюллетень СК СССР» №2, 1984, а также газеты г. Варшавы и г. Радома
21. *Об устойчивых интонационных комплексах.* Доклад на Всесоюзной научно-теоретической конференции, посвященной 100-летию со дня рождения Б. В. Асафьева (Москва, июнь 1984). См. «Информационный бюллетень СК СССР» №9–10, М., 1984, а также сборник: «Б. В. Асафьев и советская музыкальная культура». «Советский композитор», М., 1986
22. *Об интонационной теории Асафьева.* Доклад на теоретической конференции Тбилисской консерватории (г. Тбилиси, 17 октября 1984). См. «Информационный бюллетень СК СССР» №9–10, М., 1984.
23. *Суровые интонации войны.* Доклад на Всесоюзной научно-теоретической конференции: «Музыка Великой Отечественной войны и тема борьбы за мир в советском музыкальном творчестве» (Москва, апрель 1985). См. «Информационный бюллетень СК СССР №6, М.,1985, а также сборник: «Союз композиторов СССР, 1985», «Советский композитор», М.,1986 и журнал «Советская музыка» №5, 1985.
24. *Образы войны и мира в песне военного времени.* Выступление на Международной конференции: «Музыка за сохранение мира и дружбы между народами» (Москва, апрель 1985) См. «Информационный бюллетень СК СССР №6, М., 1985, а также сборник: «Союз композиторов СССР, 1985», «Советский композитор», М., 1986
25. *О современной советской музыке для духового оркестра (проблемы жанра).* Выступление по итогам фестиваля «Московская осень». См. журнал «Советская музыка» №4, 1985.
26. *Весенние краски мира.* Доклад на Международном симпозиуме социалистических стран, посвященном 40-летию Великой Победы. Расширенный вариант доклада опубликован в журнале «Советская музыка» №9, 1985.
27. *О путях развития советской музыки (г. Улан-Батор, Монголия, апрель, 1985). О проблемах развития композиторского творчества в Монголии* (г. Улан-Батор, Монголия, апрель, 1985). Материалы докладов нашли отражение в статье

В. Зака: «Солнечное искусство друзей». Журнал «Советская музыка» №10, 1985.

28. *Формы и методы претворения фольклора в композиторском творчестве.* Выступление на семинаре, организованном ВКНМТ 27 декабря 1985. См. «Информационный бюллетень СК СССР» №4–5, М.,1986.

29. *«Видимая музыка» и роскошь человеческого общения.* Доклад на советско-итальянском симпозиуме (4 мая 1986 г. Аквила, Италия). См. «Информационный бюллетень СК СССР» №8, М., 1986.

30. *Музыкальная критика и расширение слушательской аудитории.* Выступление на Международном симпозиуме социалистических стран: «Роль критики в строительстве музыкальной культуры» (ноябрь 1986, Москва). Краткое изложение в журнале «Советская музыка» №4, 1987, а также в «Информационном бюллетене СК СССР» №2–3, 1987 и в информационной брошюре: «Навстречу VIII съезду Союза композиторов СССР» М., 1991

31. *Об укреплении «обратной связи» между композиторами и слушателями.* Выступление на слушательской конференции фестиваля «Московская осень» 1986. См. «Информационный бюллетень СК СССР» №2–3, 1987

32. *Музыка и молодежь.* Выступление на Пленарном заседании Всесоюзной комиссии музыкознания и музыкальной критики СК СССР (декабрь 1986, Москва). См. «Информационный бюллетень СК СССР» №4, 1987

33. *Человек — главная тема современного музыкознания.* Выступление в г. София на 4-м смотре болгарского музыкознания. Краткое изложение в журнале «Болгарская музыка» №4, 1987 и в газете «Народная культура» г. София, 6 марта 1987

34. *Музыкознание в наше время.* Доклад на Пленарном заседании Всесоюзной комиссии музыкознания и музыкальной критики СК СССР (Москва, Февраль, 1987). См. Альманах: «Музыка России» Вып. 8, «Советский композитор», М., 1989.

35. *О направленности устного слова музыковеда на массовую аудиторию.* Выступление на Пленарном заседании Всесоюзной комиссии музыкознания и музыкальной критики СК СССР (апрель 1987, Москва). См. информационную брошюру: «Навстречу VIII съезду Союза композиторов СССР» М., 1991

36. *Музыкальная наука и критика на современном этапе.* Выступление на Пленуме СК Украины (май 1987 г. Одесса). См. «Информационный бюллетень СК СССР» М., 1988, с. 15

37. *История и день сегодняшний.* Выступление на редколлегии журнала «Советская музыка» и Правлении Московской ком-

позиторской организации. См. журнал «Советская музыка» №12,1987

38. *О проявлении гражданственности в музыкальном творчестве сегодня.* Выступление на Пленуме Правления СК СССР в г. Кемерово (25 сентября 1987). Краткое изложение в газете «Советская культура», 20 октября 1987. Фрагменты выступления передавались по Всесоюзному радио (октябрь,1987).

39. *Музыка — против стереотипа врага.* Выступление на семинаре: «СССР-США. За новое видение друг друга» (Москва, сентябрь 1987, Советский комитет защиты мира). См.: газета «Литературная Россия» №49, 1987

40. *Музыкознание и проблемы мира.* Выступление на съезде американских музыковедов (16 октября 1987, г. Нью-Орлеан). Краткое изложение в статье В. Зака: «Новое видение друг друга». «Информационный бюллетень СК СССР», М., 1988, сс. 45–46

41. *Октябрьская революция и расширение интонационного мира музыки.* Выступление на симпозиуме социалистических стран:»Значение идей Великого Октября для развития музыкальной культуры» (17 октября 1987, Москва, Круглый стол Дома Союзов). См.журналы: «Советская музыка» №4, 1987; №11–12, 1987; №3, 1988; «Музыкальная жизнь» №24, 1987.

42. *Воспитание молодого музыковеда и требования жизни.* Выступление на Пленарном заседании комиссии музыкознания и музыкальной критики СК СССР (январь 1988, Москва). См.информационную брошюру: «Навстречу VIII съезду Союза композиторов СССР» М.,1991

43. *Проблемы, методы и результаты изучения массовых музыкальных вкусов.* Выступление на Всесоюзной конференции (ноябрь, 1988, Москва). См. информационную брошюру: «Навстречу VIII съезду Союза композиторов СССР» М., 1991

44. *Процесс взаимодействия культур народов Индии и СССР.* Выступление на советско-индийском семинаре (апрель 1988, г. Нью-Дели). См. «Информационный бюллетень СК СССР» №8–9, М., 1988, сс. 46–47

45. *Современная городская культура: телевидение и музыка.* Выступление на Всесоюзной конференции (декабрь, 1989, Москва). См. информационную брошюру: «Навстречу VIII съезду Союза композиторов СССР» М., 1991

46. *Национальная специфика музыки народов СССР (проблема ритма).* Выступление на Всесоюзной теоретической конференции (Май 1989, Москва). См. информационную брошюру: «Навстречу VIII съезду Союза композиторов СССР» М., 1991

47. *Проблемы развития национальных музыкальных культур численно малых народов.* Выступление на научно-практической конференции (апрель 1990, Москва). См. информационную брошюру: «Навстречу VIII съезду Союза композиторов СССР» М., 1991

48. *Единство культур народов мира.* Доклад (Workmen's Circle, Summer book fair. Июль, 1991).

49. *Ханука в городе Большого Яблока.* Выступление (19 декабря 1992, Нью Йорк). См. газету «Новое Русское Слово» 24–25 декабря 1992.

50. *Погром против интеллекта.* Доклад на конференции: «Уроки антисемитизма XX века» (13 июня 1993, Нью Йорк). См. газету «Новое Русское Слово» 16 июня 1993, а также газету «Еврейский мир» 18–25 июня 1993.

51. *К 135-летию со дня рождения Шолом-Алейхема.* Доклад (на юбилее Шолом-Алейхема, 13 марта 1994, Нью Йорк). См. газету «Новое Русское Слово» 24 марта 1994

52. *Музыка света.* Выступление на «Фестивале огней» в Линкольн Центре, Нью Йорк (декабрь 1996). См. газету «Еврейский мир» 20 декабря 1996.

53. *«Шостакович и евреи?»* Презентация книги (8 февраля 1998, Sinai Academy, Brooklyn, New York).

54. *О чем говорил Шостакович?* Доклад (15 февраля 1998, «Y», Manhattan, Нью Йорк).

55. *Еврейская тема в творчестве Шостаковича.* Доклад (март 1998, КЛК, Brooklyn, New York). См. газету «Еврейский мир» 4 марта 1999.

56. *Jewish music and the Greatest Russian composer during Stalin's Era: Shostakovich.* Доклад (19 апреля 1998, New York). См. «Yiddish Forward», July 17 1998

57. *Второй выпуск «Устного журнала».* Выступление, посвященное 50-летию государства Израиль и годовщине победы над фашизмом (17 мая 1998, Бруклин, Нью Йорк). См. газеты «Еврейский мир», 7 мая 1998, 18 июня 1998

58. *The Line of Latent Mode.* Доклад для профессоров и студентов (CUNY, Graduate Center, New York, 13 мая 2003)

59. *«Форвертс» в Вашингтон Хайтс.* Выступление на встрече журналистов с читателями газеты «Форвертс» («Y», Manhattan, Washington Heights, New York, сентябрь 2003). См. газету «Форвертс», сентябрь 26–октябрь 2, 2003

60. *Выступление на вечере, посвященном творчеству В. Маяковского* (Колумбийский университет, Manhattan, New York, март 2005). См. газету «Новое Русское Слово» 16 марта, 2005, а также газету «В Новом Свете» 11–17 марта 2005

61. *Выступления на конференциях Русско-Американского общества* (The Russian American Cultural Heritage Center — RACH-C, 2004–2007), на конференциях Ассоциации деятелей науки и культуры (International Emigre Association of Arts and Sciences IEAA&S), 1993–2007. См. газету «Еврейский мир», 17 февраля 1998

Выступления на Московских и Всесоюзных творческих собраниях в СК (1959–1990).

Выступления в качестве оппонента диссертационных работ (1980–1990).

Лекции, доклады и выступления в массовой аудитории — на предприятиях и учреждениях различных городов и республик СССР (1953–1990), а также в Болгарии, Польше, Индии, Чехословакии, Германии, Италии, США (1980–2007).

УЧАСТИЕ В МУЗЫКАЛЬНЫХ ДОКУМЕНТАЛЬНЫХ ФИЛЬМАХ, ТЕЛЕ И РАДИОПЕРЕДАЧАХ

Творчество С. Туликова. Сценарий. Передача. Москва, Центральное телевидение, ноябрь 1958 (режиссер Н. Храпко). См. журнал «Советская музыка» №2, 1960.

О творчестве Андрея Бабаева. Сценарий. Центральное телевидение. 20 марта 1959. См. журнал «Советская музыка» №7, 1959.

Песни на слова М. Исаковского. Сценарий. Передача. Москва, Центральное телевидение, Январь 1960 (режиссер Н. Баранцева). См. журнал «Советская музыка» №3, 1960.

«Камаринская» Глинки. Радиопередача. Москва, Всесоюзное радио, 1964

Классические традиции в советской симфонии. Радиопередача. Москва, Всесоюзное радио, 1964

Русские революционные гимны. Радиопередача. Москва, Всесоюзное радио, 1964

«Гаянэ» — балет А. Хачатуряна. Радиопередача. Москва, Всесоюзное радио, 1964

Кантата С. Прокофьева «Александр Невский». Радиопередача. Москва, Всесоюзное радио, 1964

Оратория С. Прокофьева «На страже мира». Радиопередача. Москва, Всесоюзное радио, 1964

Творческий портрет К. Хачатуряна. Сценарий. Передача. Москва, Центральное телевидение, февраль 1965

Песни Матвея Блантера. Сценарий телефильма. Москва, Центральное телевидение, март 1965

О творчестве Николая Михайловича Нолинского. Радиопередача. Москва, Всесоюзное радио, июнь 1966

Государственный симфонический оркестр СССР. Сценарий. Передача. Москва, Центральное телевидение, ноябрь 1967

Шестая симфония Н. Мясковского. Радиопередача. Москва, Всесоюзное радио, 1967

Искусство первых лет Октября. Радиопередача. Москва, Всесоюзное радио, 1967

«Песня о Родине» И. Дунаевского. Радиопередача. Москва, Всесоюзное радио, 1967

«Музыка молодых». Радиопередача. Москва, Всесоюзное радио, 1968

Трио Д. Шостаковича памяти И. Соллертинского. Радиопередача. Москва, Всесоюзное радио, 1968

Седьмая фортепианная соната С. Прокофьева. Радиопередача. Москва, Всесоюзное радио, 1968

Музыка устной традиции народов Ближнего и Среднего Востока. Выступление по радио г. Самарканда, октябрь, 1978

Учитель и ученик: Узеир Гаджибеков и Андрей Бабаев. Выступление по азербайджанскому телевидению, г. Баку, 1985

Что мы хотим, организуя в Кузбассе конкурс «Знаете ли вы музыку?» Выступление по телевидению г. Кемерово, сентябрь. 1987

«Солнечная пентатоника». В фильме «Practicing English» (Режиссер — Александра Виетс, Нью Йорк, 1992)

Бремя Божьего дара (Пушкин «Моцарт и Сальери», ведущая А. Кигель). Телепередача (RTN, New York), 7 ноября 1999

Признак гения (балеты Б. Эйфмана, ведущая А. Кигель). Телепередача (RTN, New York), 22 декабря 1999

Древо жизни (о еврейской музыке, ведущий Л. Кацин). Телепередача (RTN, New York), 30 марта 2000

«Интернационал» в России. Фильм «The Internationale», Peter Miller Films, INC. (Режиссер — Питер Миллер, Нью Йорк, 2000). PBS — август 13, 2001; Февраль 17, 2002 и т.д.

Гений. Сергей Прокофьев. Фильм (режиссер — Г. Огурная. Студия Андрея Кончаловского, М, 2003)

Не судите (О Т. Н. Хренникове). Фильм (режиссер — С. Пинхасов, Нью Йорк, 2007).

МУЗЫКАЛЬНЫЕ ПРОИЗВЕДЕНИЯ

Музыка к спектаклям и телевизионным постановкам:
«Новогодние мечты» (режиссер Н. Сац — Детский Музыкальный Театр, Театр Эстрады); «Сигнальные огни» (режиссер Л. Калиновский — Детский Музыкальный Театр, Театр Эстрады);
Робин Гуд (режиссер А. Муат — Центральное Телевидение);
к ежегодным «стасовским капустникам» (Музыкальная школа №36 имени В. В. Стасова, где работал В. И. Зак с 1954–1972).
Сатирическая оперетта «Кувмасс» (культура в массы) к 30-летию журнала «Советская музыка». См. журнал «Советская музыка» №3, 1967; «Музыкальная Академия» №4, 2007, а также сборник: Григорий Головинский — Статьи. Воспоминания. «Композитор», М., 2005
Дайте оперу ребенку! (Музыкальный шарж на Н. Сац). См. журнал «Советская музыка»№11, 1963
Иронический гимн, посвященный В. А. Цуккерману. См. сборник: В. А. Цуккерман — музыкант, ученый, человек. «Композитор», М., 1994
«Мой Шостакович» — пьеса, посвященная памяти Д. Д. Шостаковича и с успехом исполненная квинтетом инструменталистов (переложение для квинтета М. Аникушина) из Manhattan School of Music, Lucy Moses School, Julliard School (Bruno Walter Auditorium, Lincoln Center, October 28, 2006).

РУКОПИСИ

Фортепианные пьесы: Сюита для фортепиано (Еврейская песня, Еврейский танец, Танец, Юмореска, Марш); Инвенция, Фуга, Вариации, Прелюд №1, Прелюд №2, Марши, Вальсы, Вальс-шутка, Детская Пьеса, Листок из альбома, Осенний День, Andantino №1, Andantino №2, Allegretto, Грезы, Espressivo, Сентиментальное напоминание.
Песни, романсы, обработки народных песен, песни-посвящения, застольные песни, детские песни, еврейские песни, еврейские частушки, музыкальные портреты, шаржи, шутки, маленькие кантаты.

Сведения об авторах

Арановский Марк Генрихович (р. 1928). Музыковед. Доктор Искусствоведения. Профессор. Заслуженный деятель искусств РФ. Заведующий отделом современных проблем музыкального искусства Государственного Института Искусствознания. Автор многочисленных книг и статей по теории музыки, музыкальной семиотике, творческому процессу, музыкальной текстологии.

Бергинер-Тавгер Белла Моисеевна (р. 1943). Музыковед-теоретик (исследователь, педагог, лектор). Автор теоретических работ в области гармонии, музыкального материала и формообразования (в том числе в музыке Бартока), а также статей о забытых музыкантах-евреях, выходцев из России, внесших значительный вклад в культуру разных стран. С 1975 года живет в Израиле, преподает в Иерусалимской Академии музыки и танца.

Богданова Алла Владимировна (р. 1938). Музыковед. Кандидат искусствоведения. Доктор культурологии. Заслуженный деятель искусств РФ.

Гальперин Игорь Михайлович (р. 1959). Композитор. Музыковед. Пианист. Кандидат педагогических наук. Автор статей по музыкальной педагогике, теории и целостному анализу произведений. Автор камерной, симфонической, хоровой и театральной музыки (среди произведений: Концерт для виолончели с оркестром, «Ноктюрн» для струнного оркестра, Струнный квартет, Фортепианные сонаты, Кантата «Экклезиаст», «Письма странствующего поэта» для женского хора а-капелла на слова японского поэта Мацуо Басё, Вокальный цикл для баритона на слова Иосифа Бродского, Музыка к постановке рассказа А. П. Чехова «Ведьма»). С 1991 года живет и работает в Израиле. Преподаёт чтение партитур, практическую гармонию в Высшей Музыкальной Школе им. Бухмана-Меты Тель-Авивского Университета. Лауреат премии Премьер-Министра Израиля в области композиции 2004 года.

Генина Лиана Соломоновна (р. 1930). Музыковед. Критик. Заслуженый деятель искусств РСФСР. Заместитель главного редактора журнала «Советская музыка» — «Музыкальная академия». Автор множества публикаций о методологии критики.

Головинская Ирина Григорьевна (р. 1947). Журналист. Редактор. Публикуется в газетах: «Сегодня», «Время новостей»; журналах «Итоги», «ЕЖ», «Политбюро»; в разных сетевых изданиях.

Грабовский Леонид Олександрович (р. 1935). Композитор. Автор многочисленных сочинений симфонической, инструментальной, вокальной музыки, а также музыки для театра и кино. С середины 1960 х начал широко использовать современные техники и стили, став одним из пионеров Советского Авант Гарда. С 1989 г. живёт и работает в США.

Григорьева Галина Владимировна (р. 1935). Музыковед. Доктор искусствоведения. Профессор кафедры теории музыки Московской Государственной консерватории. Заслуженый деятель искусств РФ. Автор публикаций по проблемам современной русской и зарубежной музыки.

Земцовский Изалий Иосифович (р. 1936). Музыковед. Доктор Искусствоведения. Профессор UCLA (University of California at Los Angeles), UC Berkeley, Stanford University, and University of Wisconsin-Madison. Заслуженный деятель искусств РФ. Автор ряда книг и многочисленых статей в области этномузыкологии и фольклористики

Золотов Андрей Андреевич (р. 1937). Музыковед. Кинодраматург. Критик. Член-корреспондент Российской Академии Художеств. Действительный член Национальной Академии кинематографических искусств и наук России. Заслуженный деятель искусств РСФСР. Лауреат Государственной премии РСФСР. Автор многочисленных телевизионных и радиопередач. Автор целого ряда книг и статей в области музыки, изобразительного искусства, литературы, музыкального и драматического театра.

Золотовицкая Ирма Львовна (р. 1932) Музыковед. Кандидат искусствоведения. Профессор кафедры теории музыки Харьковского института искусств (1961–1990). С 1990 г. живёт и работает в Израиле. Профессор кафедры музыкологии Музыкальной академии при Тель-Авивском университете (1991–2002). Автор многочисленных публикаций — от научных исследований в специальных изданиях до критических и просветительских материалов в общей прессе.

Кацева Марина Давидовна (р. 1943). Музыковед. Лектор. С 1990 года живёт в США, где совмещает просветительскую деятельность с работой в библиотеках двух университетов (Boston University, Harvard University). Создатель музея М. И. Цветаевой в Бостоне. Автор литературно-музыкальных программ (WMNB, Нью-Йорк). Автор ряда статей по искусству в российских и зарубежных изданиях: журналы «Советская музыка», «Музыкальная жизнь», «Театральная жизнь» (Москва); «Грани» (Германия), «Вестник» (Балтимор), «Russian Community

Journal» (Massachusetts), «Slovo/Word» (New York); газеты «Новое Русское Слово» (Нью-Йорк), «Бостонское время», «Бостонский курьер» (Бостон).

Кацин Лев (Арье) (р. 1960). Раввин. Философ. Писатель. Лектор. Педагог. Основатель и директор первой русско-еврейской школы Sinai Academy в Нью-Йорке. Основатель и постоянный автор еженедельной газеты «Еврейский Мир». Ведущий радио и телепередач: «Еврейская Жизнь» (радио «Голос Америки»), «Диалоги о вечном» (Davidzon Radio), «Древо Жизни» (RTN/WMNB).

Качанов Николай Павлович (р. 1946). Хоровой дирижер. С 1981 г. живёт и работает в США. Организатор и художественный руководитель Русского камерного хора Нью–Йорка. (www.rccny.org) За 25-летний период деятельности хор познакомил американскую публику с основными жанрами русской народной, классической и духовной хоровой музыки от древнейших расшифровок знаменного роспева до мировых и американских премьер современных композиторов России, Белорусии, Украины, Прибалтики и Западной Европы. За свою многолетнюю деятельность хор не раз был высоко отмечен русскими и американскими критиками, включая передачи на RTN, радио «Свобода», «Голос Америки», New York Times, WNYC и WQXR и др.

Корганов Томас Иосифович (р. 1925). Композитор. Заслуженный деятель искусств РСФСР. Лауреат международных, всесоюзных и всероссийских конкурсов хоровой музыки. Среди его сочинений: опера «Пятнадцатилетний капитан» (по роману Жюля Верна), оратория «Я живу на свете» для детского хора и оркестра, кантата «Маленькие сцены на улицах большого города», поэма «Праздничная музыка», Концерт для симфонического оркестра, лирический хоровой цикл на стихи Аветика Исаакяна, хоровая симфония «Давид Сасунский». Автор теоретического исследования «Кино и музыка».

Кушнер Борис Абрамович (р. 1941). Математик. Поэт. Переводчик. Публицист. Член международного Пен-Клуба и Союза писателей Москвы. Профессор математики Питтсбургского Университета. С 1989 г. живёт в США. Автор математической монографии «Лекции по конструктивному математическому анализу», (Москва, Наука 1973, англ. перевод 1984) и пяти книг стихов: «Стихи и Переводы», Москва 1993, «Причина Печали», Балтимор 1999, «Бессонница Солнца», Балтимор 2000, «Иней Времени», Балтимор 2001, «Эхо Эпохи», Балтимор 2002.

Медведева Ирина Андреевна (р. 1939). Музыковед. Музыкально-общественный деятель. Педагог. Кандидат искусствоведения.

Заместитель генерального директора по научной работе Государственного центрального музея музыкальной культуры им. М. И. Глинки. Автор многочисленных публикаций, включающих: историю музыкальной культуры, архивы русских музыкантов, музыкальные инструменты, музееведение, исполнительство.

Медушевский Вячеслав Вячеславович (р. 1939). Музыковед. Педагог. Культуролог. Общественный деятель в сфере развития музыкального образования. Писатель. Доктор искусствоведения. Профессор кафедры теории музыки Московской государственной консерватории им. П. И. Чайковского. Заслуженный деятель культуры РФ. Автор многочисленных научных работ по истории, теории музыки, проблемам музыкального образования, педагогики, культурологии.

Милка Анатолий Павлович (р. 1939) Музыковед. Доктор искусствоведения. Профессор Санкт-Петербургской государственной консерватории имени Н. А. Римского-Корсакова и Санкт-Петербургского государственного университета. Автор работ по текстологии музыки Барокко, теории полифонии. Один из крупнейших Российских исследователей музыки И. С. Баха.

Пивоваров Виктор Дмитриевич (р. 1937). Художник-живописец. Книжный иллюстратор. Автор концептуальных альбомных циклов. Выставки работ последних лет: Государственная Третьяковская галерея в Москве, Русский музей в Санкт-Петербурге (2004), Московский музей современного искусства (2006). С 1982 года живет и работает в Праге.

Ройтерштейн Михаэль Иосифович (р. 1925). Композитор. Музыковед. Кандидат искусствоведения. Профессор. Заслуженный деятель искусств РФ. Автор музыки (преимущественно — для детей). Автор музыкально-теоретических и музыкально-педагогических работ.

Садовский Михаил (Марк Рафаилович) (р. 1937). Писатель. Поэт. Член Союза Писателей (СП), член Союза Театральных Деятелей (СТД) России. Широко известен творчеством для детей: книги стихов и прозы — «Лесные бусы», «Когда начинается утро», «Митяй», «Настоящий гром», «Дюртюли», «Зима на колесах»; пьесы для театра — «Волшебная свирель», «Старый фонарщик», «Терёшечка», «Звездный мальчик», «Раз сказка, два сказка», «Вот теперь заживём». Песни и хоры на стихи поэта вошли в авторские сборники: «Солнечный рисунок», «Счастливая песня», «Мой зоопарк», «Где отдыхает день», «Музыкальные картины», «Солнечный прибой». Известны также сборники произведений композиторов-классиков — Грига, Шумана, Мак-Доуэлла, Гайдна, Чайковского, Бетховена, Энеску в обработке для хора на стихи Михаила Садовского.

Таджикова Зоя Михайловна (р. 1935). Музыковед. Кандидат искусствоведения. Много лет работала научным сотрудником в Институте истории, археологии и этнографии им. А. Дониша в Академии Наук Таджикистана, занимаясь исследованиями в области музыкального фольклора таджиков и изучением творческой деятельности композиторов Таджикистана. Автор целого ряда статей по таджикской музыке, включая 6-ти томное издание «Музыка народов СССР», Большую Советскую Энциклопедию, Таджикскую энциклопедию, научные периодические издания. С 1997 года живёт и работает в США.

Тюрина Галина Поликарповна (р. 1949). Журналист. Театровед музыкального театра. Музыкальный обозреватель известных изданий: «Московский комсомолец», «Независимая газета», «Литературная газета», «Советская Россия» и другие. Участвовала в создании первой в СССР специализированной «Музыкальной газеты» (ныне «Музыкальное обозрение»).

Фрид Григорий Самуилович (р. 1915). Композитор. Художник. Писатель. Просветитель. Заслуженный деятель искусств РСФСР. Автор моно-опер: «Дневник Анны Франк», «Письма Ван Гога». Автор ряда книг. Руководитель Московского молодёжного музыкального клуба, организованного в 1965 г.

Фридлянд (Кириллова) Юлия Васильевна (р. 1939). Музыковед. Педагог. Доцент Государственного музыкально-педагогического института им. Ипполитова-Иванова. Автор путеводителей по операм С. Прокофьева «Любовь к трём апельсинам» (1969), «Игрок» (1979), а также ряда журнальных («Советская музыка», «Музыкальная жизнь») и газетных («Советская культура», «Известия» и др.) статей, аннотаций к пластинкам, концертным программам.

Ходаковская Римма Яковлевна (р. 1935). Учёный-химик. Доктор технических наук. Профессор. Почётный Изобретатель России. Член Израильского Химического Общества, Американского Керамического Общества, Всесоюзного Химического Общества им. Д. И. Менделеева. С 1991 г. живёт и работает в Израиле. Руководитель Проектов Научно-Исследовательского Института ТАМI (Хайфа, Израиль). Изобретатель серии новых стёкол, покрытий, ситаллов и керамических материалов для различных областей техники, среди них — группа коммерческих и широко используемых в настоящее время, таких как RIMAX (1997) — новый вид керамических мелющих тел. Автор многочисленных учебников, справочников, статей. 25 Авторских свидетельств и Патентов, включая Международные.

Холопова Валентина Николаевна (р. 1935). Музыковед. Педагог. Доктор искусствоведения. Профессор. Зав. кафедрой междисциплинарных специализаций музыковедов Московской Государственной консерватории им. П. И. Чайковского. Член Союза композиторов России. Премии им. Белы Бартока (Венгрия, 1981), им. Б. В. Асафьева (Москва, 1991). Автор многочисленных книг и статей. Исследователь творчества композиторов XX века, проблем музыкальной ритмики, музыкальных форм, музыкального содержания. Персональный web site: http://www.kholopova.ru

Хорошая Анна Израилевна (р. 1932). В течение 35 лет — директор одной из московских библиотек. Знакомила своих читателей с новинками художественной литературы. С 1995 г. живёт в США.

Хорошая Эмма Израилевна (р. 1936). Инженер-механик. Работала в Научно-Исследовательском институте пищевого машиностроения в должности Главного научного сотрудника. Занималась исследованием и разработкой сушильных установок. Кандидат технических наук. Лауреат премии Совета Министров СССР. С 1996 года живёт в Израиле.

Хороший Эдуард Ильич (р. 1931). Художник. Член союза художников СССР, Israel Council of Painters and Sculptors, Israel Professional Artists Association. Выставки последних лет: Галерея объединения профессиональных художников Израиля (Иерусалим) — «Визитная Карточка» (2004); «К 60-летию Победы» (2005); Галерея Министерства Абсорбции Израиля (Тель-Авив, 2005); Российский Культурный Центр (РКЦ) (Тель-Авив, 2007); РКЦ — Персональная выставка «55-летие творческой деятельности» (Тель-Авив, 2008). Art Salon Gallery (Ришон-ле-Цион, 2009). С 1992 г. живет и работает в Израиле.

Цыпин Геннадий Моисеевич (р. 1930). Музыковед. Критик. Педагог. Кандидат искусствоведения. Доктор педагогических наук. Профессор кафедры музыкальных инструментов Московского Государственного педагогического университета. Автор многочисленных работ по проблемам музыкальной педагогики и исполнительства.

Шахназарова (Мелик-Шахназарова) Нелли Григорьевна (р. 1924). Музыковед. Доктор искусствоведения. Профессор. Заслуженный деятель искусств РФ. С 1960 г. — научный сотрудник Отдела музыки Государственного института искусствознания.

Содержание DVD

Видео с участием Владимира Зака:

- **Фрагменты телепередачи
  «Бремя Божьего Дара»** (13:09)
  RTN, Нью-Йорк, 7 ноября 1999 г. Ведущая — Алла Кигель.

- **О Сергее Прокофьеве** (27:07)
  - Фрагмент съёмочного материала для фильма
    «Гении. Сергей Прокофьев» (17:26)
    Режиссер Галина Огурная. Нью-Йорк, 2002 г.
  - Фрагмент беседы с Ириной Медведевой (9:43)
    Видеозапись Натальи Тартаковской. Нью-Йорк, 2002 г.

- **Музыкальные портреты В.Зака** (13:15)
  - *Наталия Сац* (5:09)
  - *Григорий Головинский* (4:01)
  - *Нона Шахназарова* (4:06)
    Видеозапись Натальи Тартаковской. Нью-Йорк, 2002 г.

- **О Еврейской Музыке
  Фрагменты телепередачи «Древо Жизни»** (24:21)
  RTN, Нью-Йорк, 30 марта 2000 г. Ведущий — Лев Кацин.

- **Фрагменты презентации книги
  «Шостакович и Евреи?»** (52:08)
  Видеозапись Сергея Бродача. Нью-Йорк, февраль 1998 г.

Музыка Владимира Зака:

- **«Мой Шостакович» (1997)** (4:27)
  *Переложение для струнного оркестра
  Максима Аникушина (2007).
  Исполнители: The Reona Ito Chamber Orchestra.
  Дирижёр: Реона Ито.
  Запись с концерта. Нью-Йорк, 24 октября 2009 г.*

❖ **Сюита для фортепиано (1947)** (9:46)
   Максим Аникушин, фортепиано.
   Yamaha Artists Studios, New York.
   Октябрь 2009 г.

Аудио Материалы:

❖ **Владимир Зак — «Мой Шостакович»** (3:38)
   Переложение для струнного квартета
   Николая Качанова
   (электронное озвучивание)

❖ **Владимир Зак — «Мой Шостакович»** (4:13)
   Максим Аникушин, фортепиано. Концертная запись.
   Kleinhans Music Hall, Buffalo, New York.
   28 октября 2007 г.

❖ **Владимир Зак — «Мой Шостакович»** (3:33)
   Аранжировка для симфонического оркестра
   Николая Качанова
   (электронное озвучивание)

❖ **Александр Зак — rendition пьесы**
   Владимира Зака «О, Нона» (6:07)
   А. Зак, интерактивный синтезатор «Yamaha PSR-9000».
   Нью-Йорк, декабрь 2004 г.

❖ **Владимир Зак — «О, Нона»** (3:19)
   Авторское исполнение.
   Нью-Йорк, 2005 г.

Общее время проигрывания DVD: ~165:05 (02:45:03)

Семья. Вова и Гриша с родителями —
Е. С. Хорошей и И. Г. Заком. *1934 г.*

Гриша и Вова Зак
с няней Дуней. *1933 г.*

Улица Володарского. Москва. Четырёхэтажный дом с альковом и башенкой, где родился и вырос Володя Зак.
Фото В. Зака. Март 17, 1968 г.

А впереди — жизнь.
С братом Гришей и сестрой Кларой.
Москва, 1939 г.

Володя Зак.
Москва, февраль 1941 г.

Первокурсники в лаборатории профессора Гарбузова.
Н. А. Гарбузов — в центре, за ним — В. Зак.
Московская консерватория, 1947 г.

Навстречу всем ветрам. *Начало 1950-х.*

На отдыхе. *1950-е*

Первые шаги преподавателя. *Начало 1950-х.*

Лихой аккордеонист. Стасовский капустник. *1960-е.*

Кирилл Кондрашин и Ван Клиберн —
подарок А. М. Кондрашиной (матери Кирилла) В. Заку.

Самая важная подпись. В ЗАГСе. *13 августа 1965 г.*

В гостях у В. Зака. Крайний справа — Вано Мурадели.
Москва, 31 октября 1965 г.

Азартные «игроки». В. Зак — ведущий Московского Молодёжного Музыкального Клуба (МММК). *1966 г.*

«Ну и вопросик!»

28/XI
1985 г.

Дорогому
Владимиру
Заму! Горячо
любимому в честь
20 летия клуба
на долгую и добрую
память. Ах, какая
прекрасная дата!
Огромное Вам
спасибо за 20
красивейших лет!
Целую крепко
Сима Шехтман,
которая
вас очень
любит

Память сердца. Письмо члена МММК.

«Сладунечка, смотри, кто это такой?» С племянником Мишей
Валентиновка, 1965 г.

Счастливый отец. *Челюскинская, 1972 г.*

Природа и мы. С сыном. *Сортавала, 1979 г.*

Виктор Пивоваров с сыном Пашей и Евгением Бачуриным.
Фото В. Зака. *Челюскинская, 1970-е*

Виктор Пивоваров. «Черное Яблоко».
Фото В. Зака. *Челюскинская, 1977 г.*

Мы все его ученики (В. А. Цуккерман в центре). Слева направо — Юлия Фридлянд (Кириллова), Нона Шахназарова, Майя Корсунская, Виктор Абрамович и Гортензия Павловна Цуккерман, Владимир Зак.
Абрамцево, 1970-е.

V съезд Союза Композиторов СССР. Второй слева — Владимир Зак, Андрей Петров, Владислав Успенский, Александр Утешев, Михаил Тараканов.
Москва, 1974 г.

С Алей Пахмутовой.

50-летие В. Зака. Слева направо — Владимир Зак,
Виктор Абрамович Цуккерман, Михаил Бялик. *Москва, декабрь 1979 г.*

50-летие В. Зака. С Мариной Сабининой. *Москва, декабрь 1979 г.*

Заку 50! С Г. Головинским и М. Ройтерштейном.
Москва, декабрь 1979 г.

Л. Афанасьев, В. Зак, И. Золотовицкая, П. Савинцев (1985)

На пленуме Союза Композиторов.

За дружеской беседой. С В. Задерацким.

Сомнения и раздумья... С Андреем Золотовым. *Дуйсбург, ФРГ, 1984 г.*

Владимир Зак с Арно Бабаджаняном. *Эстония, Таллин, 1983 г.*

Веский аргумент! Слева: В. Казенин; за ним: В. Панченко

С шахтёрами в Кузбассе. На заднем плане — Б. Диментман. *1983 г.*

Только так!

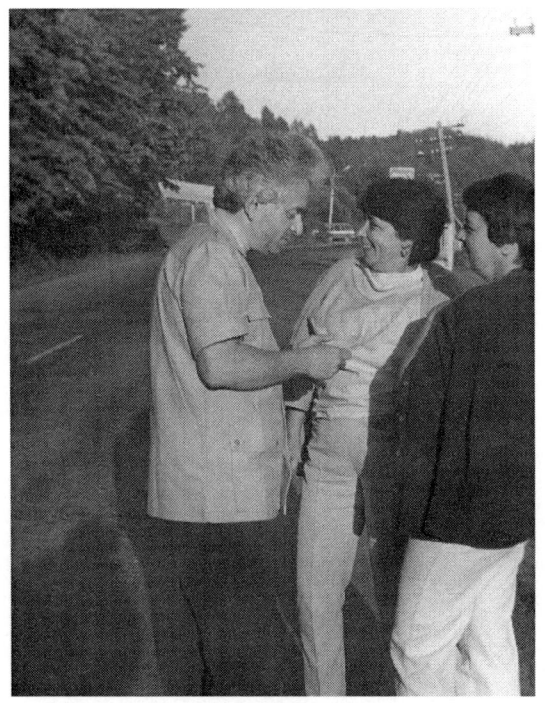

С Ирмой Золотовицкой и Галиной Григорьевой.
Сортавала, 1983 г.

В Праге после конференции. *1982 г.*

Место встречи изменить нельзя. С Нобелевским лауреатом
Виталием Лазаревичем Гинзбургом, его супругой,
и Ирмой Золотовицкой.
Сортавала, август 1983 г.

Лето в Сортавале. Слева направо — Геннадий Цыпин, Владимир Зак,
Ирма Золотовицкая, Алик Зак. *Август 1983 г.*

С Андреем Эшпаем. *Дуйсбург, ФРГ, 1984 г.*

С Иннокентием Евгеньевичем Поповым. *София, Болгария, 1987 г.*

Встреча советско-американских этномузыкологов в США в 1990 г.
Советские этномузыкологи: в 1-м ряду слева первый И. Земцовский (Ленинград), третий — В. Зак (Москва); во 2-м ряду слева направо — З. Можейко (Беларусь), И. Рюйтель (Эстония), С. Никитина, Э. Алексеев (Москва)

Вестлинский Университет, *Массачусетс, США. 1989 г.*

Корифеи: Владимир Зак и Юрий Холопов.
Новый Орлеан, 1987 г.

С Валентиной Холоповой. *Нью-Йорк, 1998 г.*

С Софией Губайдулиной. *Нью-Йорк, 1999 г.*

Беседа о Музыке.
Нью-Йорк, 1999 г.

С Михаилом Садовским.
Нью-Йорк, 1999 г.

Слушаем свежий опус. Владимир и Александр Зак, Игорь Гальперин. *Нью-Йорк, 1998 г.*

У М. Аникушина. Слева направо — Владимир, Александр Зак, Максим Аникушин. *Октябрь 2001 г.*

Владимир и Александр Зак с Леонидом Грабовским.
Нью-Йорк, январь 2000 г.

Интервью с Максимом Шостаковичем. *Нью-Йорк, 1992 г.*

За интересной беседой. Слева направо — Владимир Зак, Савелий Дворин, Зоя Таджикова, ..., Ильяс Малаев. *Нью-Йорк, июль 1997 г.*

С друзьями из Москвы — Ириной Медведевой и Натальей Тартаковской. *Нью-Йорк, лето 2002 г.*

Слева направо — Майя Корсунская-Зак, Владимир Зак, Николай и Тамара Качановы, Александр Зак, Лев Корсунский. *Нью Йорк, апрель 2005 г.*

С Владимиром Фрумкиным. *Нью-Йорк, 2006 г.*

Два артиста. С Яковом Явно. *Нью-Йорк, 2000 г.*

С Эмилем Горовцом. *Нью-Йорк, 1997 г.*

С Владимиром Терлецким. *Нью-Йорк, 1997 г.*

Друзья встречаются вновь. Слева направо — Григорий Фрид, Марина Кацева, Владимир Зак, Алла (жена Г. Фрида).
Нью-Йорк, июль 1998 г.

С Беллой Бергинер и её сыновьями. *Нью-Йорк, 1990-е.*

Одухотворенные. С раввином Л. Кацином. *Нью-Йорк, 1990-е*

Песня — наша судьба. Со Шломо Карлебахом. *Нью-Йорк, начало 1990-х.*

Есть что вспомнить. С Я. и С. Ланиными. *Нью-Йорк, 1987 г.*

Есть над чем посмеяться. С Я. и С.Ланиными. *Нью-Йорк, 1987 г.*

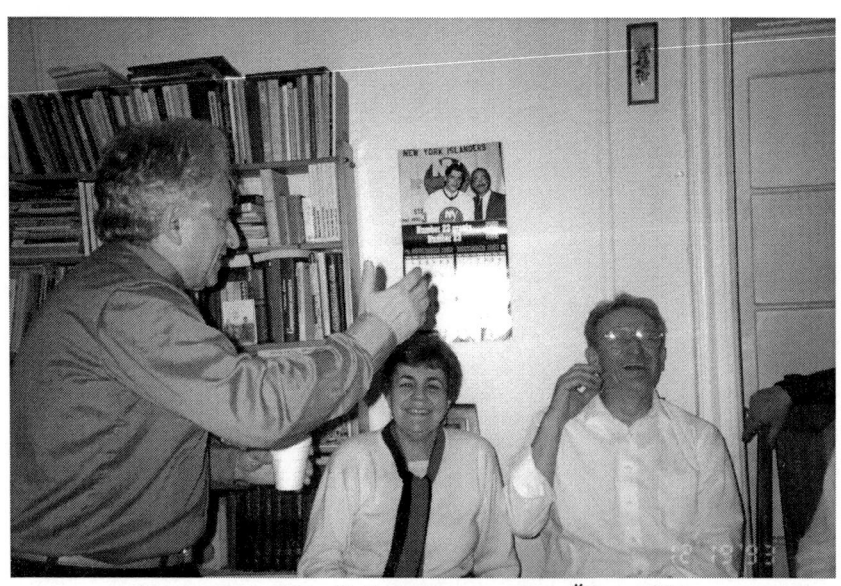

С друзьями — А. и Н. Череповыми. *Нью-Йорк, 1993 г.*

В гостях у Доры Ромадиновой. *Нью-Йорк, июнь 2002 г.*

В кругу близких. Слева направо — Л. Корсунский, Е. Мазо, А. и В. Зак, Д. и Д. Дукач. *Нью-Йорк, начало 1990-х.*

А внизу Нью-Йорк. С А. Хорошей. *Нью-Йорк, середина 1990-х.*

Дома. С Э. Хорошей. *Нью-Йорк. 1998 г.*

Мишпоха. Слева направо — Римма Ходаковская, Фридрих Герцман, Эдуард Хороший, Михаил Ходаковский. *Израиль, середина 1990-х.*

С молодым поколением. Слева направо — Анатолий, Александр, Юлий, Илья и Владимир Зак. *Морристаун, Нью Джерси, март 2000 г.*

Привет! *Нью-Йорк, Линкольн Центр, 1992 г.*

В гостях у художника Николая Мостового. Слева направо — Лев Корсунский, Владимир и Майя Зак, Николай Мостовой. *Нью-Йорк, март 1998 г.*

После выступления В. Зака в Клубе Любителей Книги (КЛК)
с председателем клуба Е. Лебедевой и художником Н. Мостовым.
Бруклин, Нью-Йорк, 1998 г.

Со слушателями после презентации книги «Шостакович и Евреи?».
Февраль 1998 г.

После лекции В. Зака. Слева направо — Моррис Шустер, Владимир Зак, Рая Шустер. *Нью-Йорк, апрель 1998 г.*

На «Средневековом фестивале» в Форт Трайон Парк. *Нью-Йорк, октябрь 1999 г.*

На выставке «Прокофьев и его современники». *Нью-Йорк, 2003 г.*

Член Совета Директоров Russian American Cultural Heritage Center (RACH-C) В. Зак с президентом и исполнительным директором RACH-C О. Зацепиной на юбилейном концерте, посвященном Д.Д. Шостаковичу.
Нью-Йорк, октябрь 2006 г.

Таким он останется в нашей памяти.